农村土地经营权流转定价研究

林 彤 著

东北大学出版社

·沈 阳·

ⓒ 林 彤 2023

图书在版编目（CIP）数据

农村土地经营权流转定价研究 / 林彤著. — 沈阳：
东北大学出版社，2023.9
ISBN 978-7-5517-3402-8

Ⅰ. ①农…　Ⅱ. ①林…　Ⅲ. ①农业用地－土地经营－
土地流转－研究－中国　Ⅳ. ①F321.1

中国国家版本馆 CIP 数据核字（2023）第 177419 号

出 版 者：东北大学出版社
　　　　　地址：沈阳市和平区文化路三号巷 11 号
　　　　　邮编：110819
　　　　　电话：024 - 83680182（总编室）　83687331（营销部）
　　　　　传真：024 - 83680182（总编室）　83680180（营销部）
　　　　　网址：http://www.neupress.com
　　　　　E-mail：neuph@ neupress.com
印 刷 者：辽宁一诺广告印务有限公司
发 行 者：东北大学出版社
幅面尺寸：160 mm×230 mm
印　　张：12
字　　数：215 千字
出版时间：2023 年 9 月第 1 版
印刷时间：2023 年 9 月第 1 次印刷
责任编辑：刘宗玉
责任校对：张德喜
封面设计：潘正一
责任出版：唐敏志

ISBN 978-7-5517-3402-8　　　　　　　　　定　价：60.00 元

前　言

　　全面建设社会主义现代化国家需要贯彻新发展理念，构建新发展格局，推动高质量发展，这就要求深化农村土地制度改革，赋予农民更加充分的财产权益。农村土地经营权流转是促进农村生产要素重新配置的重要手段，也是实现农业适度规模化集约化经营和乡村振兴战略的必然选择。农村土地经营权流转价格因事关流转效率、流转规模和农民权益等重大问题而成为理论研究与实践探索中的热点。近年来，国家不断完善"三权分置"政策法律体系，引导农村土地有序流转。截至 2020 年底，全国家庭承包耕地流转面积已超过 5.55 亿亩，农村土地流转势不可挡。与此同时，农村也普遍出现了土地经营权自发分散流转（农户与农户间）和土地经营权规模化流转（农户与新型农业经营主体间）并存的新局面。然而，无论何种形式的农村土地流转，均缺少可供参考的定价依据与方法，流转定价的盲目性与随意性降低了土地流转市场的规范化程度。一方面，伴随农村土地流转情况的不断增加，农户对转出土地收益的经济性预期逐渐强化；另一方面，农村土地资产却长期被排斥于资源市场定价体系之外，土地流转价格缺少统一参考标准。两方面的矛盾激发了大规模土地流转背后农村新的社会冲突。因此，急需解决农村土地经营权流转定价问题，包括了解农村土地流转现状，确定农村土地流转定价的依据与方法，以及明确政府在农村土地经营权流转中的作用等。黑龙江省是我国重要的粮食主产区，自然与人文环境适合发展农业规模化经营，土地流转起步早，流转面积大，参与流转农户比率高，具有中国土地流转的典型性与代表性，研究该区农村土地经营权流转定价问题，既能满足黑龙江省农村土地经营权流转发展的现实需求，又可对我国其他省市地区土地流转定价思路提供借鉴。

　　本书的研究内容共分为 8 章。第 1 章"绪论"主要对研究的背景、目的意义和国内外研究动态进行评述。第 2 章"农村土地经营权流转定价相关理论概述"主要界定了本研究中农村土地经营权流转以及农村土地经营权流转定价的内涵，系统阐述了地租地价理论、土地产权理论以及博弈理论、政府干预理论等对农村土地经营权流转定价的指导意义。第3章"研究区概况与数据来源"介绍了黑龙江省自然环境与社会经济概况，并说明了研究数据与案例的来源。第4章"黑龙江省农村土地经营权流转特征分析"分别阐述了黑龙江省农村土地经营权流转在流转面积、流转方式、流转效果以及流转价格方面的突出特征，着重阐释了农村土地经营权分散流转与规模化流转并存的局面及两种流转形式的特征对比差异。第5章"黑龙江省农村土地经营权分散流转定价"主要剖析了农户间土地分散流转定价特征、运用计量分析方法识别土地分散流转价格的影响因素、依据土地分散流转讨价还价的价格形成机制原理，并给出黑龙江省农村土地经营权分散流转的定价模型与方法。第6章"黑龙江省农村土地经营权规模化流转定价"探究了农村土地经营权由分散流转向规模化流转转型中各参与主体的流转策略演化与社会冲突演化逻辑，基于土地规模化流转定价特征和价格影响因素，提出基于区间价格模型的土地规模化流转定价方法。第7章"黑龙江省农村土地经营权流转差异化定价策略"通过论证政府干预在农村土地经营权流转定价中的合理性与必要性，结合土地分散流转与规模化流转的差异，从定价依据、定价主体、定价方法三方面确定了政府引导的农村土地经营权分散流转定价和政府主导的农村土地经营权规模化流转定价策略，并提出保障差异化定价策略有效运行的相关措施。第8章是结论与讨论。

本书在撰写过程中，得到许多前辈的指点和同行师友的帮助，也参考了部分学者的研究成果，在此一并表示感谢。感谢北京市属高校分类发展项目的资助，感谢东北大学出版社的支持，在多方努力下，本书才得以顺利出版。

目前，有关农村土地经营权流转定价的问题尚处于探索阶段，由于著者水平有限，书中难免存在疏漏之处，恳请同行和读者不吝赐教。

林 彤

2023 年 3 月

目　录

第1章　绪　论 ……………………………………………………… 1

1.1　研究背景 ……………………………………………………… 1

1.1.1　国情背景 ………………………………………………… 1

1.1.2　区域背景 ………………………………………………… 8

1.2　研究目的与意义 ……………………………………………… 11

1.2.1　研究目的 ………………………………………………… 11

1.2.2　研究意义 ………………………………………………… 12

1.3　国内外研究动态及评述 ……………………………………… 13

1.3.1　国内研究动态 …………………………………………… 13

1.3.2　国外研究动态 …………………………………………… 23

1.3.3　国内外研究动态评述 …………………………………… 24

1.4　主要研究方法 ………………………………………………… 25

1.4.1　问卷调查与访谈相结合 ………………………………… 25

1.4.2　定量分析法 ……………………………………………… 25

1.5　研究思路与技术路线 ………………………………………… 27

1.5.1　研究思路 ………………………………………………… 27

1.5.2　技术路线 ………………………………………………… 28

1.6　创新点 ………………………………………………………… 30

1.6.1　构建考虑交易双方议价能力的土地分散流转定价方法 …… 30

1.6.2　改进土地规模化流转中仅以流转单方经营收益为依据的

定价方法 ………………………………………………… 30

      1.6.3　提出适用于土地分散流转和规模化流转的差异化定价

策略 ……………………………………………………… 31

第2章　农村土地经营权流转定价理论概述 …………… 32

2.1　核心概念的界定 …………………………………… 32

      2.1.1　农村土地经营权流转 ………………………… 32

      2.1.2　农村土地经营权流转定价 …………………… 33

2.2　理论基础 …………………………………………… 34

      2.2.1　地租地价理论 ………………………………… 34

      2.2.2　土地产权理论 ………………………………… 36

      2.2.3　博弈理论 ……………………………………… 37

      2.2.4　政府干预理论 ………………………………… 38

第3章　研究区概况与数据来源 ………………………… 40

3.1　研究区概况 ………………………………………… 40

      3.1.1　自然环境情况 ………………………………… 40

      3.1.2　社会经济情况 ………………………………… 41

3.2　数据来源 …………………………………………… 46

      3.2.1　农业部信息中心网络监测数据 ……………… 46

      3.2.2　黑龙江省农村固定观察点数据 ……………… 46

      3.2.3　统计年鉴数据 ………………………………… 47

      3.2.4　社会调查数据 ………………………………… 48

第4章　黑龙江省农村土地经营权流转特征分析 ……… 49

4.1　黑龙江省农村土地经营权流转面积大且增速快 …… 49

      4.1.1　农村土地经营权流转面积居于全国前列 …… 49

      4.1.2　农村土地经营权流转面积增速超过全国平均水平 ……… 50

  4.1.3 政府在推动农村土地经营权流转中发挥重要作用 ··········· 50

4.2 转包是最主要的流转方式且范围不断扩大 ··················· 52

  4.2.1 转包是黑龙江省最主要的流转方式 ··············· 52

  4.2.2 参与转包的农户数量增多 ····················· 52

  4.2.3 转包耕地总面积增长较快 ····················· 53

  4.2.4 户均转包耕地面积波动性增长 ················· 54

4.3 农村土地经营权流转降低黑龙江省耕地细碎化程度 ········· 55

  4.3.1 耕地细碎化程度整体得到改善 ················· 55

  4.3.2 农村土地流转对降低耕地细碎化程度作用明显 ··· 56

4.4 黑龙江省农村土地经营权流转价格特点 ··············· 57

  4.4.1 与全国相比农村土地经营权流转价格偏低 ······· 57

  4.4.2 农村土地经营权流转价格总体上涨 ············· 58

  4.4.3 农村土地经营权流转价格具有明显的区域性 ····· 58

  4.4.4 农村土地经营权流转价格离散程度降低 ········· 60

  4.4.5 农村土地经营权流转定价体系尚不健全 ········· 61

4.5 农村土地分散流转与规模化流转两种形式并存 ··········· 61

  4.5.1 两种形式流转土地面积差异 ··················· 62

  4.5.2 两种流转形式的发生机理差异 ················· 63

  4.5.3 两种流转形式的经营耕地方式差异 ············· 64

  4.5.4 两种形式的流转期限差异 ····················· 64

  4.5.5 两种流转形式的定价差异 ····················· 65

4.6 本章小结 ··· 66

第5章 黑龙江省农村土地经营权分散流转定价 ········· 68

5.1 农村土地经营权分散流转定价特征分析 ··············· 68

  5.1.1 农村土地经营权分散流转定价对象特征 ········· 69

  5.1.2 农村土地经营权分散流转定价主体功能特征 ····· 70

  5.1.3 农村土地经营权分散流转定价过程特征 ········· 70

5.2 农村土地经营权分散流转价格影响因素分析·············· 71

5.2.1 农村土地经营权分散流转价格影响因素的理论分析········ 72

5.2.2 农村土地分散流转价格影响因素的计量分析模型构建···· 76

5.2.3 农村土地经营权分散流转价格影响因素的计量结果分析······

·· 77

5.3 农村土地经营权分散流转定价方法·························· 86

5.3.1 农村土地经营权分散流转价格形成机理··············· 86

5.3.2 农村土地经营权分散流转定价的博弈模型构建······· 86

5.3.3 农村土地经营权分散流转定价的博弈模型求解········· 90

5.3.4 农村土地经营权分散流转定价模型的实证检验········· 93

5.4 本章小结 ··· 102

第6章 黑龙江省农村土地经营权规模化流转定价 ········· 105

6.1 农村土地经营权规模化流转的演变分析 ·················· 105

6.1.1 农村土地经营权规模化流转的主体策略演变分析 ······· 106

6.1.2 农村土地经营权规模化流转的社会冲突演变分析 ······· 116

6.2 农村土地经营权规模化流转价格影响因素与定价特征 ····· 123

6.2.1 农村土地经营权规模化流转价格影响因素 ··········· 123

6.2.2 农村土地经营权规模化流转定价特征 ··············· 124

6.3 农村土地经营权规模化流转定价方法 ····················· 125

6.3.1 农村土地经营权规模化流转定价模型构建的前提假设 ··· 125

6.3.2 农村土地经营权规模化流转区间价格模型构建 ······· 125

6.3.3 农村土地经营权规模化流转区间价格模型求解 ······· 126

6.3.4 农村土地经营权规模化流转定价模型的案例检验 ····· 128

6.4 本章小结 ··· 132

第7章 黑龙江省农村土地经营权流转差异化定价策略 ····· 135

7.1 政府干预与农村土地流转差异化定价 ················· 135

7.1.1 政府干预农村土地经营权流转定价的合理合法性 ········ 135

7.1.2 政府干预农村土地经营权流转定价的必要性 ·········· 136

7.1.3 政府干预农村土地经营权流转定价的行为边界 ········· 138

7.1.4 各级政府在农村土地经营权流转定价中的职能定位 ····· 140

7.2 农村土地经营权流转差异化定价策略总体思路 ········· 142

7.2.1 农村土地经营权流转差异化定价策略框架 ··········· 143

7.2.2 农村土地经营权流转定价目标 ················· 144

7.2.3 农村土地经营权流转定价原则 ················· 145

7.2.4 农村土地分散流转定价与规模化流转定价的划分标准 ··· 146

7.3 政府引导的农村土地经营权分散流转定价 ··········· 146

7.3.1 农村土地经营权分散流转定价依据 ·············· 147

7.3.2 农村土地经营权分散流转定价主体 ·············· 147

7.3.3 农村土地经营权分散流转定价方法 ·············· 148

7.4 政府主导的农村土地经营权规模化流转定价 ·········· 148

7.4.1 农村土地经营权规模化流转定价依据 ············· 149

7.4.2 农村土地经营权规模化流转定价主体 ············· 150

7.4.3 农村土地经营权规模化流转定价方法 ············· 150

7.5 农村土地经营权流转定价的保障措施 ·············· 151

7.5.1 优化农村土地经营权流转政策环境 ·············· 151

7.5.2 完善农村土地市场服务体系 ················· 155

7.6 本章小结 ···························· 157

第8章 结论与讨论 ························· 159

8.1 结论 ····························· 159

8.2 讨论 ····························· 162

参考文献 ····························· 165

第1章 绪 论

1.1 研究背景

1.1.1 国情背景

通过土地流转重组农村人地生产要素，实现农业适度规模化、集约化经营，成为实施乡村振兴战略的必然选择[1]。传统的农村土地经营权流转主要是集中于农户与农户之间的分散流转。目前这种方式虽仍为主流，但随着国家现代化农业进程的推进，新型农业经营主体通过大量转入土地实现专业化、规模化生产经营[2-3]，使新型农业经营主体在农业生产中的地位迅速攀升。未来一段时期内，农户和新型农业经营主体将成为我国农业的主要经营主体，这就决定了农村土地经营权流转给农户和新型农业经营主体的不同流转形式，即农村土地经营权的分散流转和规模化流转。但无论何种形式的土地流转，其实质均是附着于耕地之上的权利交换，体现耕地之上不同主体间的利益关系，流转价格成为最直接的利益分配关系表现形式。农村土地经营权流转价格的变动必将影响农村土地市场供求双方的行为变化。

农村土地经营权流转定价是协调参与土地流转各主体间利益关系的关键。伴随农村土地流转实践不断成熟、流转面积逐年增加，现今土地流转市场呈现流转方式正规化、流转关系复杂化、利益主体多样化等特点。但由于中国农村土地资产一直被排斥于市场资源定价体系之外，土地流转价格仍带有很强的盲目性、主观性与随意性。农村土地流转定价的制度性缺失，在很大程度上制约了农村土地经营权流转效率，阻碍了流转参与者利益表达。研究农村土地经营权流转定价，确定适用于土地分散流转和土地规模化流转的定价方法，并明确政府对不同流转形式定价的干预方式不容忽视。目前，无论是政策制定还是政策实施，政府对农村土地经营权流转管理均日渐规范，但对流转定价问题的规范仍显不足。

1.1.1.1 流转政策不断完善，但流转定价仍是薄弱环节

（1）流转市场政策放活，需要确定指导价格完善市场机制

农村土地经营权流转经历了由"禁止"到"鼓励"的过程。自1982年《全国农村工作会议纪要》正式落实实行家庭联产承包责任制后，1982年首部关于农村工作的中央一号文件出台，指出"社员承包的土地，不准买卖，不准出租，不准转让，不准荒废"。在禁止农村土地经营权流转的政策背景下，无从谈及流转定价问题。1984年中央一号文件《关于一九八四年农村工作的通知》首次提出"鼓励土地使用权向种田能手集中"，对转出土地使用权的农户给予适当经济补偿，但是自留地、承包地均不准买卖、出租。1986年《中华人民共和国土地管理法》（以下简称《土地管理法》）颁布并实施，提出"集体所有的土地，可以由集体或者个人承包经营，从事农、林、牧、渔业生产"，并且"土地的承包经营权受法律保护"，从法律层面上规范了土地承包经营权。综上，至20世纪80年代末，中央政府对农村土地流转仍然秉持谨慎态度，明文禁止任何形式的土地流转。在此期间，村集体可能会收回出租土地农户的土地承包权[4]，导致农村土地租赁市场不活跃[5]。1988年修订的《土地管理法》"允许土地在集体经济组织成员内部流转"；1993年中央11号文件《关于当前农业和农村经济发展的若干政策措施》强调"在坚持土地集体所有和不改变土地用途的前提下，经发包方同意，允许土地的使用权依法有偿转让"，此时农村土地使用权的流转改为允许有偿转让；1998年《土地管理法》提出"允许村民把土地流转给村外人，并提出在少数地区可发展土地适度规模经营，扩大农村土地流转范围，农村土地流转不再局限于集体内部流转"；2002年审议通过，2003年施行的《中华人民共和国农村土地承包法》（以下简称《土地承包法》）提出"农户可依法采取转包、出租、互换、转让或者其他方式流转土地，禁止村集体或当地政府的干预与限制"。

中国农村土地经营权经历了从禁止流转，到允许集体内部流转，再到允许村外流转的过程，中央对土地流转政策逐步放开。农村土地流转市场放活，需要完善流转定价规范市场行为以促进农村土地有序流转。

（2）土地产权制度日益完善，为土地流转定价奠定基础

为促进农村土地流转，中央重视农村土地确权政策制定。确权可增强土地租赁市场活跃度[6]，对延长流转时间、减少流转冲突起到重要作用。1989年国家土地管理局印发《关于确定土地权属问题的若干意见》（以下简称《意

见》），1995 年停止执行《意见》，改为实施《确定土地所有权和使用权的若干规定》，均提出中国农村土地确权、有效解决土地权属争议问题。1998 年《土地管理法》修订，将土地确权的要求上升到法律层面，并在 2002 年的《土地承包法》中，要求村集体向农民发放土地承包合同和承包权经营书，将土地确权落到实处。2007 年《中华人民共和国物权法》（以下简称《物权法》）为土地登记的程序、权利、职责和责任做了更为详细的规定。同年，国土资源部发布的《土地登记办法》对我国土地产权制度建设意义重大，推动农村土地权属明确；2008 年中共十七届三中全会将"土地确权"正式设置为政治议程；2010 年中央一号文件细化土地确权任务，指出"力争用 3 年时间把农村集体土地所有权证确认到每个具有所有权的农民集体经济组织"；2013 年中央一号文件提出要"全面开展农村土地确权登记颁证工作，用 5 年时间基本完成这项工作"；2014 年中央一号文件再次高度关注农村土地确权，指出"稳定农户农地承包权，建立城乡统一的建设用地市场，抓紧抓实农村土地承包经营权确权登记颁证工作"；2014 年中央农村工作会议进一步扩大 2015 年土地承包经营权确权登记颁证试点；2015 年中央一号文件再次强调"抓紧抓实土地承包经营权确权登记颁证工作，扩大整省推进试点范围"。2015 年《关于认真做好农村土地承包经营权确权登记颁证工作的意见》对做好农村土地承包经营权确权登记颁证工作提出指导意见。农村土地确权登记是新一轮农村土地改革的重中之重，为稳定农村土地市场、促进土地流转提供权属保障。

拥有稳定产权的土地所有者更可能参与土地流转[7]，因此，延长土地承包期成为稳定农村土地经营权流转市场的又一重要举措。1983 年中央一号文件规定土地承包期限一般以 5 年为期限。1984 年政府决定采用家庭承包责任制作为全国性的模式，将最初试验期限的 5 年延长 10 年，改为 15 年。1993 年十一号文件提出"土地承包关系 30 年不变"。2008 年的中共十七届三中全会对土地承包期政策表述为"现有土地承包关系保持稳定并长久不变"。2013 年十八届三中全会重申稳定土地承包关系并长久不变。2017 年十九大提出"实施乡村振兴战略"，"保持土地承包关系稳定并长久不变，第二轮土地承包到期后再延长 30 年"。

"三权分置"路径日渐清晰，厘清了参与流转各主体间利益关系。三权分置是指农村承包地在集体所有权不变的基础上，将原有的土地权属拆分为所有权、承包权和经营权的农村土地产权制度形式。2013 年 7 月，习近平总书记提出"深化农村改革,完善农村基本经营制度,要好好研究农村土地所有权、承包权、经营权三者之间的关系";2015 年十八届五中全会上,提出"完善土地所有权、承包权、经营权分置办法,推进土地承包经营权有序流转";2016 年出台的《关于完善农村土地所有权承包权经营权分置办法的意见》,进一步丰富和完善中国特色农村土地制度。通过科学界定农村土地所有权、承包权和经营权的内涵、边界及关系,完善农村的基本经营制度,维护农村集体、承包农户、转入方农户的权益之外,促进土地要素流动,利于培育新型经营主体发展适度规模经营,推进中国农业的供给侧结构性改革。2019 年施行的新修改的《土地承包法》,确立了全新的土地经营权制度,以放活土地经营权为重点,同时将"三权分置"与"长久不变"政策上升为法律制度。2021 年施行的《农村土地经营权流转管理办法》是在 2005 年颁布并实施的《农村土地成本经营权流转管理办法》基础上修改,进一步落实"三权"分置制度,按照集体所有权、农户承包权、土地经营权"三权"分置并行要求,更聚焦于土地经营权,并对其增加具体规定,为进一步促进农村土地资源合理利用和相关主体间利益分配奠定基础。在权属日渐清晰规范的场域下,流转定价作为农村产权交易市场的关键组成部分,如何规范流转市场定价将是下一步的工作重点。

(3)始终坚持"依法、自愿、有偿"原则,为流转定价指明方向

"依法、自愿、有偿"是活跃农村土地经营权流转,实现农业规模经营与城镇化进程、农村劳动力转移规模相适应的社会保障。意味着农村土地流转要尊重市场主体意愿,流转定价需遵循市场规律。依法就是土地经营权要按照有关法律法规和中央政策进行流转;自愿是指任何组织和个人不得强迫或阻碍农户流转土地;有偿是指土地流转的收益应归农户所有,收益权是土地承包经营权的核心[8]。2001 年《中共中央关于做好农户承包地使用权流转工作的通知》规定,"土地流转的主体是农户,土地使用权流转必须建立在农户自愿的基础上。承包期内,农户对承包的土地有自主的使用权、收益权和流转权,有权依法自主决定承包地是否流转和流转的形式"。2002 年出台的《土地承包法》指出,"农村土地承包经营权流转的主体是承包方,承包方有权依法自主决定土地承包经营权是否流转和流转方式","任何组织和个人不得强迫或者阻碍承包方进行土地承包经营权流转"。同年,党的十六大报告提出"要按照依法、自愿、有偿的原则进行农村土地承包经营权流转,成为加快推进城镇化进程、全面繁荣农村经济的基础保障"。2008 年中共中

央、国务院印发的《关于切实加强农业基础建设 进一步促进农业发展农民增收的若干意见》规定,"按照依法自愿有偿原则,健全土地承包经营权流转市场","坚决防止和纠正强迫农民流转、通过流转改变土地农业用途等问题","依法制止乡、村组织通过'反租倒包'等形式侵犯农户土地承包经营权等行为"。2014年中央全面深化改革领导小组第五次会议上,习近平总书记再次强调,"土地流转要尊重农民意愿,不搞强迫命令"的原则。农村土地流转定价可通过政府在定价中的职能定位、定价主体、定价方式、交易价格来体现经营权流转"依法、自愿、有偿"原则,因此农地经营权流转定价是体现该原则的关键。但现行农村土地经营权流转价格仅用"有偿"一词概括,缺乏执行中的操作细则,难免出现流转操作不规范的政策漏洞,因此需要解决农村土地流转定价问题。

(4)着力培育新型农业经营主体发展现代农业,流转定价需重新界定

培育新型农业经营主体,发展适度规模经营是我国农业现代化建设的重要发展战略,新形势下农村土地经营权流转发生转变,因此自2012年党的十八大报告提出"壮大集体经济实力,发展农民农业合作和股份合作,培育新型经营主体,发展多种形式规模经营,构建集约化、专业化、组织化、社会化相结合的新型农业经营体系"起,历年中央一号均强调了培育新型农业经营主体的重要性。2015年党的十八届五中全会以及"十三五"规划纲要再次强调要构建现代农业经营体系,发展适度规模经营,"扶持发展种养大户和家庭农场,引导和促进农民合作社规范发展,培育壮大农业产业化龙头企业,大力培养新型职业农民",并"鼓励和支持工商资本投资现代农业,促进农商联盟等新型经营模式发展"。2016年国务院《政府工作报告》提出要"完善对家庭农场、专业大户、农民合作社等新型农业经营主体的扶持政策"。2017年印发《关于加快构建政策体系培育新型农业经营主体的意见》,提出"引导新型农业经营主体提升规模经营水平、完善利益分享机制,更好发挥带动农民进入市场、增加收入、建设现代农业的引领作用"。同年,党的十九大报告提出实施乡村振兴战略,12月召开的国务院常务会议,确定进一步扶持和培育新型农业经营主体的措施,指出"培育新型农业经营主体,加快发展现代农业,是落实十九大精神、实施乡村振兴战略的重要内容"。

"培育新型经营主体"、"发展现代农业"、"完善利益分享机制"成为农村经济发展的主旋律。通过土地经营权流转集约利用土地是培育新型农业经营主体的前提,意味着除传统的农户间土地流转外,农户土地经营权流向家

庭农场、专业大户等新型主体发展现代农业成为趋势。引导新型农业经营主体多路径提升规模经营水平，要探索多模式完善利益分享机制。也就是说，针对流向新型经营主体的土地经营权定价策略有必要重新界定。

(5)农村土地流转交易逐步规范，合理的流转定价必不可少

为促进农村土地资源优化配置和农业适度规模经营健康发展，2014年中共中央办公厅与国务院办公厅印发《关于引导农村土地承包经营权有序流转发展农业适度规模经营的意见》，国务院办公厅出台《关于引导农村产权流转交易市场健康发展的意见》。2016年，按照上述两项《意见》又制定了《农村土地承包经营权流转交易市场运行规范(试行)》，指导农村土地经营权流转交易市场建立健全交易运行规则，推动了流转交易公开、公证、规范运行。2021年，农业农村部会同国家市场监督管理总局，制定了《农村土地经营权出租合同(示范文本)》和《农村土地经营权入股合同(示范文本)》，把规定条款具体化为合同条文，进一步明确流转双方的权力、义务与责任。中国农村土地经营权流转交易市场逐步建立并完善，作为市场机制核心的定价问题，将会得到进一步重视。

1.1.1.2 流转工作不断落实，但流转定价尚不规范

(1)土地流转规模逐年扩大

近年来，农村土地经营权流转面积和参与流转的农户均快速增加。据1993年农业部抽样调查显示，1992年全国共有473.3万承包农户转包、转让农地1160万亩，分别占当年承包农户总数和承包地总面积的2.3%和0.9%。1997年全国共有316万农户流转土地1535万亩，分别占当年承包农户总数和承包地总面积的1.2%和1.2%。2008年，中国共产党十七届三中全会提出农村土地承包关系"长久不变"，并要求加强农村土地承包经营权流转管理和服务，建立健全土地承包经营权流转市场，此后农村土地流转面积快速增加。2009年，全国农村土地流转面积1.5亿亩，占全国家庭承包耕地总面积的12%。2011年，全国农村土地流转面积2.28亿亩，占全国家庭承包耕地总面积的17.8%。2015年，全国农村土地流转面积4.47亿亩，占全国家庭承包耕地总面积的33.3%。至2020年，全国农村土地流转面积达5.56亿亩，占全国承包经营耕地面积的36.2%。十余年间，我国农村土地流转蓬勃发展。

(2)农村土地确权工作基本落实

农业部从2009年开始开展土地经营权确权登记试点工作，2009年至

2010 年以 8 个村为试点试行整村推进，2011 年至 2013 年以数百个县为试点探索乡镇推进。据农业部统计，截至 2017 年 11 月底，全国实测承包地面积 15.2 亿亩，确权面积 11.1 亿亩，占第二轮家庭承包耕地账面面积的 82%。全国整省推进农村承包地确权登记颁证省份已达 28 个，其中山东、陕西、宁夏等 7 个省（区）基本完成土地确权，天津、河北、江苏等 9 个省（区）土地确权进入收尾阶段。

（3）现代化农业初具规模

几千年的历史进程中，我国一直以小农经营方式为主。新中国成立以后，农村土地改革经历了平分土地、建立农民所有制，到建立农业合作社、实行合作经营方式，再到实行家庭承包经营方式。21 世纪以来，农业现代化取得长足发展，尤其在十七届三中全会提出倡导农村土地流转后，农村土地规模化经营收益显著。

《第三次全国农业普查主要数据公报》显示，2016 年末，全国规模农业经营户 398 万户，农业生产经营单位 204 万个。规模农业经营户和农业生产经营单位实际耕种的耕地面积占全国实际耕种耕地面积的 28.6%。除此以外，科学技术也对农业产生显著影响，《2016 中国发展报告》显示，2015 年农业科技进步贡献率对农业增产的作用约为 56%，中国农作物耕种收综合机械化水平达到 62%，中国农业增长已经由资源要素依赖型转变为科技依赖型，逐步改变了传统的以人力畜力为主的农业经营方式。在倡导培育新型农业经营主体，发展适度规模经营的政策背景下，我国农业经营已经形成以新型经营主体为依托的土地规模化经营方式和以传统农户为依托的土地分散经营方式并存的局面。

（4）定价缺失，扰乱土地流转市场秩序

近年农村土地经营权流转大规模实践，暗含其中的矛盾逐渐暴露。根据对河北、陕西、辽宁等 7 个省份的调研发现，由土地流转引发的纠纷占农村所有纠纷的比重由 2013 年 32.24% 快速上升到 2014 年的 40.06%。其中缺乏科学合理的定价，致使农地流转过程中利益分配不均、权威地权势力扩张[9]、农民权益受损的问题尤为严重。定价的缺失对传统的农户间土地流转和新型农业经营主体参与的土地流转中均产生不利影响，进而扰乱整个土地流转市场秩序。对传统农户间土地流转的影响，一种表现为零地租或低地租流转土地。2008 年对中国 17 个省份的调查中，发现 38.6% 的土地流转没有实物或者现金补偿[10]；2013 年对江苏、广西、湖北和黑龙江 4 省的调查中，超过30%的土地经营权也是无偿流转[11]，这种现象通常被认为是土地流转市场发育不健全的表现。另一种表现则是同村同质土地流转价格高低不一，导致流转市场混乱。据《曲靖日报》报道，2016年5月，昆明市呈贡区乌龙、雨花街道部分村民反映，租地种植未满1年，在合同期内便被转出土地方农户要求涨地租，农民群众认为自身利益受损，引起当地流转矛盾纠纷盛起。调查发现其原因在于村内流转的土地价格高者可达2000～3000元/(亩·年)，而低者却仅为300～800元/(亩·年)①。对于新型农业经营主体参与的土地规模化流转中，定价缺失的负面影响主要表现为土地收益分配不均。以安徽省为例，据《安徽日报》2016年1月26日报道，皖中县某村在村干部的劝说下，农户仅以260元/(亩·年)的较低格把土地经营权转给种粮大户，引起村民不满。转出土地的农户迫切要求当地政府出台详细的流转定价方法，指导土地流转价格，防止再次踏入价格陷阱②。政府干预土地流转定价可保护参与流转者的合法权益，有助于形成市场的良性竞争。

1.1.2　区域背景

1.1.2.1　土地流转带动黑龙江省经济发展

土地流转促进粮食增产和农民增收。通过土地流转实现现代化的种植方式，是在粮价下滑的形势下，农民收入依然保持增长的重要因素。农户间土地分散流转，释放了固化于耕地之上的农业劳动力，转出方农户务工增加家庭收入；转入方农户依赖较低的流转价格获取农业经营盈利。新型农业经营主体参与的土地规模化流转在促进粮食增产和农民增收方面表现更为突出。转入方新型农业经营主体从降低成本和提高单产两方面获益，转出方农户可获得相对于农户间土地流转更高的地租收入。调查发现，2014年将土地流转给新型农业经营主体的农户比非流转给新型农业经营主体的农户，流转每亩土地可多收入200余元。但是，由于政府缺少对土地流转定价方面的管理，产生土地流转价格波动大，使土地流转参与主体利益受损等问题。例如，2017年黑龙江省农村土地流转价格明显下降，其中旱田经营权流转价格约为

---

① 聚土网.应对"涨租潮"引导农村土地有序流转［EB/OL］.(2016-07-22)［2023-03-15］http：//www.jutubao.com/news/content-7428.html.

② 聚土网.政府能否出台方案指导土地流转价格？［EB/OL］.(2016-01-28)［2023-03-15］http：//www.jutubao.com/news/content-2823.html.

200~300 元/亩，比前几年减少一半[①]。不稳定的流转价格影响交易双方的市场供需，不利于土地流转的持续发展。

1.1.2.2 各级政府重视土地流转，发展农业适度规模经营

政府在农村土地经营权流转中发挥扶持引导和管理作用。

首先，黑龙江省出台一系列政策措施保障农村土地经营权有序流转，利于实现适度规模经营。2013 年《两大平原区创新农业经营主体专项改革试验方案》和《农民专业合作社示范社、规范社创建实施方案》，释放黑龙江省耕地资源要素潜能，促进培育新型农业经营主体；2015 年《关于引导农村土地承包经营权有序流转发展农业适度规模经营的实施意见》，完善全省农村经营制度，促进土地有序流转，加快建设现代化农业；2015 年《黑龙江省亿亩生态高产标准农田建设规划（2013—2020）》与 2016 年《黑龙江省人民政府加强和规范农村土地整治工作的意见》，加强黑龙江省农田整治，为稳定全省耕地面积、提高耕地质量、实现耕地连片经营提供坚实保障；2016 年《黑龙江省农村土地承包经营权登记颁证工作方案》，通过确权维持农村土地承包经营权流转的权属稳定性；2016 年《关于实施耕地地力保护补贴的指导意见》，对耕地地力保护和推进土地适度规模经营起到重要作用。

其次，基层政府发挥至关重要的桥梁纽带作用。以黑龙江省齐齐哈尔市为例，2009 年，克山县把推进土地有序流转作为重点工作，出台《关于促进农村土地承包经营权流转推动土地适度规模经营的意见》，着重明确政府在土地流转中的角色与职能，促进全年签订流转合同 15 万份，流转面积达 $1.33×10^5 hm^2$（200 万亩）[②]；2014 年，依安县奋斗村党支部、村委会在农民自愿并递交土地流转委托书的基础上，将全村 $1.09×10^3 hm^2$ 土地以高于农户自发分散流转的价格转给本村 13 户农民耕种，实现土地集约规模经营[③]。

第三，搭建农村土地承包经营权流转服务平台，促进土地有序流转。2015 年，提出建设县级农村土地承包经营权流转服务中心、乡级土地流转服务站、村级土地流转服务室的三级土地管理体系。并成立黑龙江省农村土地

---

① 哈尔滨日报.土地流转价格今年明显下降 旱田流转价格降一半[EB/OL].（2017-05-07）[2023-03-15]http://hlj.sina.com.cn/news/b/2017-05-07/detail-ifyeychk7093683.shtml.

② 东北网.克山县农民土地流转走出"巴掌田"户均年增收 1200 元[EB/OL].（2009-06-23）[2023-03-15]https://heilongjiang.dbw.cn/system/2009/06/23/051977786.shtml.

③ 人民网-黑龙江频道.黑龙江：土地流转农民得实惠[EB/OL].（2015-01-25）[2023-03-15]https://www.haas.cn/newsview.aspx? id=2698.

流转协会，负责全省土地流转政策服务，收集、汇总、发布土地流转供求信息，建立并补充土地流转信息库，完善农村金融保险等配套服务措施。实现土地连片的农业适度规模经营，离不开政府引导下的土地规模化流转，实现土地规模化流转离不开完善的定价。新形势下，提出适用于农村土地规模化流转的定价策略必不可少。

1.1.2.3 黑龙江省是推行土地规模化流转、发展现代农业的重点区域

2015 年 5 月发布的《全国农业可持续发展规划(2015—2030 年)》中，将东北地区定性为优先发展区。东北地区拥有亚洲最大的和世界最肥沃的黑土地带，地势平坦，具备全国最高的农业机械化生产水平和农业技术水平[12]。东北地区是我国最大的商品粮主产区，也是我国唯一能调出大量商品粮的地区[13]。黑龙江省是东北三大粮食主产区中产粮最多的省份，也是我国最大的商品粮基地。近年来，黑龙江省每年销往省外的商品粮占全国省级商品粮净调出量的 1/3[14]。农业生产以玉米、小麦、水稻和大豆为主，2009 年黑龙江省粮食增产贡献率高达 60.61%，在全国粮食产量"九连增"过程中起到重要作用。根据《黑龙江统计年鉴 2016》显示，2015 年，黑龙江省粮食作物生产实现"十二连增"，连续 5 年位列全国第一，其中玉米产量 354.4 亿 kg、水稻产量 219.95 亿 kg、大豆产量 42.85 亿 kg、小麦产量 2.2 亿 kg。2016 年 3 月，习近平总书记赴黑龙江省考察时指出，"黑龙江省是农业大省和粮食主产区，要统筹抓好现代农业产业体系、生产体系、经营体系建设，因地制宜推进多种形式规模经营，用规模经营提升农业竞争力、增加农民收入"。黑龙江省具备耕地地势平坦肥沃、地广人稀等自然条件，也兼具农业机械化水平高的社会经济条件。2016 年全省农业机械总动力 5634.3 万 kW，比上年增长 3.5%，农业机械总动力在全国处于上游水平。尤其是大中型拖拉机及其配套农具拥有数量分别为 101.56 万台和 144.40 万部，全国排名第一。可见，黑龙江省是农村土地经营权流转开展的有利地带。作为我国重要的粮食主产大省，农业发展情况关系到我国粮食安全，合理的土地流转定价是保障发展现代化农业背景下农民切身利益的根本，是维护农村社会秩序、促进农村土地市场发展的关键。

1.2 研究目的与意义

1.2.1 研究目的

1.2.1.1 分析影响农村土地经营权流转价格的主要因素

明晰农村土地经营权流转价格的影响因素以及各因素之间的作用关系，是确定土地经营权流转价格的基础。本研究运用计量分析方法剖析农户间土地分散流转价格的影响因素，可进一步加强对农户间土地流转价格形成的了解，为确定农村土地分散流转定价方法奠定基础。通过深度访谈获取农地规模化流转的相关信息与数据，以推理演绎的方法归纳总结土地规模化流转定价的特征和影响因素，为确定土地规模化流转定价奠定基础。

1.2.1.2 探寻农村土地经营权流转的定价方法

根据本书确定的农地经营权流转定价方法，可为政府提供出台土地流转指导价格标准的方法依据。黑龙江省呈现农户间土地分散流转与土地规模化流转并存的特征，本书旨在以东北粮食主产区黑龙江省为例，确定适用于农户间自发的土地分散流转的定价方法以及适用于新型农业经营主体与农户间的土地规模化流转的定价方法，以期为完善我国农地经营权流转定价提供依据。

1.2.1.3 明确政府在农村土地经营权流转中的干预形式

由于我国土地流转起步较晚而发展较快，致使土地流转市场基础薄弱。流转价格是土地经营权交易的核心，关系到流转双方利益，如若完全依靠市场调节定价则无法规避市场失灵而导致的种种问题，因此政府有必要干预农地经营权流转定价。根据农村土地分散流转与土地规模化流转特性，分别确定政府在两种流转形式中的干预形式，可保证政府因时因地制宜地管理流转市场定价。

1.2.1.4 提出促进黑龙江省农村土地有序流转的定价策略

研究农地经营权流转定价的根本目标是规范主体行为、确定合理的流转价格，以促进农村土地经营权有序流转。在农村土地经营权分散流转和规模化流转并存的形势下，定价策略的缺失导致土地流转价格过度市场化，进而侵蚀土地经营权交易双方利益。面对市场失灵,有必要明确政府在土地经营权流转定价中的地位和行为边界,主要从定价目的、定价原则、定价依据、定价主体、定价方法等方面提出土地经营权流转策略,以促进土地经营权有序流转。

1.2.2 研究意义

1.2.2.1 理论意义

本研究有利于充实和完善农地经营权流转定价理论和方法体系。农村土地定价问题一直是我国土地资源管理学科的研究热点和重点,虽然学者已经展开相关研究工作并取得理论与实践成果,但关于农村土地经营权流转的定价尚未形成系统化、集成化的定价体系和定价方法。现行研究还不能满足农村土地经营权流转市场发展需求,尤其对土地分散流转和土地规模化流转两种流转形式的定价问题研究较少。本研究力图构建完整的农地经营权流转定价体系,面对中国农村土地经营权流转市场出现的土地经营权分散流转与规模化流转并存局面,首先明确政府有必要干预农村土地流转,并依据土地分散流转和土地规模化流转定价的不同特性,明确政府在不同流转形式中的干预方式,提出了政府引导土地分散流转定价和政府主导土地规模化流转定价的差异化定价策略。并从定价依据、定价主体、定价方法三方面,详细构建农地经营权流转定价体系。尤其在定价方法的研究中,借鉴以往的研究成果,结合新的理论视角提出定价方法,在土地经营权分散流转定价中,提出了考虑流转交易双方博弈能力的双向拍卖定价模型;在土地经营权规模化流转定价中,提出了考虑土地规模经营增值收益分配的区间价格模型。本研究丰富了马克思地租理论的指导意义,从客观上为农地经营权流转定价的研究提供理论借鉴和方法支持。

1.2.2.2 现实意义

(1)有助于规范农村土地经营权流转主体行为,健全土地流转市场

传统的农户间土地经营权分散流转中,普遍存在土地流转交易定价随意,低价甚至零价流转现象。以双向拍卖理论为依托,在考虑交易双方议价能力的基础上构建适用于农户间自发分散流转的土地流转定价方法,能更好地反映市场动态,为农户间流转土地提供价格参考,规避信息沟通不畅、政策不规范引起的交易失范。新型经营主体参与的土地经营权规模化流转中,参与主体包括新型农业经营主体、转出方农户、基层政府(或其他第三方中介机构),主体间博弈能力失衡、信息不对称、利益捆绑等市场失灵现象易导

致土地规模化流转交易中弱势群体利益受损，有失社会公平或增加经营风险。构建适用于土地规模化流转的定价方法，可解决新时代背景下实现农村土地规模化经营的新问题，为规模化流转市场提供价格依据，为实现农业现代化奠定市场基础。

（2）有助于完善我国农村土地经营权流转机制，促进土地有序流转

土地流转定价是农村土地经营权流转机制的重要组成部分，但目前还是我国农村土地经营权流转的薄弱环节。长期以来，我国农村土地资产一直被排斥在资源市场定价体系之外，导致长期以来农村土地产权权属不清、定价不明，无法形成健康有序的土地流转市场。尤其在倡导农村土地适度规模经营以后，全国各地区纷纷出现规模化流转形式，然而现在仍未出台以土地规模化流转的定价原则、定价方法、价格标准以及保障措施为主要内容的定价管理办法，致使原本尚不成熟的农户间土地分散流转又增加新的市场扰动因素。研究农地经营权流转定价问题，可规范农户间分散的土地流转价格、农户与新型农业经营主体间规模化的土地流转价格，与土地流转中其他有机组成部分相辅相成，共同建立与健全农村土地经营权流转机制。

（3）有助于维护流转双方利益，平衡市场各方力量

农村土地经营权流转价格的确定关乎土地转入与转出双方的利益。于转入土地一方而言，土地经营权流转价格是生产成本；于转出土地一方而言，土地经营权流转价格是财产收入。过高或过低的流转价格均会对双方造成经济影响，研究农村土地经营权定价可为土地流转确定价格标准，能解决农户间自发分散的土地流转价格不明问题以及农户与新型经营主体间土地规模化流转收益分配不均等问题。总体而言，通过规范农村土地流转价格来规避市场失灵，是我国农村土地流转市场建设初期的必要环节。

1.3 国内外研究动态及评述

1.3.1 国内研究动态

1.3.1.1 农村土地经营权流转现状

（1）农村土地经营权规模化流转

农村土地经营权规模化流转是为适应农业适度规模经营而产生的流转模式，也被称为土地规模流转[15]、农地规模化流转[16]、农地整体流转[17]和政

府主导农地流转[18]，是指由村集体经济组织牵头，集中多农户农地经营权，并流转给新型农业经营主体的行为。由于土地规模化流转是一种新兴流转模式，关于此方面的研究主要集中在 2010 年以后。研究表明，土地规模化流转有利于增加转入户收入，但转出户资源配置效率和收入却未能实现最大化[19]。总体而言，土地规模化流转可以在一定程度上缩小农村农户内部收入差距[20]。

（2）农村土地经营权流转引发的阶层利益冲突

土地流转是改变农村社会关系的重要因素，目前在土地流转背景下探讨阶层问题大致可分为两方面，即土地流转对农村社会阶层分化的影响和阶层分化引发的社会问题。第一，土地流转对农村社会阶层分化的影响。土地流转成为农民实现阶层流动的重要途径，通过职业分层、经济分层和主观分层重塑农村阶层结构[21]，陈柏峰依据土地占有不同将农村社会划分为 5 个阶层，其中对贫弱阶层农户应加强保护[22]；贺雪峰依据农户与土地的关系将农村阶层划分为脱离土地的农民阶层、半工半农阶层、在乡兼业农民阶层、普通农业经营者阶层以及农村贫弱阶层[23]；林辉煌依据经济状况将农村社会分为富裕阶层、中农阶层、半工半农阶层和贫弱阶层[24]。第二，新的阶层分化带来的社会问题。大部分研究重点在于土地流转对中间阶层的影响，认为农户间自发的土地流转在当前农村社会形成了一个耕种规模适度、收入水平适中的中间阶层[25]，但规模化流转却导致中间阶层消解，使乡村治理陷于困境[26]。持相似观点的还有谢小芹，她认为规模化流转对中间阶层的消解在"过密型"农业中还会继续，需要谨慎对待[27]。另有研究关注农村社会的整体状况，提出需要区分阶层特点，建立平衡农村各阶层间利益关系的可行性方案[28]。

上述文献为丰富土地规模化流转研究奠定良好基础，但亦有拓展空间：① 既有研究多集中于农户间自发流转后的阶层分化，对土地规模化流转产生的社会阶层问题关注较少或者仅是关注了规模化流转后的中间阶层问题，对农村社会的整体情况研究不足。而规模化流转是近年来倡导农业适度规模经营政策环境下的重要趋势，由此对农村社会产生的阶层问题应引起重视；② 已有研究多按单一指标，如土地占有情况或经济情况将农村社会分层，而未能分析不同阶层在农村社会中的地位，进而缺乏对各阶层之间关系的梳理；③ 已有文献多将土地流转后的阶层分化与阶层利益冲突研究割裂，导致对阶层间利益冲突的诱发机理研究不足。

（3）农村土地规模化流转与分散流转的对比

农村土地规模化流转是在土地分散流转基础上发展而来的。农户间土地经营权分散流转很难形成规模化、集中化的农地经营，这就促进了政府主导的土地经营权规模化流转[29]。研究结果表明，农户间土地分散流转比土地规模化流转更能提高农户劳动力资源配置效率；对于流转前就以非农收入为主的农户，土地规模化流转为其带来的土地资源报酬显著高于土地分散流转，而对于流转前以农业生产为主的农户，土地规模化流转带来的人均土地资源报酬却低于土地分散流转[30]。从社会福利角度发现，通过倾向得分匹配模型控制农户人力资本特征后，土地规模化流转的农地转出户福利效应远高于分散流转的农地转出户；但进一步运用两期面板数据进行双重差分倾向匹配，控制区域特征后发现，规模化流转农地转出户福利增加值要低于分散流转农地转出户[31]。

1.3.1.2 农村土地经营权流转影响因素研究

农地经营权流转的影响因素与农地经营权流转价格的影响因素具有关联性，主要表现为土地流转市场的供求影响土地流转价格的确定。目前，关于农地经营权流转价格的影响因素较少，而农地经营权流转的影响因素研究则可为探究流转价格的影响因素研究提供借鉴。关于农地经营权流转的影响因素可分为促进土地流转的驱动因素和阻碍流转的障碍因素两方面。

（1）农村土地经营权流转的驱动因素

目前，我国农地经营权流转主要呈现流转规模扩大化、流转形式多样化、流转主体多元化、流转范围广泛化的特点[32]。农地经营权流转加速是内外因共同推动结果。总体而言，内部驱动因素主要包括非农就业率提升、农业经营效益提高；外部驱动因素主要包括农村产业化经营、农业新技术改进、新型城镇的推动。从我国土地流转顶层政策设计方面入手，认为新型农业经营主体培育、新型城镇化促进农民市民化、农村土地承包经营权确权登记三大政策构成了农村土地流转的动力系统，并在流转中形成合力，有序推进农村土地流转[33]。

农户家庭转出土地遵循经济理性原则[34]。目前，非农产业收入同务农收入差距进一步扩大，在农业生产外部因素变化与内部因素推动共同作用下，进而加速农地流转速度[35]。因此，农业技术进步、经营农地收益增加，激发了种植大户与合作社等经济组织扩大经营规模的需求[36]。

农地经营权流转带有较强的地域差异特征，从空间范围来看，徐旭根据科斯与诺斯的生产与交易费用理论,发现沿海经济发达地区农村土地经营权流转在短时期内发展较快,主要得益于农户参与、村集体经济组织和各级政府推动、工商业主需求拉动[37]。对江苏省农村土地流转研究发现,地区间经济发展水平的梯度差异,导致土地流转规模、流转方式、流转速度、流转集聚度以及农户流转行为差异明显[38]。通过对经济发达区调查,结果表明资源禀赋差异、种植业调整和劳动力转移是农户土地流转的主要动力[39]。

（2）农村土地经营权流转的障碍因素

耕地收益增量有限与集中需求不足是农地经营权流转困难的根本原因,加速农地流转的关键在于以规模经营为标志的现代化农业生产方式转型[40]。限制现阶段农地流转的经济原因主要在于流转不合理,不能实现耕地供需双方有效对接[41]。另一方面,长期以来的城乡二元结构造成农村居民知识技能水平相对较低,进城往往从事低声望、低劳动技能、低社会参与的职业。加之城市对农民工的就业保障措施实践效果不理想[42],降低了农村劳动力向城市转移的动力,限制了农村土地经营权供给。

1.3.1.3 农村土地经营权流转参与主体行为研究

土地流转是各利益主体在现有制度框架内追求各自利益的行为互动结果,且利益相关者距离权力中心的远近决定了农地流转中利益的分配方式。从归属来看,农地流转的直接利益主体是涉地的乡镇、农村集体、村民小组、农户;土地受用者、涉农企业以及相关项目开发者是相对利益主体;政府是农地流转的间接利益主体[43-44],其中中央政府、地方政府对农地经营权流转起宏观性和综合性指导作用[45]。

（1）农村土地流转中政府行为相关研究

政府在农地流转中的作用主要分为直接干预和间接干预,直接干预影响交易实施,间接干预影响交易环境[46]。农地流转带来的效率提高有时不足以抵消流转过程中产生的负面效应,面对市场自身存在的不足,政府应适当介入,通过构建交易流转平台、构建农地流转定价机制等方式干预,以保证市场在促进农户增收和降低新型农业规模经营主体的成本之间寻求平衡[47-49]。

根据我国行政机构设置,农地流转政策执行主要包括中央政府和省、市、县、乡等地方政府。一般而言,较高级别的行政机构主要负责制定政策、完善政策以及监督下级机构执行政策,基层行政机构主要负责执行政策。政府是我国农地流转的制度提供者、市场秩序维护者、公共服务供给者、农户利益保护者[50]。在农地流转中，政府的基本职能是调节社会不平等，实现代际公平，保证流转主体权利和义务相对称[51]。责任包括建设农地流转市场，合理分配利益，保障粮食安全以及克服市场失灵[52]。除此之外，政府还应支持农业新技术的示范与推广，提高欠发达地区农户收入[53]。

中央政府作为制度顶层设计者，代表最广大人民的利益，决定或制约着农地承包经营权的流转方向，对流转制度的确立拥有最后决定权[54]。因此，应规避地方官员的寻租行为，重新界定农地流转中地方政府的角色和职能[55]。但目前，中央政府仍存在服务不周，生产角色缺位等问题[56]。

相对于对中央政府的研究，学术界对地方政府在农地流转中的功能与角色研究较多。地方政府作为农地流转的管理者和社会服务者，其管理行为主要以农民根本利益作为出发点和落脚点[57]。部分学者认为，地方政府应在农地流转中发挥主导作用[58]，但这种依靠外生力量发展的现代化农业模式，虽然短期效果明显，但长远发展仍有待观察[59]。地方政府运用政治、经济等手段对农地流转市场的过多干预，不利于形成完全竞争市场，且干预手段的合法性争议较大[60]。因此，更多观点认为即使我国农地流转市场需要政府发挥更大的作用，但地方政府职能也应定位于宣传发动[61]，而非一味地鼓励流转[62]，使地方政府成为农地流转的引导力量和推动力量而非主导力量[63]。研究表明，地方政府应尽量减少对农地流转的管制，适度引导与监督流转市场，以降低交易成本[64-65]。构建"公共型"、"规范型"、"服务型"和"市场型"政府才是农地市场化进程中地方政府行为选择的合理路径[66]。尤其是基层政府，更应把自己定位于中介服务或者仲裁机构的角色[67]。另有学者针对各级地方政府在农地流转中的职能进行归纳，指出省级政府主要负责政策制定与监督，市县政府负责主导以及协调流转政策实施，乡镇政府负责指导、支持与帮助村委会在农地流转中的工作[68]。

未来农业的发展主要通过合作化组织实现农业产业价值链攀升[69]。在农地流转中，政府应尊重农户流转意愿，实现农户资源配置收益最大化；也可通过搭建平台，显化土地租金价值；亦可出台多元化扶持政策，增加农户收入，促进土地流转[30]。对于农户，政府应完善农村社会生活保障；对于企业，政府应规范农地流转秩序[70]。在具体实施中，普遍认为财政政策有利于引导农地流转有序快速发展[71]，尤其对农民流转意识培养阶段的市场调控最为显著[72]。补贴政策的制定必须做到因地制宜，总体而言，补贴应侧重于短期经济效益不明显但社会效益高的项目[73]，加强对农业基础设施的补贴[74],增强对耕地经营方的补贴力度[75],均可以促进农地流转的长足发展。

由于我国农地流转市场机制尚未健全,较多地区农地规模化流转需依靠政府的行政力量才能得以实现。已有研究已经明确了各级政府在农地流转中应担当的职能与角色定位。但是,在土地流转定价问题上,较少研究涉及政府在农地经营权流转定价中应发挥的作用。

(2)农村土地流转中农户行为研究

农户的流转意愿与决策行为从根本上影响着农地使用权市场化流转[76]。而农户流转意愿主要受年龄、文化程度、家庭收入、流转期限、流转价格、对土地的认知、政策[77]、性别、是否接受过技能培训[78]、社会保障、外出务工难易程度[79]等多种因素综合影响。刘畅等通过对南垣乡与旧县镇的实证研究,发现亩均净收入、务农人口占家庭人口比例以及耕地细碎化程度对农户参与农地流转意愿产生重要影响[80]。在对关中平原的杨凌示范区、武功县和长安区三个典型县(区)调研发现,区域经济条件、政府宣传引导程度、保障制度以及市场化程度是造成三个地区流转形成差异的主要原因[81]。也有研究将转出农地和转入农地农户的流转意愿分别进行探讨,得出农户家庭的收入水平与来源、农地面积、农地承包期和户主年龄、职业等内部因素对农地转入与转出方均有密切关系的结论[82]。农地重要性、农户户主年龄、户主文化程度、家庭非农收入、家庭农业收入以及家庭劳动力数量等因素对农地流转意愿影响较大,而农地社会保障功能很大程度上制约了农民的流转意愿[83]。另有学者发现农户土地过于零散、户主受教育程度低下、剩余劳动力转移困难[84]等问题制约了农户农地流转意愿。

在产权对农户流转意愿的影响研究方面,普遍认为产权的安全性通过其形成的生产性效应、交易价格效应和交易成本效应来影响农户流转行为,其中土地承包合同可显著提高转入户的流转率,农地流转合同可同时提高转入户和转出户的流转几率[85]。确权办证能显著促进农户转出农地,而对转入农地一方影响并不显著[86]。当农地流转中可获得租金越多时,农户越倾向选择书面契约,相比之下,利益倾向对农地转入户影响更为显著,对农地转出户影响并不显著[87]。

1.3.1.4 农村土地经营权流转定价研究

(1)农村土地经营权流转价格现状

流转价格事关土地流转效率、农业经营收益以及农民权益保障等,是实现乡村振兴与农业现代化发展的基础。然而由于长期以来,我国农地产权的价值性与商品性不明确、产权价格不规范、缺乏历史价格等原因，使我国农地流转价格缺乏科学性[88]，致使流转交易市场普遍存在价格失真的现象，因此近年有关农村土地经营权流转价格的问题不断引起学术界关注。我国农村土地经营权流转价格存在失真现象，主要表现为：

一是流转价格偏低或零租金流转问题。学者最初研究农村土地经营权流转价格问题多是立足于早期的农户间土地流转。中国早期农村土地流转市场具有非正式交易特征[89]，通过对2003—2013年农村固定观察点数据局分析发现，55.05%的土地转入户并未支付租金，52.63%的土地转出户并未获得租金[90]。此类流转多发生于村内亲戚之间，并且没有签订正式的书面合同[91]，土地零租金或低租金流转现象普遍存在[92-93]，尤其容易发生在以宗族关系网络为纽带的成员之间[94]。对于未流转土地的农户而言，流转双方的意愿价格也普遍偏低，但转出意愿价格要高于转入意愿价格[95]。因此部分学者认为土地经营效益低、土地承载负担重、土地流通环节不畅以及承包土地流转价格计量不科学、技术创新不足、生产成本高昂、规模不经济、供给者偏好和动机、农业资本外流、农资价格上涨、农业风险机制匮乏等均是导致土地经营权流转价格低廉的原因[96-98]。而这种零租金或低租金现象会造成农业生产的土地效率和劳动效率损失，并扩大农业生产中的技术无效率部分，不利于农业高质量发展[99]。

二是农村土地租金虚高问题。伴随中国农村劳动力大规模非农转移，农地流转市场愈发活跃，土地流转价格呈上升趋势，一改早期零租金流转的困境。既有研究认为，对于农户间土地流转而言，熟人间尤其是具有较高信任程度的群体间的经营权交易如今却伴随更高的交易价格[100]。除农户间土地分散流转存在租金溢价问题以外，土地规模化流转同样存在相似问题。研究认为，农业经营外包明显推动了农村土地流转价格上涨[101]，并呈现流转后非农用途的租金高于粮食耕种用途，新兴农业经营主体转入价格高于普通农户之势[102]。这种溢价是由土地规模化流转后的规模溢价、风险溢价和投资溢价三种机制导致的[103]。因此，农业生产所能承担的合理流转价格应取决于土地投入对农业产值的贡献率[104]。因此，应重视高额地租与耕地规模化经营之间的辩证关系[105]，才能实现小农户与现代农业的有机衔接。

（2）农村土地经营权流转价格影响因素

目前，多数关于流转价格影响因素的研究，均是把土地流转视为一个整体，且对土地流转价格的认识仍停留在农户间土地承包经营权分散流转的层面。较少有研究按照流转模式不同而区分土地分散流转价格和土地规模化流转价格的影响因素。

在对土地流转价格影响因素的研究中，主张以土地经济价值作为衡量土地流转价格标准的观点认为，土地收益是决定农地经营权流转价格的最主要因素[106]。但农地经营权流转价格最终的形成是各项因素综合作用的结果，主要影响因素包括自然环境因素(气候、水文、土壤、地形、植被、环境质量、自然灾害)与社会经济因素(农地利用方式、区位交通因素、基础设施因素、政策因素、技术因素、人口因素)影响[107-108]。目前关于社会经济因素对流转价格的影响研究较多，认为以农地地理位置与平整度[109]为代表的土地特征，以地区经济发展情况[110]、人均GDP[111]等为代表的区域特征，以农户组织化程度[112]、户主年龄与文化程度[113]为代表的家庭特征，均会对农地经营权流转产生影响。详细来说，农民最低生活保障和农民转出农地后再就业培训对流转价格影响显著[114]；土地确权对流转价格具有显著正向影响[115-116]；农产品价格也会带动土地流转价格，进而影响土地转入者与转出者之间流转土地净收益的分配格局[117]。而种粮目的分化也在一定程度上导致了农户土地流转意愿价格的差异[118]。除此以外，流转主体的关系、流转土地的质量、流转土地的用途也显著影响流转价格[119]。流转价格还与经营主体是否享受到农地流转补贴政策高度正相关[120]。

从农村土地承包经营权转入方与转出方角度，对于转出方，发现户主的耕种意愿、农地平整度、农地地理位置、当地经济发展水平和物价水平正向影响转出方预期价格，而户主年龄、劳动力务农的机会成本和社保参加状况则对转出价格产生负向影响；对于转入方，农地平整度、流转时间长短和当地经济发展水平正向影响其价格预期，而户主年龄、家庭务农收入所占比重、流转后是否改种其他作物和劳动力务农的机会成本则与转入方对流转价格的预期呈负相关[109]。

也有少部分研究将土地规模化流转价格影响因素从土地流转价格影响因素中剥离出来。认为在规模化经营中，新型农业经营主体负责人年龄对流转价格具有显著负向影响，土地流转面积、流转期限以及银行的金融支持对流转价格具有正向影响[121]。因此，根据新型农业经营主体的经营效益和粮食价格变化情况确定土地流转价格更为合理[107]。

(3)农村土地经营权流转定价主体

农地流转价格是承包经营权在经济上的实现形式，在实践中以现金、实物、股权等方式体现[122]。《中华人民共和国农村土地承包法》指出，土地承包经营权流转的转包费、租金、转让费等，应当由当事人双方协商确定。但由于这种自发的定价方式缺乏科学依据，难以保障流转中的弱势群体权益。鉴于此，部分学者认为农地经营权流转价格的评估主体应为资产评估机构和注册资产评估师[123]。另有学者认为农地流转应分为农民定价、中介机构评估定价和政府引导定价[124]。其中，分散流转价格由"当事人自由协商定价"，而规模流转价格应规定为由承包户委托中介机构与受让方协商定价[125]。也有学者提出，应对个别阶段的流转市场实行价格干预政策，从而提高土地承包经营权的流转效率[126]。

学界普遍认为，鉴于目前中国农地经营权流转市场基础薄弱，土地流转需要政府或第三方机构介入指导。但是对于定价中政府与市场之间关系的探讨尚不充分，还未明确政府在土地流转定价中的行为边界和主要职责。

（4）农村土地经营权流转定价方法

困于农地承包经营权规模化流转定价方法缺乏，现行流转价格难以科学反映农地价值[127]，致使农地承包方与农地经营方纠纷不断[128, 59]。为解决流转价格问题，国内学者以农村土地流转价格体系构成研究为开端对农地流转价格问题展开深入探讨。认为农地流转价格体系实质是权利的"价格束"，由农地产权结构和农地流转方式决定[129]。根据土地产权关系不同，可分为所有权价格和使用权价格[130]。目前，关于农村土地流转价格问题的研究多集中于土地征收价格，即对农村土地所有权价格的研究[131-133]。而对土地经营权流转价格核算的研究相对较少。土地征收与土地经营权流转统称为土地流转，但两者间存在差别，主要表现在农村土地承包权一端连着农地所有权，一端连着农地经营权。土地征收是所有权的变更，即国家和集体之间的流转，不可在农户间进行交易，而只有农地经营权具有个人收益性，可以在农户间流转；土地所有权流转是永久性的产权买卖关系，而土地经营权流转是受流转期限约束的产权租赁关系。土地经营权流转与土地所有权流转虽有差异，但鉴于土地经营权流转价格研究尚不成熟，因此可借鉴土地所有权流转的定价方法。

由于土地规模化流转起步较晚，对土地规模化流转定价的关注尚少，因此目前关于农地经营权流转定价问题的研究，实则是将土地经营权流转定价等同于土地经营权分散流转定价加以探讨。但已有研究表明，农地承包经营权规模化流转价格形成机理有其特殊性[125]，故土地规模化流转应遵循其特有的定价机制[134]。

已有关于土地经营权流转定价方法的研究，主流是利用收益现值法估算土地经营权流转价格。收益还原法主要是对预期收益、折现率和收益期三个参数进行确定，在土地流转中表现为根据经营耕地的年均总收入、年均总成本和流转时间，使用折现率加以修正[135]。在最初对耕地净收益的认识中，学者认为由于农地经营权流转没有改变土地农业用途，所以其价格内涵应表现为农用地的自然质量价格，由农用地的未来经济价值决定[136]。随后有研究从产权理论出发，丰富收益现值法中对土地价值的评判，认为不应仅考虑由土地质量产生的经济收益价值，还应将耕地的社会保障价值纳入其中，而后再利用折现率计算价格[114, 137-138]；在产权理论基础上，又有学者提出还应增加流转修正价格，通过修正价格重新分配级差地租Ⅱ[139]。而桑晓静在此基础上又丰富了土地价值的内涵，以收益还原法为基础，结合价值功能理论构建流转定价的全要素模型，模型中按照土地对农户的效用种类，分为土地的经济效用价格、基本生活保障价格、待机传承效用价格、就业效用价格、土地流转效用价格等[140]。

随着对土地流转市场的进一步认识加深，有学者从市场交易双方博弈关系角度探寻流转价格，研究已考虑到土地分散流转定价的自主协商特性，且多是基于需求供给理论或双边市场理论[112, 141]。如申云从供给与需求角度，利用博弈方法探究竞争条件下的流转价格均衡点[109]；李菁运用博弈定价理论分析土地流转主体间利益关系，并考虑流转中的信用和风险，构建农地信用租赁的定额租制和分成租制[142]。将收益法与博弈论相结合，张振华在评估流转价格时将土地收益与流转双方博弈相融合[143]。这种方法考虑到价格随市场供需的波动性，具有更灵活的优势，但却仅能阐明价格震荡机理，无法确定最终的价格标准或价格区间，操作性有待提高。

综上所述，目前对农地经营权流转定价方法的研究具有如下特点：① 未区分土地经营权分散流转和规模化流转定价特征差异，所研究的土地流转定价实则多是土地经营权分散流转的定价；② 对土地流转定价方法的研究较少，方法主要围绕收益现值法展开；③ 土地流转价格的确定未能适应市场供需变化；④涉及土地经营权规模流转定价的研究较少。

1.3.2 国外研究动态

1.3.2.1 农村土地流转市场研究

在发展中国家,农地租赁市场比农地买卖市场更有效率,已成为农地交易的最主要方式[144-146]。土地流转能带来农业劳动力分配方式和农地利用方式的转变[147],进而促进农业劳动生产效率提升[148]。同时,土地流转可以增加农民收入,具有减贫效应,有助于促进农户间公平[149-150]。

从土地流转的影响因素来看,宏观层面,农村土地流转与人口增长关系紧密[151],因为人口增长导致人们需求更多的粮食,耕种更多的土地,这就需要人们更加集约地使用现有土地[152]。微观来讲,在市场机制下,农户对土地流转决策的判断是理性的,他们会根据流转收益与成本的对比最终做出决定[153]。已有研究表明,农户所在地区的地理因素、村庄特征、区域经济发展状况[154],以及家庭劳动力规模、土地和市场规模[155-156]均会影响农户流转土地的决策。其中,有较高技术效率的农民更倾向于转入更多土地[157]。在国外文献研究中,认为制度因素是阻碍农村土地承包经营权交易的一项重要原因。主要表现为政府、中介的低效运行增加交易费用;土地产权的不稳定和不清晰,以及土地细碎化分配,都增加了交易费用并阻碍农村土地市场发育[158]。政府在土地交易中的管理缺位[159]、侵权、收益分配不合理以及信息不对称,侵害农户在土地流转中的利益[160]。制度因素增加农村土地交易费用,阻碍农地交易[161-162]。因此,在土地交易市场建设中,需要财政部门支持政府弥补市场缺陷[163]。具体的管理内容包括提供土地价格、附加投资以及地租等信息[164]。

1.3.2.2 关于农村土地定价的研究

国外关于农村土地定价问题的研究主要围绕农村土地价格评估和农村土地价格影响因素两方面展开。在构建农村土地价格评估体系方面,有研究利用模糊神经网络对土地资源评估体系加以改进[165]。也有从土地价值角度,构建农村土地流转定价模型[166]。在此基础上,有学者提出了土地发展权价值,丰富了土地价值内涵[167]。有学者区分了不同租制的流转价格评估,将土地租赁分为土地租用与合同租用,前者的价值应由土地生产而累计产生的收益的折现加总,而后者则是短期的收入,这种收入可能是由于土地因素或者使用者因素恰好满足了某一类意想不到的需求而产生[168]。

在农村土地价格影响因素方面,与国内研究相似,认为产权强度与土地价格密切相关[169]。有研究认为需求的下降、供给的增加以及交易成本是造成土地价格下滑的主要因素[158]。政府行为对农村土地流转价格调整发挥重要作用，其中政府支付会增加农村土地流转价格[170-171]，农业补贴也会提高土地的流转价格[172-174]。但如果农地调整频率越高，农地转出价格则会相对越低[175]。

1.3.3　国内外研究动态评述

（1）对农村土地经营权流转价格影响因素的研究有待细化

农地经营权流转市场一直存在，而且农地流转形成了一定的模式，流转价格初成体系，但是学术界对农地流转价格的研究尚处于初级阶段，对决定流转价格，尤其是市场化程度较高的土地经营权分散流转价格的影响因素及各因素间相互作用机理的认识还比较模糊。在农村土地经营权流转中，已有研究从耕地特征、区域特征以及农户特征三个层面分析其影响因素，但是在流转价格的研究中却忽略了土地不同属性层面间的相互影响作用，容易导致分析结果隐藏部分真实差异。为制定适应现阶段土地流转市场发展的定价策略，有必要认清市场作用下的价格影响因素。

（2）现有关于农村土地流转的定价方法仍以收益现值法为主

收益现值法是一种可充分考虑流转收益的定价方法，是农村土地所有权流转即土地征收中使用最为普遍的方法，因此较多学者也将此方法应用于土地经营权流转定价中。然而，与土地所有权流转不同，土地经营权流转定价体现了更多的自主协商性，而收益现值法定价却无法体现交易双方的博弈过程，因此该方法价格确定缺乏弹性，在土地经营权流转定价研究中仍有待改进。

（3）现有研究没能根据土地经营权分散流转和土地经营权规模化流转不同的定价特征而探寻与之相适应的定价方法

现有研究虽然已经注意到农村土地经营权分散流转与土地经营权规模化流转之间的差异，但对两种流转形式的定价特性不同而引起的定价方法差异却鲜有关注。因此，有必要分析两种流转形式的定价特征差异，根据各自特征探寻适宜各自特征的定价方法。

（4）在土地经营权流转定价研究中，缺少对政府所处地位的分析

目前关于政府在农地经营权流转中的地位与作用的研究较多，但却较少有研究明确政府在农地经营权流转定价管理中应处的地位和发挥的作用。面

对我国农地经营权流转市场基础薄弱的情况，政府是否应介入流转定价、如若需要介入应以何种方式管理流转定价、政府在定价中的行为上限与下限如何都缺少讨论。

(5)缺少对农村土地经营权分散流转和规模化流转定价的区分

一方面，现有研究指出农村土地经营权流转市场中存在以政府推动为主的土地规模化流转形式和以农户间自发形成的土地分散流转形式，两种流转形式虽然同时存在于农村土地市场，但两种价格形成却不尽相同。但就目前关于农地经营权流转定价问题研究而言，均是从整体上研究农地经营权流转定价问题，几乎没有研究根据土地规模化流转和土地分散流转不同的定价特性而提出相应的定价策略，研究尚未跟进现实情况发展。中国农村土地流转市场，尤其是以实现规模经营为目标的东北粮食主产区，规模化流转市场与农户间分散流转市场还将会长时间存在，因此，有必要剖析现阶段不同流转形式的流转定价特征，提出适用于当下农地流转市场的定价策略。

1.4 主要研究方法

1.4.1 问卷调查与访谈相结合

选取黑龙江省哈尔滨市双城区、呼兰区和宾县以及齐齐哈尔市克山县为调查对象，以实地访问代填问卷的形式搜集相关资料。在填写调查问卷过程中，根据调查问卷和访谈提纲，对被访对象进行深度访谈。通过调查问卷和深度访谈的资料整合，将此部分内容作为分析黑龙江省农地经营权流转特征的重要依据。除此之外，本书第6章对农村土地规模化流转中参与主体流转策略以及农村社会冲突演化的剖析也主要依据此次访谈。

1.4.2 定量分析法

1.4.2.1 描述性统计分析

描述性统计分析指通过对研究对象的规模、速度、范围、程度等数量关系的分析研究，认识和揭示事物间的相互关系、变化规律和发展趋势，借以达到对事物的正确解释和预测的一种研究方法。本书第4章在描述黑龙江省农村土地经营权流转特征时使用该方法，用以找寻黑龙江省农村土地流转特征及变化规律。

1.4.2.2 相关性分析

相关性分析是指对两个或多个具备相关性的变量元素进行分析，从而衡量两个变量因素的相关密切程度。相关性分析就是对总体中确实具有联系的标志进行分析，其主体是对总体中具有因果关系标志的分析。它是描述客观事物相互间关系的密切程度并用适当的统计指标表示出来的过程。该方法主要应用于本书 5.2 节，分析单因素对农村土地经营权流转价格的影响。

1.4.2.3 逐步回归分析

逐步回归是一种线性回归模型自变量选择方法，其基本思想是将变量逐一引入，引入的条件是其偏回归平方和经验是显著的。同时，每引入一个新变量后，对已入选回归模型的变量逐个进行检验，将经检验认为不显著的变量删除，以保证所得自变量子集中每一个变量都是显著的。此过程经过若干步直到不能再引入新变量为止。这时回归模型中所有变量对因变量都是显著的。该方法主要应用于本书 5.2 节，分析多因素对农村土地经营权流转价格的影响。

1.4.2.4 受约束回归分析

根据经济理论模型需要对模型中变量的参数施加一定的约束条件，将模型施加约束条件后进行的回归称为受约束回归。受约束回归方法的基本思路是：通过无约束回归检验关键变量对因变量影响的显著性与方向，再根据理论推导的结论对计量模型中的参数施加一定约束条件，检验计量模型施加约束条件后的解释能力。如果约束条件为真，则受约束回归模型会比无约束回归模型具有更强的解释能力，或与无约束回归模型具有相同的解释能力；如果受约束条件为假，则受约束回归模型的解释能力会低于无约束回归模型。最后根据对比两种模型的解释能力选择解释能力更强的计量模型。该方法主要应用于本书 5.3 节，检验黑龙江省农村土地经营权分散流转定价模型。

1.4.2.5 区间价格模型

区间价格模型是指为交易双方协商议价提供合理依据和量化价格范围，使得价格谈判有章可循。该模型主要用于本书 6.3 节农村土地经营权规模化流转定价方法之中。在土地规模化流转中，由于新型农业经营主体经营耕地净收益普遍高于农户分散经营，因此，从土地经营权转出方角度，一般根据评估农户分散经营耕地的净收益作为"底价"或"下限"；从土地经营权转入

方角度，一般根据新型农业经营主体规模经营耕地的净收益作为"顶价"或
"上限"。土地经营权交易双方在上限和下限区间相比较的情况下进行价格
谈判。该模型在本研究应用中，结合 Hurwicz 法则和层次分析法确定价格系
数，最终确定土地经营权规模化流转价格。

1.5　研究思路与技术路线

1.5.1　研究思路

　　农村土地经营权流转定价的核心在于认清定价特征、确定科学合理的定
价方法、明确政府在土地流转定价中的干预形式，以提出适用于当下土地流
转实际情况的定价策略。定价仍是土地流转机制构建中的薄弱环节，农户对
土地流转价格认识不清、流转溢价侵蚀经营主体收益等现象仍普遍存在，阻
碍了农村土地经营权有序流转、农民增收、农村经济发展目标的实现。尤其
在适合发展农业适度规模经营地区，出现了农户间土地经营权分散流转和土
地经营权规模化流转并存的局面，然而尚未出台适用于土地分散流转和土地
规模化流转并存局面的政策法规，致使流转定价方面的管理无法满足市场发
展需要，进一步阻碍农村土地经营权流转。鉴于此，本研究以东北粮食主产
区黑龙江省农村土地经营权流转为研究对象，试图提出适用于现今土地市场
发展的土地流转定价策略，旨在解决如下问题：

　　(1)探寻黑龙江省土地经营权流转现状与特征

　　利用描述统计法，基于统计数据、实地调研数据以及黑龙江省农村固定
观察点数据，从黑龙江省农村土地经营权流转面积、土地流转方式、耕地细
碎化程度、土地流转价格以及土地分散流转和土地规模化流转差异性对比 5
个方面描述黑龙江省农村土地经营权流转特征，为后文研究黑龙江省农地经
营权流转定价奠定基础。

　　(2)构建黑龙江省农村土地经营权分散流转定价方法模型

　　以 2012 年、2014 年和 2015 年黑龙江省农村固定观察点 14 个村的转入
方农户为样本，采用 Pearson 相关性分析方法探究单一因素对黑龙江省农村
土地经营权流转价格的影响；利用逐步回归的多元线性回归方法确定多因素
综合作用对黑龙江省农村土地经营权流转价格的影响；以黑龙江省人均 GDP
为划分标准，将高于省人均 GDP 的样本设定为经济发达地区，将低于省人均

GDP 的样本设定为经济欠发达地区，并利用分样本回归分析方法，对比各因素对经济发达区和经济欠发达区中流转价格的影响差异。在分析土地分散流转价格影响因素基础上，根据土地分散流转定价特性，以双向拍卖博弈理论为基础，构建了考虑交易双方议价能力的土地分散流转定价模型，并根据无约束回归和受约束回归两种计量方法的对比结果，实证检验该方法的有效性并选取确定流转价格的最优解。此部分研究可解决土地分散流转价格影响因素和土地分散流转价格确定方法问题，为后文制定黑龙江省农地经营权流转定价策略奠定基础。

（3）构建黑龙江省农村土地经营权规模化流转定价方法模型

以黑龙江省克山县土地规模化流转为例，首先根据弗里德曼演化博弈理论对农村土地经营权由分散流转向规模化流转中各参与主体的策略演化过程进行剖析，再利用演绎推理的方法分析土地由分散流转向规模化流转中农村社会冲突的演化过程。在分析土地规模化流转价格影响因素和定价特征基础上，构建基于区间价格模型的土地规模化流转定价方法，该方法可使转出方农户分享到土地规模化流转后产生的土地增值收益。此部分研究解决了农村土地由分散流转向规模化流转的演化过程和土地规模化流转价格确定方法的问题，为后文制定黑龙江省农地经营权流转定价策略奠定基础。

（4）提出适用于黑龙江省土地分散流转与规模化流转并存局面的差异化
　　定价策略

以政府干预理论为基础，根据黑龙江省农村土地经营权分散流转和规模化流转并存的现状，提出适用于黑龙江省农村土地流转现状的定价策略。结合前文分析，主要从政府对农地经营权流转定价的干预形式和土地流转定价的目标、原则、依据、主体、方法 5 个方面制定土地流转定价策略的详细内容。并根据土地流转和土地流转定价的需求，从政策和市场两个方面制定黑龙江省农地经营权流转定价保障措施。

1.5.2　技术路线

基于本书研究思路和研究方法，设计本书的技术路线，如图 1.1 所示。

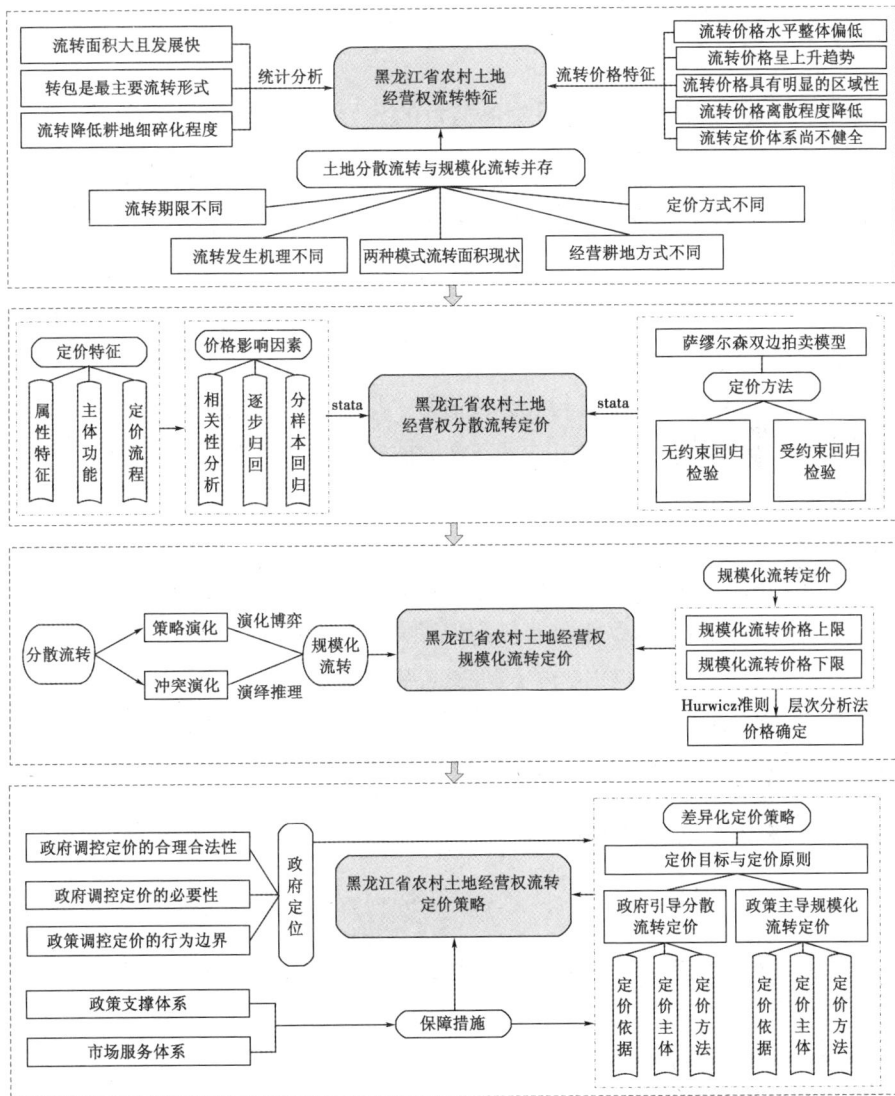

图1.1 本书技术路线图

⚜ 1.6 创新点

1.6.1 构建考虑交易双方议价能力的土地分散流转定价方法

农户间自发的土地分散流转是一种典型市场行为，流转价格是由参与流转的双方农户相互协商而定。流转价格的高低不仅取决于耕地质量、粮食价格、区域经济状况等因素，还取决于参与土地经营权流转双方农户的议价博弈能力，这也是导致相似质量、相似条件的耕地流转价格存在偏差的原因。以往研究多仅是运用收益现值法通过核算耕地价值来计算流转价格，这种定价方法可体现耕地经济价值与社会价值等，却无法体现土地承包经营权流转市场中交易双方的议价能力，而双方议价博弈能力又是土地分散流转最突出特征。鉴于此，本研究以双向拍卖理论为基础，构建了考虑土地流转交易双方博弈能力的定价模型，并利用黑龙江省农村固定观察点数据，运用无约束回归与受约束回归的计量方法进行实证检验，最终构建了适用于土地分散流转的定价方法。利用该方法对农村土地经营权分散流转定价，不仅能体现耕地经济价值、社会保障价值、务农机会成本等因素，更是能根据市场条件确定交易双方的议价博弈能力。可以说，以此方法计算的流转价格较以往定价方法确定的价格更能贴近市场实际情况。

1.6.2 改进土地规模化流转中仅以流转单方经营收益为依据的定价方法

土地规模化流转的一个典型特征是将土地连片转给可使用现代农业机械的新型经营主体，可促进新型经营主体实现规模经营进而提高耕种土地的边际收益。在以往对土地经营权流转定价研究中，多是仅以农户家庭自营耕地的经济产出作为定价标准，却未考虑农户在土地增值中的利益分享，致使农户承包土地的财产性权利缺失。未将土地增值收益考虑在内主要可归结为两种原因，一是以往研究没能将土地规模化流转从土地流转中剥离出来，致使研究忽略了转入方流入土地后的增值效果；二是以往研究注意到土地规模化流转，但认为农户转出土地仅获得其原本经营耕地的收入即可。为使参与农村土地经营权规模化流转的转出方农户参与到土地的增值收益分配之中，本研究以农户做出转出土地决策的收益为土地流转价格下限,可体现劳动力务农价值;以新型农业经营主体规模经营耕地的净收益为上限,可保证规模经营的可持续发展。在确定的流转价格上下限区间内,结合根据市场形势判断价格系数,最终确定土地规模化流转价格。这种方法可确保政府确定的土地规模化流转价格既能使农户获得土地增值收益,又能使新型农业经营主体获得可持续发展,同时还能确保流转价格体现市场供需情况。

1.6.3 提出适用于土地分散流转和规模化流转的差异化定价策略

以往研究已关注到土地分散流转和土地规模化流转并存的形势,但是对这两种流转形式定价方面的差异研究尚且不足。这就导致在土地流转定价问题的研究较少,而且也鲜有研究根据土地分散流转与土地规模化流转并存的局面提出相应的定价策略。土地分散流转定价体现出市场协商定价的特性,而土地规模化流转定价则体现政府主导定价的特性,由于两种流转形式的定价特性不同,需要不同的定价方法,同时也需要政府根据不同特性采取不同的干预形式。鉴于此,本研究区分土地分散流转定价与土地规模化流转定价之间的差异,基于共同的目标与原则,着重从定价方法以及政府干预形式两方面,提出政府引导土地分散流转定价以及政府主导土地规模化流转的差异化定价策略,以适应现今土地分散流转与土地规模化流转并存局面。

第 2 章　农村土地经营权流转定价理论概述

2.1　核心概念的界定

2.1.1　农村土地经营权流转

  本书所研究的农村土地主要指用于种植玉米、大豆、稻谷等粮食作物的耕地。本书研究的农村土地经营权流转是指在农村土地所有权、承包权和经营权三权分离的产权制度下，不改变耕地归集体所有的性质，通过承包获得土地的农户可依法将土地经营权以转包、出租的形式转给其他主体经营耕地。目前农村土地经营权流转也被称为"农村土地承包经营权流转"、"农地流转"、"土地流转"和"农村土地使用权流转"等，虽然提法不同，但均表示同一种含义。值得注意的是，本书重点研究土地转包和出租两种流转方式的定价问题，土地转让、入股、互换等方式的流转不在本书研究范畴之内。

  本书将农村土地经营权流转划分为分散流转和规模化流转。其中，农村土地经营权分散流转也被称之为土地的"零散流转"或"零星流转"，它是我国农村土地流转的最初形式，也是目前主要的流转形式。农村土地经营权分散流转是指在市场竞争条件下，农户与农户之间自发通过协商确定流转期限、流转价格等信息的土地经营权交易。农村土地经营权分散流转主要依靠转入或转出方农户自主搜寻交易对象而成，互联网交易平台或土地流转服务中心等第三方中介机构虽然会在流转中降低农户之间的交易成本，但不会对流转期限与价格等起到决定性作用，交易内容仍由参与流转的双方农户协商而定。农村土地经营权分散流转中，土地所有权归集体所有、土地承包权归转出方农户所有、流转后土地经营权归转入方农户所有。流转后土地种植粮食作物的用途未发生改变，但作物种类及种植结构可能发生变化。

农村土地经营权规模化流转又被称为"农地规模流转"、"政府主导型农地流转"、"土地集中流转",它是近年为适应农业适度规模经营政策而在土地分散流转基础上演化而来的一种流转形式。农村土地经营权规模化流转是指以实现土地适度规模经营为目标,政府在流转中发挥主导作用,代理农户与规模经营主体进行谈判,确定流转价格、流转期限等信息,最终集合村内大多数农户土地,将土地集中连片流转给新型农业经营主体的流转形式。农村土地经营权规模化流转具有政府和新型农业经营主体参与、土地连片、使用现代农业机械的特点。实践中,农村部分种植大户以自主协商转入规模土地但经营的土地仍分为多块的流转,不属于本研究的土地经营权规模化流转范畴。农村土地经营权规模化流转中,土地所有权归村集体所有、土地承包权归转出方农户所有、流转后土地经营权归转入方新型农业经营主体所有。新型农业经营主体转入土地后,多采用现代农业机械进行大批量耕种,土地仍以种植粮食作物为主,但粮食作物种类及种植结构会有所调整。

2.1.2 农村土地经营权流转定价

农村土地经营权流转定价主要是指土地分散流转和土地规模化流转的价格如何确定。其中流转价格是农村土地经营权流转定价的核心,农村土地经营权流转价格是一种产权价格。由于我国农村土地所有权归集体所有,承包权归农户所有的土地制度安排,农户仅在承包期内享有农村土地承包权,土地经营权流转也受到时间限制,所以土地经营权流转价格可以理解为是一种产权租赁价格,有研究也将其称为"租金"或"地租"。本书所研究的农村土地经营权流转价格是以土地经营权转包和出租为主要流转方式而产生的交易价格,包括农地分散流转价格和农地规模化流转价格。

土地流转定价是农村土地经营权流转市场的核心问题。农村土地经营权流转定价是以地租地价理论和土地产权理论为基础,根据定价的目标、原则和依据,明确定价中各主体地位,运用相应的定价方法对预流转的农村土地经营权进行定价的有机体系。本书的土地流转定价是从政府角度探寻确定农地流转中政府指导价格的确定方法,以及政府对土地流转定价的干预形式。所提出农村土地经营权流转差异化定价策略,是结合农村土地经营权分散流转和规模化流转这两种不同流转形式的价格特征,在分析政府干预农村土地流转交易价格的合法合理性以及必要性基础上而形成的,主要包括农村土地经营权流转定价的目标与原则,政府引导土地分散流转定价和政府主导土地规模化流转定价的定价依据、定价主体和定价方法。

2.2 理论基础

2.2.1 地租地价理论

2.2.1.1 地租理论内容

（1）地租是一种剩余价值

地租始终是西方经济学的重点研究问题，经济学认为地租是一种剩余，是土地所有者凭借土地所有权而获得的超额利润。古典政治经济学之父威廉·配第最早研究地租问题，他认为课税的最终对象只能是土地的地租及其派生收入，因此他把地租看成是剩余劳动的产物，也是赋税的最终源泉。继配第之后，亚当·斯密提出，"地租是一种垄断价格"，即地租是土地所有者对土地所有权的垄断的地租形成的前提。除此以外，他还注意到土地肥力、地理位置、土地用途及供求关系对地租水平的影响。大卫·李嘉图沿袭古典经济学家对地租问题的基本认识，认为地租是"为使用土地原有和不可摧毁的能力而付给地主的报酬"，地租水平受土地质量、供求关系及资本积累数量影响。托马斯·罗伯特·马尔萨斯提出计算地租量的方法，是指"在总产品中，除去耕种土地的一切种类的支出后留归地主的那部分，支出中包括所使用的资本根据当时的一般农业资本利润率计算的利润"。

（2）边际理论思想

以马歇尔为代表的新古典经济学家运用边际理论思想分析地租问题。他认为，地租理论是一般供求原理中的一种特定的应用。土地与其他生产要素的重要区别在于土地的供给受自然条件的限制，供给量缺乏弹性，因此地租的多少只受土地需求状况影响，决定于土地的边际生产率。

（3）马克思地租理论

马克思对古典经济学家的观点进行了批判性继承。他认为地租产生的原因和条件共包含3点：① 地租的产生，除土地所有权的存在与垄断之外，必须有土地所有权和使用权的分离；② 只有当生产力发展到劳动者所创造的价值超过他的劳动力价值时，地租才有其产生源泉；③ 农产品价值或它的货币表现形式（价格）超过它的社会生产价格，是绝对地租的重要来源。

同时，马克思的地租理论把地租分为级差地租、绝对地租和垄断地租，级差地租产生的条件是自然力，产生的原因在于土地有限而产生的资本主义垄断，可分为级差地租Ⅰ和级差地租Ⅱ，由土地肥力和位置差异而形成的地租是级差地租Ⅰ，由同一块土地上连续投资劳动生产差异率而产生的超额利润为级差地租Ⅱ。

2.2.1.2　地价理论内容

土地是一种有别于其他商品的特殊商品，从广义上讲，土地租赁价格即土地租金也属于地价范畴。地价理论的核心思想主要包括：

（1）地价是地租的资本化

马克思提出，土地价格=地租/土地还原率。同样，伊利认为土地的收益是确定其价值的基础。土地资本化实际上是地租的资本化，本质上是土地所有权资本化。在我国土地产权制度下，土地资本化通过土地使用权资本化实现。

（2）地价是通过供求关系实现社会资源配置的结果

预期收益是土地利用者追求的目标，买入土地者依据对土地的预期收益确定支付价格。而土地获取预期收益的能力又取决于土地资源配置情况，只有当土地资源处于最优配置获取最佳效益时，交易双方均可获最优收益，交易达成。

（3）与一般商品不同，土地是天赋资源且总量供给弹性为零，所以是土地需求决定地价

地价的产生源于对土地产权的垄断，故地价即土地收益权价格，地价具有垄断特性。同时，由于土地属不动产，区域内的交通条件、地质状况、水利设施、经济情况、人口状况等都会通过彼此间综合作用而影响地价，因此地价具有地域性。同时，地价还具有周期性和趋升性。周期性是指土地价格上升与下降的周期性重复，这是土地交易市场中利用价格调节达到供需平衡的结果。趋升性是由于土地产生的超额利润随经济发展而不断上升的趋势。对于农地而言，地价趋升的原因可归结为农产品价格上涨带来的地价上升；非农部门土地扩张缩小农业用地供给；农业技术进步带来的收益增加等原因。

2.2.1.3　地租理论对本研究的指导

不同经济学派对地租问题研究的思路、方法不尽一致，但核心思想均是认为"地租是一种剩余"。在这一命题之下，地租问题的讨论均是从土地的自然条件、投入产出、供需状况以及产权结构等角度展开。受土地承包期限的限制，农村土地流转价格是一定时间内享有土地经营权所要支付的现金成

本，可见土地经营权流转价格的本质是地租。本研究分析流转价格影响因素时，以地租理论为基础，从自然条件、投入产出、市场供需方面进行剖析。

2.2.1.4　地价理论对本研究的指导

在农村土地经营权流转市场中，流转价格的实质是附着于耕地之上的土地经营权价格，即是一种产权价格。地价理论首先有助于本研究分析理解黑龙江省农村土地流转价格特性。同时，在流转定价方法的探索中，也是借助地价理论理解市场中农村土地流转价格的变化规律，并依据影响流转价格的各因素调控流转定价。

2.2.2　土地产权理论

2.2.2.1　土地产权理论内容

产权是一束权利，边界越清晰越有利于降低交易成本，维护各产权主体的利益。新制度经济学兴起后，学者开始运用交易成本、风险规避、产权结构等原理来分析地租的形成机制。张五常在《佃农理论》中提到"在私人产权的条件下，无论是地主自己耕种土地，雇用农民耕种土地，还是按一个固定的金额把土地租给他人耕种，或者地主与佃农分享实际的产出，这些方式所暗含的资源配置都是相同的"，"人们选择不同的合约安排，是为了在交易成本的约束条件下获得较优的风险分布"。

现阶段我国农地产权制度仍坚持土地集体所有这一基本产权制度，农地的最终所有权归农民共同所有，由集体组织代表农民具体行使所有权。农村土地所有权、承包权和经营权的分离，使农户可以独立行使经营权。农户自主经营、自负盈亏、自行处决，这调动了农民的生产积极性，也放活了农村劳动力。明晰土地产权边界，是促进土地流转、规范土地流转定价的基础。

2.2.2.2　土地产权对本研究的指导

普通商品的产权交易通常表现为物品的让渡，是产权主体的转换，具备交易独立性和市场出清的特征。而农村土地经营权依附于农户承包权，使得农村土地经营权流转非交割式市场出清。因此经营权流转有两个特征：首先，由于仅有本集体经济组织内的农户才享有承包土地的权力，因此转出方农户具有"产权身份垄断"的特性；其次，土地承包权是一种有期物权，任何形式的土地流转只可以是时段性的，即农村土地经营权流转具有时限性。在农村土地产权理论的指导下确定农村土地经营权价值并提出流转定价策

略，能充分解释基于产权视角的流转价格内涵，也可规范定价主体行为
边界。

2.2.3 博弈理论

2.2.3.1 演化博弈论内容

演化博弈理论起源于生物学，自"演化稳定策略"这一概念提出后广泛
应用于经济学、管理学领域。传统的博弈理论是以完全理性作为前提假设，
在分析集体选择决策时，完全理性要求信息必须真实完整、博弈主体必须具
有完美的判断能力，这些假定条件限制了传统博弈理论在实践中的应用。而
演化博弈理论则克服了完全理性博弈分析脱离实际的问题，适用于有限理性
群体之间的博弈关系。除此以外，博弈双方之间策略选择是一种反复学习与
策略调整的过程，演化博弈理论中最主要的模拟学习以及策略调整动态机制
之一是复制动态方程，复制动态方程解决了策略学习与调整问题[176]。

演化博弈理论的基本分析结构可分为四个部分。① 构建博弈框架。博
弈框架主要是指博弈的结构和规则，演化博弈总是在特定的博弈结构和规则
下进行。而特定的技术和制度条件决定了博弈结构和规则的设定。尽管可能
存在无限次博弈，但每次博弈中的参与者均是从群体中随机抽选，再次博弈
概率较低，因此不会存在通过声誉机制影响对方未来行动的可能。② 设定
适应度函数。适应度函数可理解为是策略对适应度的映射关系。演化博弈
中，某种策略的适应度可视为是策略人数在每期博弈后的增长率。但为简化
分析，可将个体的博弈支付等同于适应度。③ 选择机制与变异机制。演化
博弈过程主要含选择机制和变异机制两种。变异机制主要是为了检验演化均
衡的稳定性，选择机制主要是用于演化过程建模。复制动态方程是一种典型
的基于选择机制的确定性和非线性的演化博弈模型。在此模型上加入策略的
随机变动，就构成了一个包含选择机制和变异机制的综合演化博弈模型。
④ 演化稳定均衡分析。复制动态方程的非线性，决定了演化博弈从对均衡
的求解转为对均衡稳定性的分析。演化博弈均衡是一种演化稳定均衡，核心
思想是如果一个现存策略是演化均衡策略，那么必须存在一个正入侵障碍，
使当变异策略的频率低于这个障碍时，现存策略能够比变异策略获得更高收
益。

2.2.3.2 双向拍卖理论内容

双向拍卖理论模型是查特金和萨缪尔森建立的用以解释不完全信息条件

下买卖双方交易行为以及最终达成均衡价格的博弈模型。它假定的条件是，在商品交易中仅有一个卖者(土地经营权转出方)和一个买者(土地经营权转入方)，潜在的卖者与买者同时出价，卖者提出要价，买者提出出价。如果买者出价大于或等于卖者要价，则交易成功，否则交易失败。如果任一方想获取更多额外利润，即卖者要价高于均衡价格或买者出价低于均衡价格，则交易不会发生。如果任一方都不认真报价，则市场上将会出现无效率的均衡。

2.2.3.3 演化博弈理论对本研究的指导

演化博弈理论已应用于公共管理学科的科学问题之中，在解决农户参与的农村土地问题中发挥重要作用。从时间尺度来看，农村土地规模化流转是为适应社会经济政策需要，在土地分散流转基础上演化而来。演化博弈理论主要应用于本书第6章，分析土地如何从分散流转演化至现今推广的土地规模化流转。并通过稳定均衡分析，来探究政府可通过何种干预手段促进农村土地经营权流转，以实现耕地规模经营。

2.2.3.4 双向拍卖理论对本研究的指导

在土地经营权分散流转中，受流转中介发展不健全、流转市场尚未成熟的制约，交易双方均无法完全获取对方全部信息，这使得土地经营权分散流转交易存在信息不对称。双向拍卖模型的前提假设与土地经营权分散流转情形一致。该模型主要应用在本书的5.3节黑龙江省农村土地经营权分散流转定价方法中，把交易双方的每次谈判视为一个独立报价过程。如果交易失败，双方则重新报价，再次谈判将循环上一次模型设定。

2.2.4 政府干预理论

2.2.4.1 政府干预理论内容

政府干预理论的提出是源于市场失灵。凯恩斯认为，需要政府控制宏观经济活动，从货币政策、财政政策、投资与消费等方面进行干预，以弥补市场机制无法自动保持的宏观经济平衡状态。至20世纪90年代，政府与市场有机结合形成了新凯恩斯主义，设计并重构了市场与政府的关系格局。我国学者深化了政府干预理论，提出"市场——调节机制——法律同步演变"的政府调节权理论学说。政府调节权是指根源于权衡、确认和保障社会整体经济利益的需要，一些具备国家公权力的政府机构出于调控市场需要，对微观市场行使一定的公权力，对相关市场进行调节，这是政府职能和市场演进的产物。表现为：① 政府应排除不正当竞争等市场运行障碍，以保证市场调节发挥作用;② 政府需对市场机制作用下的唯利性加以调节;③ 针对市场机制中的被动性和滞后性,政府有必要使用政策手段和工具加以指导、提供服务与帮助。

政府虽有必要干预市场,但政府干预并不是无所限制。哈耶克指出,对权力进行有效限制,是维持社会秩序方面最为重要的问题,并对政府干预限度加以阐释:① 在公共利益与个人私利相碰撞的场合,只有在公共利益明显大于个人正常期望受挫而蒙受的损害情形中,才能允许对私域予以必要干预,同时还应对他们这种行为所蒙受的损失给予充分补偿;② 政府干预应符合有效市场需求。完备的市场经济,是以国家方面采取一定行动为前提,对于与自由制度为基础原则相冲突的政府行动,必须予以完全排除。

2.2.4.2 政府干预理论对本研究的指导

根据政府干预理论,政府对农村土地经营权流转定价的干预主要包括政府主导土地流转定价和政府引导土地流转定价两种形式。受市场决定性作用影响,有观点认为促进农村土地经营权流转最有效的方法应是培育土地经营权交易市场,通过私人之间土地经营权的自愿流转以达到规模经营的效果。而政府过多的直接干预农村土地经营权流转,是导致土地产权失灵的原因。但是,农村土地的稀缺性决定了成本最低、最有效的方法是颁布政府指导价或政府直接定价,而这样的政府干预是合法且合理的[177]。已有经济学理论证明,即使在高度发达的市场经济中,政府的作用也是不可或缺的。尤其在当下中国,政府需要在市场与社会的互动发展中解决农村问题已成为多数学者共识。农地经营权流转定价是一个系统问题,宏观上影响全国农村土地经营权流转市场建设和国家粮食安全,微观上事关亿万农户切身经济利益。

政府干预理论主要应用于本书第 7 章黑龙江省农村土地经营权流转差异化定价策略的理论分析。黑龙江省农地流转定价中存在市场失灵情况,主要表现为首次参与农村土地经营权流转的农户掌握流转价格信息不对称,缺乏对流转价格标准的初步认识;新型农业经营主体为扩大经营面积增加边际收益,彼此间通过抬高价格争夺土地,形成市场恶性竞争等。农村土地经营权流转起步晚、发展快是我国农村土地经营权流转的普遍特征,由于市场机制的滞后性,在完全依靠市场的情况下还不能形成运行有序规范的定价机制。因此,政府有必要干预农地流转定价。但是,政府应因时因地制宜地干预农村土地流转定价,故本研究提出了农村土地经营权流转差异化定价策略。政府干预理论指出政府行为应有限度,结合这一理论要求,本研究规范了政府干预农地经营权流转定价的行为边界。

第3章 研究区概况与数据来源

3.1 研究区概况

3.1.1 自然环境情况

3.1.1.1 土地资源条件

黑龙江省土地总面积 $4.73 \times 10^7 \text{hm}^2$（含加格达奇和松岭区），位居全国第6位。全省农用地面积约为 $3.95 \times 10^7 \text{hm}^2$，占总面积的 83.5%；建设用地面积约为 $1.48 \times 10^6 \text{hm}^2$，占总面积的 3.1%。耕地和可开发的土地后备资源占全国十分之一以上。地貌特征可概括为"五山一水一草三分田"，主要由山地、丘陵、平原和水面构成，大致为北部、西北和东南部地势高，东北、西南部地势低。东北部地区为三江平原，西部地区为松嫩平原，平均海拔高度在 $50 \sim 200\text{m}$ 之间。全省 78.3% 的耕地集中于三江平原和松嫩平原，山区和丘陵地区耕地约占耕地总面积的 21.7%。黑龙江省位于世界著名的三大黑土带之上，黑土和草甸土占耕地的 70% 以上，土壤有机质高于中国其他地区。综合而言，黑龙江省地形平坦连绵，坡度较小，土壤肥沃，有利于农业的规模化和机械化经营。

3.1.1.2 气候条件

光温条件是限制黑龙江省耕地质量成为优等等别的关键因素。黑龙江省地处中国东北部，是中国位置最北，纬度最高的省份。从南向北可划分为中温带与寒温带，由东向西按照干燥指标可分为湿润区、半湿润区和半干旱区。属于寒温带与温带大陆性季风气候，特征主要为春季低温干旱，夏季温热多雨，秋季易涝易霜，冬季寒冷漫长，是典型的季风气候。降水主要集中在 5—8 月，此时气温较高，利于作物生长，但全省年均气温较低，无霜期

短，作物生长期每年仅播种一次。积温超过 2600 ℃的耕地约占总面积的
33.9%，位于 2200~2600 ℃积温的耕地约占总面积的 60.3%，位于 2000 ℃
以下积温的耕地约占总面积的 5.8%。受热量限制，黑龙江省适于农耕时间
较短、粮食作物种类有限。

3.1.1.3 水文条件

黑龙江省水资源较为丰富，河流纵横，水系发达。黑龙江省主要包括黑
龙江、乌苏里江、松花江、绥芬河四大水系，50km^2 及以上的河流 2881 条，总
长度可达 9.21×10^4 km。拥有兴凯湖、镜泊湖、连环湖和五大连池四大重要
湖泊，以及其他众多泡沼，水面总面积 3.03×10^3 km^2（不含跨国界湖泊境外面
积）。全省多年平均水资源量为 8.14×10^{10} m^3，其中地表水资源量为 6.68×
10^{10} m^3，地下水资源量为 2.87×10^{10} m^3，重复计算量 1.59×10^{10} m^3。从水资源
分布来看，大兴安岭地区、哈尔滨市和牡丹江市的水资源拥有量分别占全省
的 19.53%、13.64%和 10.81%，位列全省前 3 位。

3.1.2 社会经济情况

黑龙江省是中国老重工业基地，也是中国重要的粮食生产大省。全省农
业发展在全国占有特殊位置，耕地总面积、人均耕地面积、农业人口人均占
有粮食量均居全国第一。

3.1.2.1 经济发展情况

黑龙江省 GDP 水平在全国居于中下游水平且 GDP 增长速度较慢。根据
《2017 中国统计年鉴》显示，2016 年黑龙江省 GDP 总值为 15386.09 亿元，
全国排名 21，处于中下游水平；黑龙江省人均 GDP 为 40432 元，全国排名
22，处于中下游水平；黑龙江省 GDP 增速为 6.1%，全国排名 29，仅高于山
西省与辽宁省，低于全国 GDP 增速的平均水平。

第一产业所占比重高。黑龙江省是农业大省，根据《2017 中国统计年
鉴》显示，2016 年黑龙江省三大产业中第一产业所占比重为 17.4%，与全国
其他省市地区第一产业所占比重相比，黑龙江省第一产业所占比重排名 2，
仅低于海南省；第二产业所占比重偏低仅有 28.6%，在全国排名中仅高于北
京市与海南省；第三产业所占比重为 54.0%，在全国排名属于中上游水平。

3.1.2.2 农村人口概况

农业劳动力转移促进农村土地经营权流转发展，农村土地流转市场健全

也会加快农业劳动力向城镇转移。黑龙江省农村人口所占比重由 2000 年的 48.1%下降至 2015 年的 41.2%①。2015 年黑龙江省农村常住居民人均可支配收入为 11095 元，比上年增加 642 元，增长 6.1%。近年来黑龙江省农业劳动力转移现象也较为突出，2016 年黑龙江省共转移农村劳动力 570 万人，占农村劳动力总数的 58%，其中常年务工劳动力约占 70%。

3.1.2.3 农业经营情况

与以往依靠劳动力发展的农业不同，经济新常态下黑龙江省农业发展中农业机械化、土地规模经营、农业劳动力素质提升等均对黑龙江省农业发展起到明显的正向拉动作用。

（1）户均耕地面积在全国范围内居于首位

农业经营中农户多以家庭为单位进行耕种，对比黑龙江省与全国各省（市）户均耕地面积更能清楚反映黑龙江省农村土地经营状况。户均耕地面积较大的省市包括黑龙江、内蒙古、吉林、新疆、甘肃与宁夏。黑龙江省具备地广人稀的自然社会特征，与全国（除香港、澳门、台湾地区及西藏自治区）其他 30 个省（自治区、直辖市）相比，黑龙江省户均耕地面积最高为 28.38 亩。同年，全国户均耕地面积最小的省份为浙江省，户均耕地面积 1.76 亩，黑龙江省户均耕地面积是浙江省的 16.1 倍；全国平均户均耕地面积为 5.44 亩，黑龙江省户均耕地面积是全国平均户均耕地面积的 5.2 倍（图 3.1）。可见，黑龙江省拥有发展农业适度规模经营的自然与社会条件。

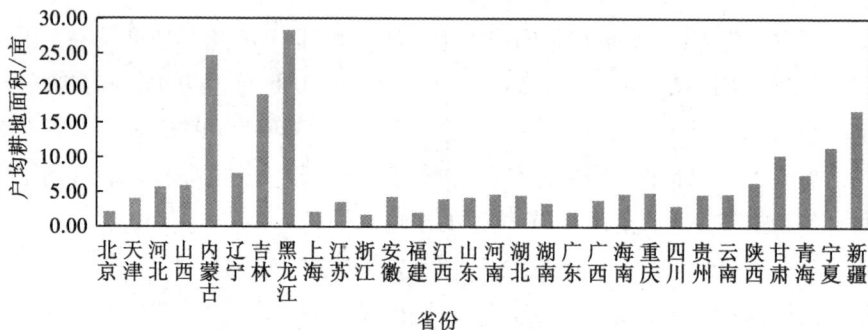

图 3.1　中国各省户均耕地面积情况

资料来源：根据《中国农村经营管理统计年报（2015 年）》计算整理而得。

---

① 数据来源于：《黑龙江统计年鉴》。

（2）经营较大规模耕地农户数所占比例高

从经营不同范围耕地面积的农户比例来看，全国整体存在耕地经营面积与经营农户比例成反比的状况，即就全国平均水平而言，农户仍以经营 10 亩以下面积的耕地为主，随着经营耕地面积的增大，经营的农户比例逐渐减少。黑龙江作为户均耕地面积约为 28.38 亩的高户均耕地面积省份，以经营耕地面积为 10~30 亩的农户为主，且经营 30 亩以上耕地面积的农户比例也高于全国其他各个省（自治区、直辖市）。

与全国（除香港、澳门、台湾地区及西藏自治区）经营不同范围耕地面积的农户比例相比，黑龙江省经营 10 亩以下耕地面积的农户比例远低于全国平均水平，经营 10 亩以上耕地面积的农户比例高于全国平均水平。2015 年全国各省（自治区、直辖市）经营耕地面积在 10 亩以下的农户约占 85.74%，黑龙江省经营 10 亩以下面积耕地的农户仅约占 25.11%，黑龙江省经营 10 亩以下耕地面积的农户百分比远低于全国平均水平；全国（除香港、澳门、台湾地区及西藏自治区）各省（自治区、直辖市）平均经营耕地面积 10~30 亩的农户占总农户数的 10.32%，黑龙江省经营耕地面积在 10~30 亩的农户约占 35.08%，黑龙江省经营耕地面积 10~30 亩的农户比例是全国经营同等范围面积农户比例的 3.4 倍；全国（除香港、澳门、台湾地区及西藏自治区）各省（自治区、直辖市）平均经营耕地面积 30~50 亩的农户约占 2.6%，黑龙江省经营耕地面积 30~50 亩的农户约占 15.34%，黑龙江省经营耕地面积 30~50 亩的农户比例是全国经营同等范围面积农户百分比的 5.9 倍；全国（除香港、澳门、台湾地区及西藏自治区）各省（自治区、直辖市）平均经营耕地面积 50~100 亩的农户约占 0.91%，黑龙江省经营耕地面积 50~100 亩的农户约占 11.8%，黑龙江省经营耕地面积 50~100 亩的农户比例是全国经营同等范围面积农户比例的 13 倍；全国（除香港、澳门、台湾地区及西藏自治区）各省（区、市）平均经营耕地面积 100~200 亩的农户约占 0.30%，黑龙江省经营耕地面积 100~200 亩的农户约占 4.9%，黑龙江省经营耕地面积 100~200 亩的农户比例是全国经营同等范围面积农户比例的 16.3 倍；全国（除香港、澳门、台湾地区及西藏自治区）各省（自治区、直辖市）平均经营耕地面积 200 亩以上的农户比例为 0.13%，黑龙江省经营耕地面积 200 亩以上的农户约占 2.12%（表 3.1）。通过与全国经营不同范围面积耕地的农户比例对比发现，经营耕地面积越大，黑龙江省经营该面积的农户比例越高于全国经营同等面积耕地的农户比例，黑龙江省具备发展农业适度规模经营的现实条件。

表 3.1　黑龙江省及全国平均经营不同耕地面积农户比例

地区	经营耕地10亩以下农户比例	经营耕地10~30亩农户比例	经营耕地30~50亩农户比例	经营耕地50~100亩农户比例	经营耕地100~200亩农户比例	经营耕地200亩以上农户比例
全国	85.74%	10.32%	2.60%	0.91%	0.30%	0.13%
黑龙江省	25.11%	35.08%	15.34%	11.88%	4.90%	2.12%

资料来源:根据《中国农村经营管理统计年报(2015年)》计算整理而得。

(3)粮食价格总体呈上升趋势

粮食价格决定农业经营利润,是影响农村土地经营权流转价格的重要因素。从全国粮价走势来看,小麦、稻谷、玉米三种重要粮食作物的平均价格呈上升走势。如图 3.2 所示,图中折线代表 2000 年至 2015 年间全国粮食出售价格,虚线为粮价趋势线。由 2000 年的 0.968 元/公斤上升到 2015 年的 2.326 元/公斤。从 2000 年至 2015 年的 16 年间,全国粮食均价从整体上处于上升态势,仅在 2002 年、2005 年和 2015 年有过小幅度下跌,但不影响粮价的总体上涨的走势。

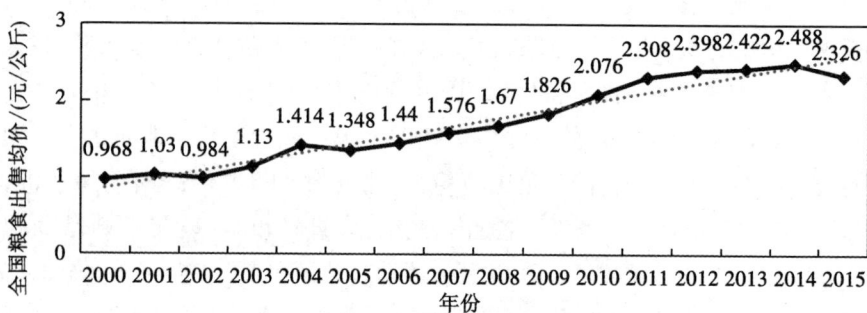

图 3.2　2000—2015 各年全国粮食出售均价

资料来源:作者根据 2001—2016 年《中国粮食年鉴》整理而得。

黑龙江省种植的粮食作物主要是玉米、水稻和大豆三种。总体而言,三种作物价格均有所提升,2010 年全省玉米、水稻、大豆三种作物市场售价分别为 1.47、2.66、3.89 元/公斤,至 2014 年三种粮食作物市场售价提高至 1.93、3.01、4.78 元/公斤。从作物种类来看,三种作物市场售价由低到高分别为玉米、水稻和大豆,其中玉米市场售价在 2013 年有所下跌,水稻市场售价在 2014 年有所下跌,大豆市场售价始终呈上涨态势(图 3.3)。

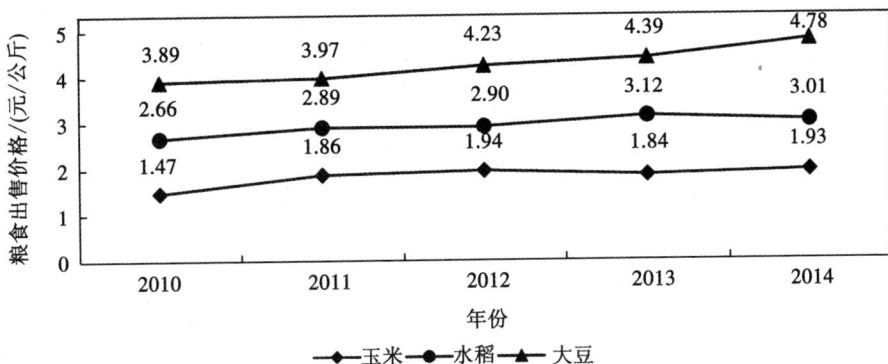

图 3.3　2010—2014 年黑龙江省玉米、水稻、大豆出售价格

资料来源：黑龙江省农村发展研究中心科研成果《关于农户主要粮食作物生产行为分析——基于黑龙江省农村固定观察点数据为例》。

（4）新型农业经营主体迅速成长，为规模化流转奠定管理基础

以"两大平原"现代农业综合配套改革试验为契机点，黑龙江省新型农业经营主体得到蓬勃发展。主要表现为一是专业大户、专业合作社、家庭农场、农业龙头企业等不同类型的新型经营主体均发展迅速。《黑龙江省人民政府第三次全国农业普查主要数据公报》显示，2016 年全省共有 55.3 万规模农业经营户，占全体农业经营户的 16.8%。二是不同地区孕育具有地方特色的规模经营发展模式。例如齐齐哈尔市主要发展专业大户和专业合作社，截至 2014 年，其中种植大户达到 28788 户，种植面积占全市规模经营面积的 29%，专业合作社有 3557 个，种植面积占全市规模经营面积的 64.9%；绥化市家庭农场和农业企业则发展较好，其中家庭农场发展到 8454 户、农业企业 321 个[①]。

（5）新型主体规模经营与普通农户分散经营并存

新型农业经营主体与普通农户并存经营耕地是黑龙江省农业经营的典型特征。根据上文描述，黑龙江省具备地广人稀、耕地地势平坦、农业基础良好、国家政策支持等天然和社会优势。一方面，作为传统农业大省，黑龙江省自主经营耕地的农业人口基数较大，构成了广大的自主分散经营耕地的普通农户群体基础；另一方面，在国家倡导耕地适度规模经营的政策背景下，黑龙江省迅速成长出大量从事规模经营土地的新型农业经营主体。目前，黑龙江省户均耕地面积为 28.38 亩。2015 年，黑龙江省共有农户 518.5 万，其

① 资料来源：黑龙江省人大农业林业委员会《关于我省农村土地流转和规模经营情况的调研报告》。

中纯农户 433.0 万，农业兼业户 48.1 万，即从事农业生产的农户为 481.1 万。以户均耕地面积为标准，黑龙江省经营耕地为 30 亩以下的农户共 312.1 万，占总农户数的 60.19%，占从事农业生产农户总数的 64.81%。经营 100 亩以上面积耕地的农户共 36.4 万，数量在全国最高。

黑龙江省新型农业经营主体引领黑龙江省农村土地经营权流转向规模化方向发展，是全省土地规模化流转的重要力量。目前黑龙江省耕地规模经营主要包括四种形式，即家庭农场经营、农民专业合作社经营、村集体经营和农业企业经营，且以家庭农场经营为主，农民专业合作社经营次之，农业企业经营和村集体经营比重相对较小。在黑龙江省十二届人大常委会第十五次会议上，据省农业委员会报告得知，2014 年黑龙江省 200 亩以上家庭农场约有 10.5 万个，规模经营面积 2819 万亩，占规模经营总面积的 47.2%；农民专业合作社 2.9 万个，农村土地经营权流转面积达 4446 万亩，且有 208 个村实现整村土地流转，规模经营面积 1500 万亩，占规模经营总面积的 25.1%；农业企业 268 个，规模经营面积 120 万亩，占规模经营总面积的 1.7%；24 个村实现集体经营，规模经营面积 26 万亩，占规模经营总面积的 0.4%。

3.2 数据来源

3.2.1 农业部信息中心网络监测数据

伴随"互联网+"在农业领域的新兴与普及，我国农村土地流转领域已利用"互联网+"模式，形成一个规模庞大的农村土地流转市场。农业部信息中心 2015 年、2016 年对全国性与区域性土地流转网络平台信息的监测采集，数据范围涵盖除香港、澳门、台湾以外的全国 31 个省（市）土地流转情况。为契合本书研究对象，即以耕种粮食作物为主的农村土地经营权流转价格，本书剔除了林地、农村"四荒地"、鱼塘、大棚、养殖场等流转信息，仅对标明价格的土地经营权流转信息进行数据整理分析。

3.2.2 黑龙江省农村固定观察点数据

农村固定观察点数据具备较强的可信性、全面性与代表性。农村固定观察点调查系统成立意图在于直接从农村基层了解农村各项建设的新动态，为我国相关政策的制定提供依据。全国农村固定观察点调查体系覆盖 31 个省

（自治区、直辖市），368 个县，375 个村。目前，已成为党中央、国务院及各级党政部门了解农村社会经济情况的重要途径，为研究农村问题、制定政策提供重要信息。

黑龙江省农村固定观察点调查表分为村表和户表两部分。其中，村表覆盖了黑龙江省 14 个村庄；户表覆盖了 14 个村庄的 1000 户农户，调研村分布情况如图 3.4 所示。数据涉及农户土地、生产、消费、就业、收入等情况，不同年份之间的问卷有过一定调整。本书以黑龙江省 2012 年、2014 年和 2015 年农村固定观察点数据，分析黑龙江省农村土地经营权流转价格影响因素、实证检验农村土地分散流转定价模型。

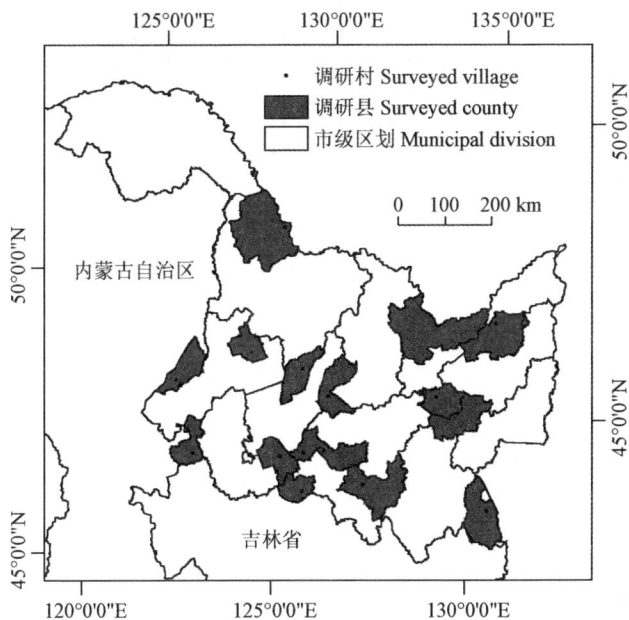

图 3.4　样本分布图

资料来源：根据黑龙江省农村固定观察点数据整理而得。

3.2.3　统计年鉴数据

本书所使用的统计年鉴数据包括《中国农村经济管理统计年报（2015）》、《中国县域统计年鉴（2013—2016）》和《黑龙江统计年鉴（2013—2016）》。其中《中国农村经济管理统计年报（2015）》主要用于本书第 4 章对黑龙江省农村土地经营权流转特征的描述；《黑龙江省统计年鉴（2013—

2016)》《中国县域统计年鉴(2013—2016)》主要用于本书第5章农村土地经营权分散流转价格影响因素及定价方法中。

3.2.4 社会调查数据

2015年6月笔者对黑龙江省克山县以及哈尔滨市周边乡镇进行实地考察。克山县是规模经营代表,数据获取途径包括走访农户以及克山县农委提供的有关资料。克山县共走访新型农业经营主体6家,分别是黑龙江省昆丰农业发展集团有限公司、西建乡广丰大豆种植专业合作社、永昌大豆种植专业合作社、新兴农机专业合作社、仁发现代农业农机专业合作社以及旭光家庭农场。哈尔滨周边调研主要包括呼兰区双井街道勤劳村、双城区联兴乡,是农户间自发的土地分散流转代表。实际共发放调查问卷79份,回收有效问卷75份,问卷有效率为94.94%。其中勤劳村发放调查问卷37份,回收有效问卷35份;兴结村发放问卷30份,回收有效问卷29份;新立村发放问卷12份,回收有效问卷11份。

第4章 黑龙江省农村土地经营权 流转特征分析

　　归纳总结黑龙江省农村土地经营权流转的相关特征，可为确定土地流转定价方法提供现实基础。本章主要从农村土地经营权流转发展形势、流转价格现状和土地分散流转与土地规模化流转两种形式的对比三方面总结黑龙江省农村土地流转特征，具体内容包括黑龙江省农村土地经营权流转面积、流转形式、土地流转带来耕地细碎化的变化、流转价格以及土地分散流转和规模化流转的差异。利用 2015 年、2016 年农业部信息中心对土地流转网络平台数据监测数据以及《中国农村经营管理统计年报（2015 年）》数据，分析黑龙江省农村土地经营情况在中国各省（市）中所处地位；利用 2010—2016 年黑龙江省农村固定观察点的村庄统计数据，分析各村土地流转情况；利用 2012 年、2014 年以及 2015 年黑龙江省农村固定观察点中农户统计数据，分析黑龙江省典型地区农村土地流转价格分布特征。

4.1 黑龙江省农村土地经营权流转面积大且增速快

4.1.1 农村土地经营权流转面积居于全国前列

　　根据农业部信息中心对中国（除香港、澳门、台湾地区）115 家全国性与区域性土地流转网络平台交易监测数据统计，2016 年全国（除香港、澳门、台湾地区）31 个省（自治区、直辖市）农村土地经营权流转面积平均约为 $1.938 \times 10^4 \mathrm{hm}^2$。黑龙江省农村土地经营权流转面积为 $6.035 \times 10^4 \mathrm{hm}^2$，是全国各省平均流转面积的 3 倍，位居全国（除香港、澳门、台湾地区）31 个省（自治区、直辖市）第三名，流转面积排名仅次于内蒙古与江苏（图 4.1）。

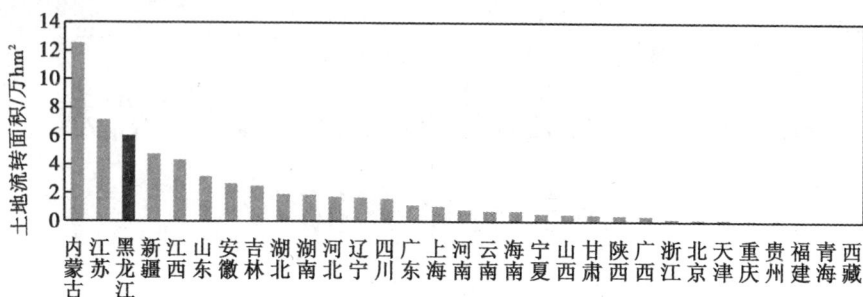

图 4.1 2016 年中国各省(自治区、直辖市)农村土地经营权流转面积

资料来源：2016 年农业部信息中心对全国土地流转网络平台数据监测结果汇总。

4.1.2 农村土地经营权流转面积增速超过全国平均水平

根据国家统计局黑龙江调查总队对黑龙江省土地流转情况的调查，2014年流转土地面积比 2010 年增长 4 倍[①]。据有关土地流转面积方面统计，从2007 年到 2015 年，黑龙江省土地流转面积由 $1.37 \times 10^6 \mathrm{hm}^2 (2.05 \times 10^7$ 亩)稳步增至 $4.60 \times 10^6 \mathrm{hm}^2 (6.90 \times 10^7$ 亩)，流转土地面积占耕地总面积的比例由2007 年的 14.6% 上升至 2015 年的 50.3%。相同时间区间内，全国土地流转面积所占比例则是由 2007 年的 3.5% 上升至 2015 年的 33.3%。可见，黑龙江省农村土地流转比例和流转增速均高于全国平均水平，农村土地经营权流转在全国处于中上游水平。

4.1.3 政府在推动农村土地经营权流转中发挥重要作用

政府在农村土地经营权流转中发挥重要扶持作用。

首先，黑龙江省出台一系列政策措施保障农村土地经营权有序流转，利于实现适度规模经营。2013 年《两大平原区创新农业经营主体专项改革试验方案》《农民专业合作社示范社、规范社创建实施方案》，释放黑龙江省耕地资源要素潜能，促进培育新型农业经营主体；2015 年《关于引导农村土地承包经营权有序流转 发展农业适度规模经营的实施意见》，完善全省农村经营制度，促进土地有序流转，加快建设现代化农业；2015 年《黑龙江省亿亩生态高产标准农田建设规划(2013—2020)》与 2016 年《黑龙江省人民政府

---

① 邵培霖，孙鹤.黑龙江省农村土地流转情况调查报告[J].调研世界，2015,261(06)：29-32.

加强和规范农村土地整治工作的意见》，加强黑龙江省农田整治，为稳定全省耕地面积、提高耕地质量、实现耕地连片经营提供坚实保障；2016年《黑龙江省农村土地承包经营权登记颁证工作方案》，通过确权维持农村土地承包经营权流转的权属稳定性；2016年《关于实施耕地地力保护补贴的指导意见》，对耕地地力保护和推进土地适度规模经营起到重要作用。

其次，基层政府发挥至关重要的桥梁纽带作用。以黑龙江省齐齐哈尔市为例，2009年，克山县把推进土地有序流转作为重点工作，出台《关于促进农村土地承包经营权流转 推动土地适度规模经营的意见》，着重明确政府在土地流转中的角色与职能，促进全年签订流转合同15万份，流转面积达$1.33×10^5 hm^2$（200万亩）①；2014年，依安县奋斗村党支部、村委会在农民自愿并递交土地流转委托书的基础上，将全村$1.09×10^3 hm^2$土地以高于农户自发分散流转的价格转给本村13户农民耕种，实现土地集约规模经营②；绥化市2014年土地流转面积较2011年增长4倍，规模经营面积增长3倍多；2014年克山县土地流转面积占全县耕地面积的75%③；以黑龙江省桦南县金沙乡红丰村为例，2015年成立"桦南县鸿盛土地经营专业合作社"，全村329户农户和10500亩耕地全部转出，实现整村土地流转④。

第三，搭建农村土地经营权流转服务平台，促进土地有序流转。2015年，提出建设县级农村土地承包经营权流转服务中心、乡级土地流转服务站、村级土地流转服务室的三级土地管理体系。并成立黑龙江省农村土地流转协会，负责全省土地流转政策服务，收集、汇总、发布土地流转供求信息，建立并补充土地流转信息库，完善农村金融保险等配套服务措施；快速推进农村土地承包权确权登记颁证工作，放活农村土地经营权流转市场；搭建农村土地流转服务平台，建立土地流转的社会化服务体系，降低农村土地流转交易成本；增补现代农机合作社农机装备，减轻新型农业经营主体经营负担，为土地流转提供资金保障；制定激励政策与实施意见，增强农户流转土地积极性，促进规模经营的实现。截至2013年底，全省农村土地流转面积比

---

① 东北网.克山县农民土地流转走出"巴掌田"户均年增收1200元[EB/OL]（2009-06-23）[2023-03-15].https://heilongjiang.dbw.cn/system/2009/06/23/051977786.shtml.

② 人民网-黑龙江频道.黑龙江：土地流转农民得实惠[EB/OL]（2015-01-25）[2023-03-15].https://www.haas.cn/newsview.aspx? id=2698.

③ 陈兆东.关于黑龙江省农村土地规模经营的调研报告[J].农村财政与财务，2013(12)：12-13.

④ 中国青年网.桦南土地整村流转降本增效[EB/OL]（2017-06-16）[2023-03-15].http://news.youth.cn/jsxw/201706/t20170616_10087584.htm.

上一年增长 26%，规模经营面积增长 25%。

4.2 转包是最主要的流转方式且范围不断扩大

4.2.1 转包是黑龙江省最主要的流转方式

《中国农村经营管理统计年报(2015)》显示，2015 年黑龙江省家庭承包耕地流转总面积为 4.60×10^6 hm²(6.90×10^7 亩)，转包、出租、股份合作是主要流转形式，三种形式流转的土地面积约占流转耕地总面积的 97.48%。其中以转包形式流转的耕地面积约为 3.42×10^6 hm²(5.14×10^7 亩)，占流转耕地总面积的 74.46%，转包成为黑龙江省农村土地经营权流转最主要的流转形式。其次是股份合作和出租方式流转土地，通过这两种方式流转的土地面积相差无几，其中股份合作流转的土地面积略多约为 5.79×10^5 hm²(8.68×10^6 亩)，占流转耕地总面积的 12.58%；以出租形式流转的土地面积约为 4.80×10^5 hm²(7.20×10^6 亩)，占流转耕地总面积的 10.44%。以转让、互换和其他形式流转的土地面积较小，三者仅占土地流转总面积的 2.52%(图 4.2)。

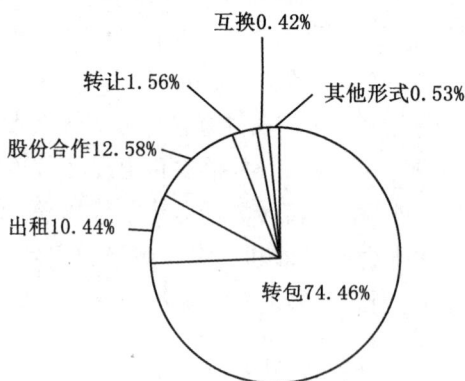

图 4.2 2015 年黑龙江省不同方式土地流转面积占比

资料来源:《中国农村经营管理统计年报(2015)》。

4.2.2 参与转包的农户数量增多

转包是黑龙江省最主要的流转方式，利用 2010—2016 年黑龙江省农村固定观察点数据中的村表统计数据，分析 2010—2016 年黑龙江省参与转包农村土地经营权的农户数量。

观测样本中参与农村土地经营权转包的农户总数整体呈上升趋势，仅在 2015 年总户数较前一年小幅度下降，但在 2016 年又快速攀升，且在 2016 年参与转包土地的农户数量达到最多。从转包入与转包出土地经营权的农户数来看，2010 年转包入土地经营权农户数量为 719 户，2016 年转包入土地农户数量为 1377 户，转包入土地经营权农户数量增长 91.51%。2010 年转包出土地经营权农户数量为 1123 户，2016 年转包出土地农户数量为 2810 户，转包出土地经营权农户数量增加 150.22%。在参与转包的农户总体增长的情况下，参与转包出土地的农户增长幅度更大。从各年参与转包土地户数情况来看，2011 年、2013 年转包出土地的农户数量均较前一年数量减少，其余年份均呈增长趋势；2014 年、2015 年转包入土地的农户均较前一年数量减少，其余年份均呈增长趋势（图 4.3）。

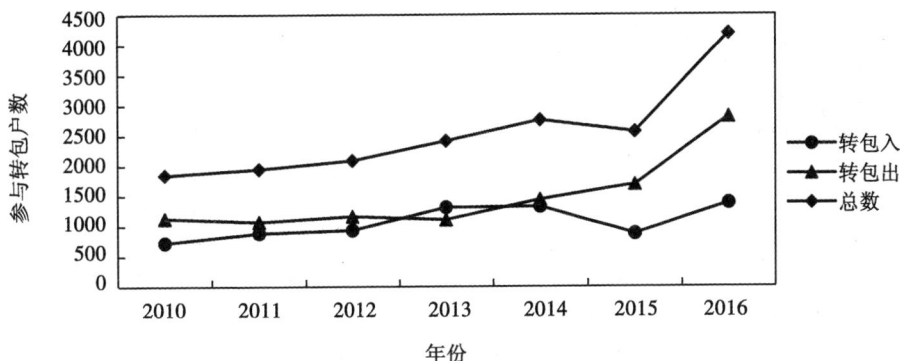

图 4.3　2010—2016 年黑龙江省参与转包耕地农户数

资料来源：根据 2010—2016 年黑龙江省农村固定观察点村庄调查数据整理而得。

4.2.3　转包耕地总面积增长较快

利用 2010—2016 年黑龙江省农村固定观察点数据中的村表统计数据，分析 2010—2016 年黑龙江省参与转包农村土地经营权的耕地面积变化情况。从 2010—2016 年，转包入的耕地面积与转包出的耕地面积均呈增长趋势。从转包入耕地面积来看，仅在 2014 年转包入耕地面积有所下降，其余年份均是呈增长趋势。2010 年转包入耕地面积为 $1.16 \times 10^3 \text{hm}^2 (1.74 \times 10^4 \text{亩})$，2016 年转包入耕地面积 $3.55 \times 10^3 \text{hm}^2 (5.33 \times 10^4 \text{亩})$，比 2010 年增长 2 倍有余；从

转包出耕地面积来看，转包出耕地面积逐年增长，2010 年转包出耕地面积为
$1.43\times10^3\mathrm{hm}^2(2.14\times10^4$ 亩$)$，2016 年转包出耕地面积 $4.27\times10^3\mathrm{hm}^2(6.40\times$
10^4 亩$)$，比 2010 年增长近 2 倍(图 4.4)。

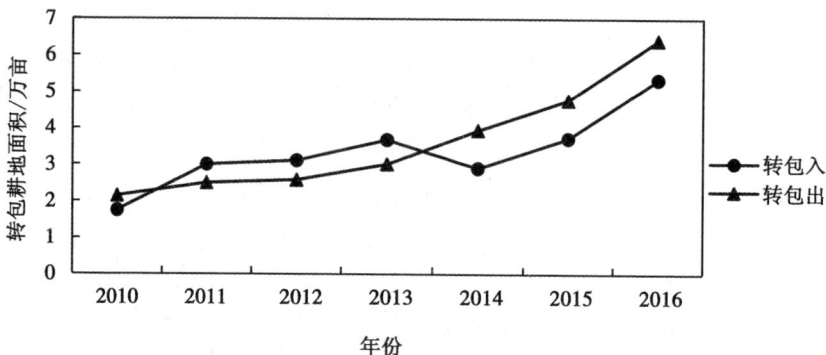

图 4.4　2010—2016 年黑龙江省转包耕地面积

资料来源：根据 2010—2016 年黑龙江省农村固定观察点村庄调查数据整理而得。

4.2.4　户均转包耕地面积波动性增长

利用 2010—2016 年黑龙江省农村固定观察点数据中的村表统计数据，
分析 2010—2016 年黑龙江省参与农村土地经营权的户均转包耕地面积变化
情况。

从流转规模来看，户均转包耕地面积起伏波动较大。对于转包入耕地农
户而言，2010—2011 年，户均转包入面积由 24.2 亩增加至 34.1 亩；从
2011—2014 年，户均转包入耕地面积逐年下跌至 21.9 亩；至 2015 年，户均
转包入耕地面积快速增加至最高值 42.5 亩；从 2015 年至 2016 年，户均转包
入耕地面积再次下跌，但均面积均高于 2010—2014 年的户均转入耕地面积。
对于转包出耕地农户而言，2010—2011 年，户均转出耕地面积由 19.0 亩增
至 23.4 亩；2012 年户均转包出耕地面积与户均转包入耕地面积情况类似，
也有所下降；但从 2012—2015 年间，户均转包入耕地面积均呈增长趋势；至
2016 年，户均转包入耕地面积再次下跌至 22.8 亩。从转包入和转包出农户
的户均耕地平均面积来看，观测样本的户均转包耕地面积从 2010—2011 年
间上涨，从 2011—2014 年间每年面积都有所减少，从 2014—2015 年户均转
包耕地面积增加，至 2016 年又下跌至 30.7 亩。相较 2010 年，2016 年户均转
包耕地面积增加 42.12%(图 4.5)。

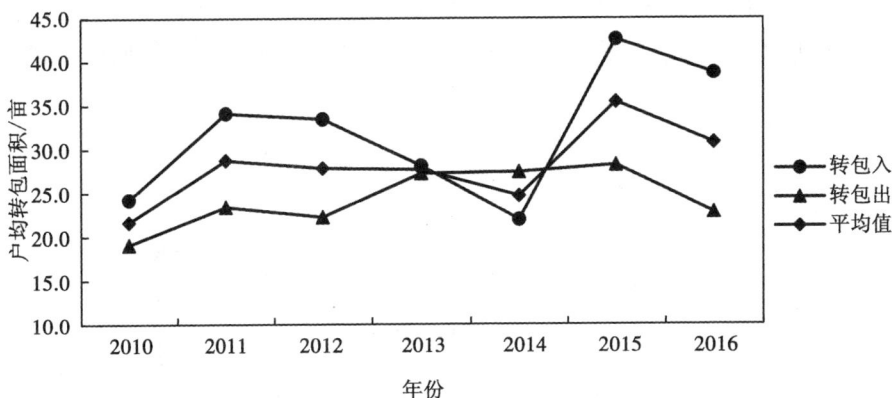

图 4.5 2010—2016 年黑龙江省户均转包耕地面积

资料来源: 根据 2010—2016 年黑龙江省农村固定观察点村庄调查数据整理而得。

4.3 农村土地经营权流转降低黑龙江省耕地细碎化程度

4.3.1 耕地细碎化程度整体得到改善

耕地细碎化程度是限制农业机械耕种土地的关键因素之一。为了解黑龙江省近年来耕地细碎化变化情况,利用 2012 年、2014 年及 2015 年黑龙江省农村固定观察点 13 个村农户调查数据(调研共有 14 个村,但由于编号 11 村主要种植烟叶这种经济作物,故不作为研究对象),通过计算耕地的块均面积进行分析。

从黑龙江省农村固定观察点抽样调查的 13 个村庄来看,2012 年、2014 年到 2015 年单块耕地的平均面积有所提升,即总体而言黑龙江省耕地细碎化问题有所改善。通过计算三年中 13 个村平均块均耕地面积,2012 年块均耕地面积为 10.04 亩,2014 年块均耕地面积为 10.80 亩,2015 年块均耕地面积为 12.33 亩。从 2012 年至 2015 年,块均耕地面积增加 22.81%。

从 2015 年 13 个村庄块均耕地面积的变化趋势来看,3 村、6 村的块均耕地面积有较为明显的增加;1 村、7 村、12 村、13 村、14 村的块均耕地面积均有小幅度增加;2 村、5 村、10 村的块均耕地面积均表现出一定程度的减少现象；4 村、8 村、9 村的块均耕地面积变化不明显(图 4.6)。从总体来看，观察样本的耕地细碎化程度有所降低，说明黑龙江省耕地细碎化问题得到改善。

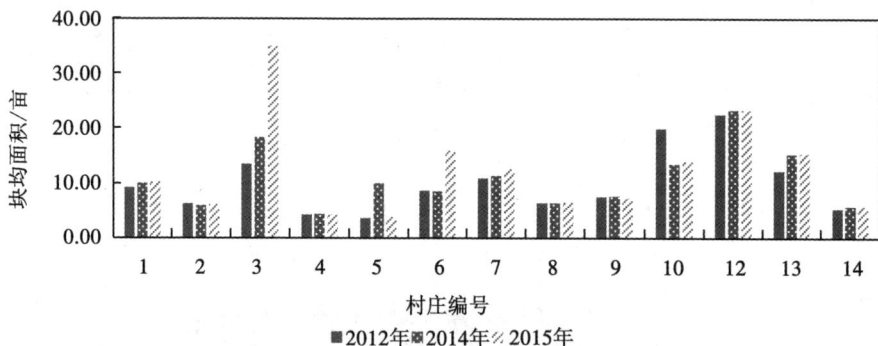

图 4.6　2012 年、2014 年、2015 年各村耕地细碎化程度

资料来源：根据 2010—2016 年黑龙江省农村固定观察点村庄调查数据整理而得。

4.3.2　农村土地流转对降低耕地细碎化程度作用明显

耕地细碎化程度是限制农业机械耕种土地的关键因素之一。为了解黑龙江省近年来耕地细碎化变化状况，利用 2012 年、2014 年及 2015 年黑龙江省农村固定观察点 13 个村农户调查数据(调研共有 14 个村，但由于编号 11 村主要种植烟叶这种经济作物，故不作为研究对象)，通过计算耕地块均面积，对比分析参与流转农户与未参与流转农户所拥有耕地的细碎化程度。

黑龙江省内耕地细碎化程度的改善得益于农村土地经营权流转的不断发展。为初步验证土地流转对耕地细碎化程度是否产生影响，选取 2012 年和 2015 年黑龙江省农村固定观察点中 13 个村庄参与流转土地的农户和未参与流转土地农户，对比两者所拥有耕地的亩均面积。可以发现，参与流转土地的农户所拥有土地的细碎化程度低于未参与流转农户耕地。值得注意的是，2012 年 3 村和 10 村中参与流转与未参与流转农户的块均耕地面积差异最为明显。但至 2015 年，3 村两者之间块均耕地面积进一步扩大，而 10 村参与流转农户的块均耕地面积减小，未参与流转农户的块均耕地面积增大，两者之间的块均耕地面积差距缩小。2012 年 4 村、5 村、8 村、12 村参与流转与未参与流转农户的块均耕地面积相差无几，至 2015 年 5 村中参与流转的农户块均耕地面积已高于未参与流转农户，4 村、8 村和 12 村变化仍不明显

（图 4.7 与图 4.8）。综合而言，参与流转农户的块均耕地面积要高于未参与流转农户的块均耕地面积，即参与流转农户土地的细碎化程度低于未参与流转的农户。因此，可初步判定，土地流转可降低耕地的细碎化程度。

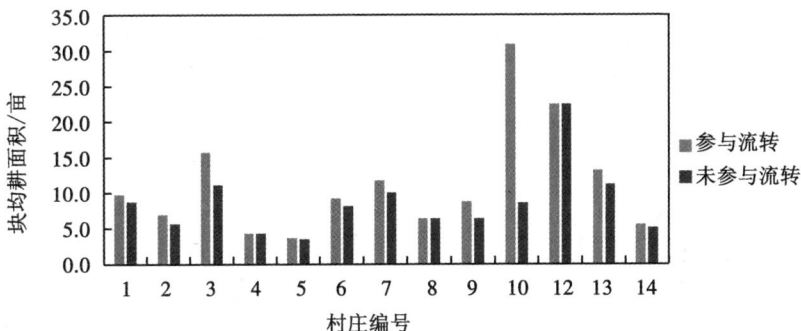

图 4.7　2012 年参与流转和未参与流转耕地细碎化程度对比

资料来源：根据 2012 年、2014 年及 2015 年黑龙江省农村固定观察点农户调查数据整理而得。

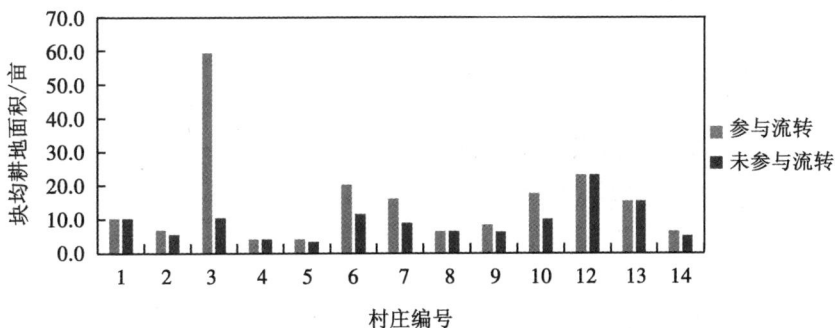

图 4.8　2015 年参与流转和未参与流转耕地细碎化程度对比

资料来源：根据 2012 年、2014 年及 2015 年黑龙江省农村固定观察点农户调查数据整理而得。

4.4　黑龙江省农村土地经营权流转价格特点

4.4.1　与全国相比农村土地经营权流转价格偏低

根据农业部信息中心对中国（除香港、澳门、台湾地区）115 家全国性与区域性土地流转网络平台交易监测数据统计，2016 年全国（除香港、澳门、台湾地区）31 个省（自治区、直辖市）农村土地经营权流转均价约为 681 元/

亩。黑龙江省农村土地经营权流转平均价格约为 308 元/亩,不足全国各省流转均价的 1/2,价格水平位居全国(除香港、澳门、台湾地区)31 个省(自治区、直辖市)倒数第三名,排名仅前于辽宁与内蒙古(图 4.9)。

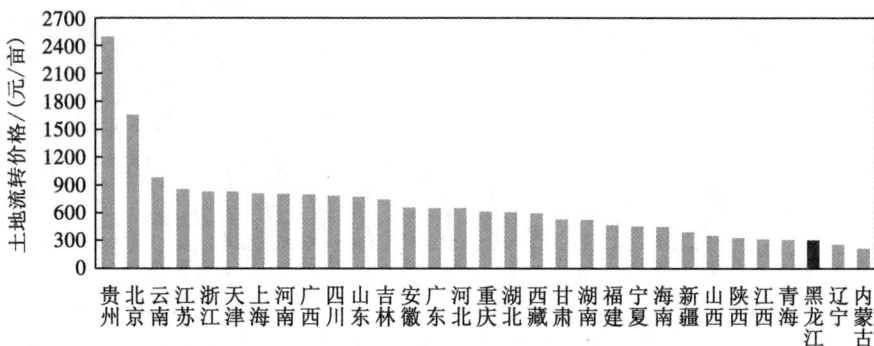

图 4.9　2016 年中国各省(市)农村土地经营权流转价格

资料来源:2016 年农业部信息中心对全国土地流转网络平台数据监测结果汇总。

4.4.2　农村土地经营权流转价格总体上涨

从时间角度分析流转价格可揭示地租阶段性、历史延续性和趋势性特征。利用黑龙江省 2012 年、2014 年、2015 年农村固定观察点农户调研数据,计算 12 个村(黑龙江省农村固定观察点共 14 个村,但由于 11 号村庄主要种植经济作物烟叶、8 号村庄 3 年均未发生土地流转,因此筛除 8 村和 11 村,剩余 12 个村庄)平均的转入价格、转出价格以及转入和转出均价的发展趋势。

由图 4.10 可看出,2012 年至 2015 年期间土地流转价格整体呈上升趋势。2012 年土地流转均价为 312 元/亩,至 2015 年价格增长至 402 元/亩,流转均价较 2012 年增长 28.85%,流转均价平均每年增长 9.6%。2012 年土地转入价格相较转出价格低,从 2012 年至 2014 年、再由 2014 年至 2015 年,土地转入价格逐年均有所增加,且 2012 年至 2014 年的增长速度快于 2014 年至 2015 年的转入价格增长速度;土地转出价格增长速度较为平缓。

4.4.3　农村土地经营权流转价格具有明显的区域性

从空间角度分析流转价格可揭示地租因地理区位和经济状况产生的集聚或分异。以 2015 年黑龙江省农村固定观察点中农村土地经营权流转价格为

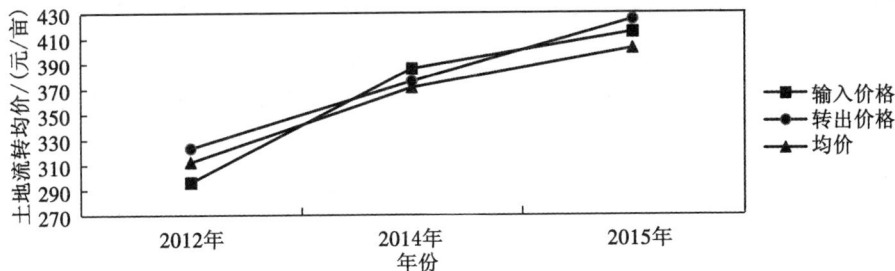

图 4.10 2012、2014 及 2015 年 12 个村农村土地经营权流转均价

资料来源：根据 2012 年、2014 年及 2015 年黑龙江省农村固定观察点农户调查数据整理而得。

例，发现 12 个村（黑龙江省农村固定观察点共 14 个村，但由于 11 号村庄主要种植经济作物烟叶、8 号村庄 3 年均未发生土地流转，因此筛除 8 村和 11 村，剩余 12 个村庄）中土地流转价格主要分布在 200~800 元/亩之间，其中流转价格在 200~400 元/亩之间有 6 个村庄，价格在 400~600 元/亩之间有 5 个村庄，价格在 600~800 元/亩之间有 1 个村庄（图 4.11）。各村土地流转价格均是以村内流转价格平均数为中心上下浮动，表现出各村的价格水平特点。

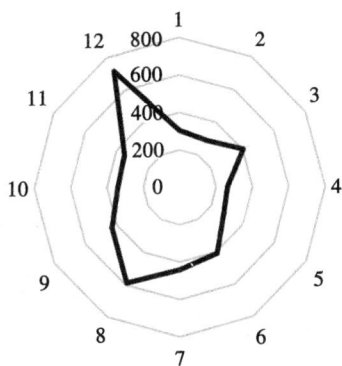

图 4.11 2015 年 12 个村土地流转价位分布情况

资料来源：根据 2012 年、2014 年及 2015 年黑龙江省农村固定观察点农户调查数据整理而得。

仍以 2015 年黑龙江省农村固定观察点中的农户调查数据为例，以 2015 年黑龙江省人均 GDP 为标准，将 12 个村所在县区的 2015 年人均 GDP 与之对比，分为高于省人均 GDP 组和低于省人均 GDP 组。计算得高于省人均 GDP 地区的流转价格为 479.5 元/亩，低于省人均 GDP 地区的流转价格为

376 元/亩，高于省人均 GDP 地区的流转价格比低于省人均 GDP 地区的流转均价每亩地相差 103.5 元。

综上，从行政单元来看，农村土地经营权流转价格均是以村内流转价格平均数为中心上下浮动；从经济发达程度来看，经济相对发达的地区土地流转价格高于经济欠发达地区。由此可见，农村土地经营权流转价格表现出典型的区域性。

4.4.4 农村土地经营权流转价格离散程度降低

价格离散现象是由诺贝尔经济学奖获得者乔治·施蒂格勒在《信息经济学》一文中首先提出的。它是指一类商品的价格分布相对于某一中心的偏离程度。广义上讲，价格离散是因为信息在市场交易双方的不均衡分布产生的，因此价格离散率可用来反映市场信息的充分与否，能反映市场的发育状况。

变异系数又称为离散系数，是衡量样本观测值变异程度的指标，通常记为 $C \cdot V$。计算公式为：

$$C \cdot V = S/\overline{X} \tag{4.1}$$

公式中，S 表示标准差，$\overline{X}$ 表示平均数。变异系数越小，表明各观测值偏离程度越低，即价格离散程度越低；变异系数越大，表明观测值偏离程度越高，即离散程度越高。

利用 2012 年、2014 年及 2015 年黑龙江省农村固定观察点农户调研数据，分别计算各年各村的土地经营权流转价格离散系数。对黑龙江省农村固定观察点 14 个村庄农户进行调研，筛选条件主要包括：① 村庄内有农户参与农村土地经营权流转，且村内转入土地的农户与转出土地的农户的总数不得少于 5 户；② 2012 年、2014 年、2015 年 3 年中，村庄至少有 2 年发生土地流转；③ 流转土地必须为种植粮食作物的耕地。经筛选共剩余 10 个村庄的农户数据，共计 1168 份样本，其中 2012 年 348 份，2014 年 402 份，2015 年 418 份。

整体上看，从 2012 年至 2015 年，各村农村土地经营权流转价格变异系数呈下降趋势(图 4.12)。其中 1 村、3 村、5 村的流转价格变异系数呈持续下降状态；6 村、7 村、10 村、12 村的流转价格变异系数呈波动性下降；2 村流转价格变异系数在 2012—2014 年上升，但在 2014—2015 年下降；9 村、14 村流转价格变异系数上升。对比 2015 年土地流转价格变异系数较 2012 年的系数下降程度，发现 1 村变异系数下降幅度最高为 83.93%，其次是 6 村、10 村、5 村和 12 村，下降幅度分别为 57.00%，49.72%，46.33%，45.82%。

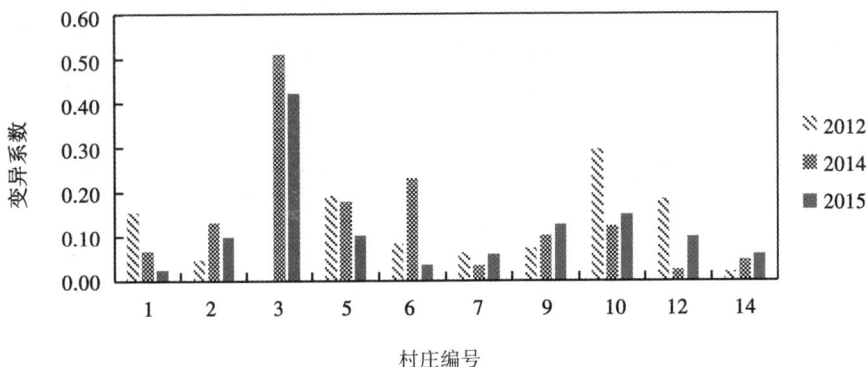

图 4.12 2012 年、2014 年、2015 年各村流转价格变异系数

资料来源：根据 2012 年、2014 年及 2015 年黑龙江省农村固定观察点农户调查数据整理而得。

4.4.5 农村土地经营权流转定价体系尚不健全

为避免更多农户遭遇土地流转"价格陷阱"问题，近年来如江苏南京、浙江台州、江西南昌等地开始尝试由政府出台方案指导土地流转价格。如南京市政府不仅对流转最低价做了限定，还规定原则上流转期限超过 3 年的，须确定土地经营权流转价格递增幅度。黑龙江省目前在全省内尚没有出台统一的流转定价政策，对土地分散流转定价遵循自主协商的原则，尚无明确细致的定价规则；对于土地规模化流转，部分市县根据自身发展提出相应规定。以实地调研的克山县为例，2014 年西城村两个合作社因争地而竞相把流转价格提高至 420 元/亩和 440 元/亩，每社将为此而增加 30 多万元成本。为避免恶性竞争增加规模经营风险，县政府规定 2014 年和 2015 年新型农业经营主体转入土地的指导价限定为 400 元/亩。克山县通过政府定价的方法，规避了市场失灵。

4.5 农村土地分散流转与规模化流转两种形式并存

黑龙江省农村土地经营权流转的新态势，主要表现为由原本的农户间自发分散土地流转的一元市场结构向农户间自发分散土地流转与政府主导的土地规模化流转并存的二元市场结构转变。黑龙江省于 20 世纪 80 年代初开始推行家庭联产承包责任制,活跃农业生产的同时也造成了耕地细碎,这种土地资源的配置方式更适合精耕细作的小农经营。伴随我国城乡二元结构的松动,全国掀起"打工潮"后,农村土地经营权流转日渐活跃,但限于当时农业生产力发展水平且国家相关政策跟进较慢,当时的农村土地多为农户间低价流转,土地流转纠纷也较为普遍。随后,黑龙江省政府颁布了《全省涉农县(市、区)农村土地承包经营权纠纷仲裁体系建设方案》等规范农村土地流转行为的相关措施。至十七届三中全会以后,全国各地开始开展土地流转试点,黑龙江省土地规模化流转开始产生萌芽。

4.5.1 两种形式流转土地面积差异

近年,黑龙江省农户间自发的土地分散流转与新型农业经营主体参与的土地规模化流转都比较活跃。农村土地经营权主要流入农户、专业合作社、农业企业以及其他主体。根据《中国农村经济管理统计年报(2015)》显示,2015年黑龙江省流转耕地总面积的68.21%流转向农户,28.62%的土地流转向专业合作社与农业企业。

新型农业经营主体参与的土地规模化流转中,基本可以实现土地的整村流转。以桦南县金沙乡红丰村为例,全村共有农户329户,其中离土离乡农户220户,在乡打工农户81户,有能力耕种大户28户。全村耕地面积共10050亩,人均耕地面积6.8亩,分散经营土地1290块。由于村内91.5%的农户有转出土地意愿,2015年3月,在村党支部组织下,成立"桦南县鸿盛土地经营专业合作社",全村10050亩耕地和329户全部入社,实现土地经营权的规模化流转。流转后,合作社将1290块耕地按自然地理条件整合为150亩、300亩及450亩三类共120块,促进了农业现代化发展。

新型农业经营主体参与的土地规模化流转虽然发展迅速,但农户间自发的土地分散流转仍占据主导地位。《中国农村经营管理统计年报(2015)》显示,2015年黑龙江省参与流转的家庭承包耕地总面积为$4.60\times10^6hm^2$(6.90×10^7亩),其中$3.14\times10^6hm^2$(4.70×10^7亩)土地经营权转入农户,占流转耕地总面积的68.21%;有27.73%面积的耕地流转入专业合作社,0.89%面积的耕地流转入农业企业(图4.13)。农业专业合作社与农业企业均属于新型农业经营主体,即共有28.62%面积的耕地流转入新型农业经营主体。根据2016年黑龙江省14个农村固定观察点的抽样调查数据统计显示,2016年转包给农户的耕地共计5367.7亩,占耕地总面积的70.7%;户均转包面积5.7

亩，较 2015 年同比增长 13.9%；转包给农村合作组织耕地面积 60 亩，占耕地总面积尚不足 1%；转包给村外农户耕地 1184.6 亩，占转包给农户耕地面积的 22.1%。可见，目前黑龙江省农村土地经营权流转中，农户间自发的土地分散流转仍占主导，约占流转总面积的 68.21%，新型农业经营主体参与的土地规模化流转起步较晚但发展迅速，流转面积约占流转耕地总面积的 28.62%，农户间土地分散流转和新型农业经营主体参与的土地规模化流转是黑龙江省最重要的两种流转形式。

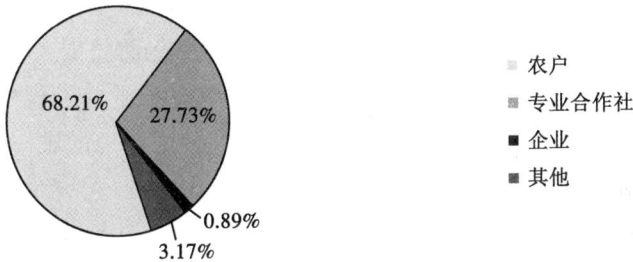

图 4.13 黑龙江省农村土地经营权各类转入主体占比

资料来源：根据 2016 年黑龙江省农村固定观察点农户调查数据整理而得。

4.5.2 两种流转形式的发生机理差异

农户间土地经营权分散流转的发生主要源于农户个人及家庭情况。首先，城乡二元经济结构导致农村经济落后于城市发展，部分农户选择进城务工而转出土地，因此选择转出土地策略。其次，受年龄、身体状况等个人因素影响，部分身体孱弱、无力从事农业生产的农户，通过转出土地获取租金补给生活，这一群体也构成了转出土地方。而村内部分农户为追求耕种土地的边际效益，希望通过扩大经营面积进而累积利润收入，由此构成转入土地一方。总体而言，农户间土地经营权分散流转是农户自发形成的，解决了外出务工和劳动力缺乏家庭的问题，并可获取经营权租赁收益。

土地规模化流转是受政策扶持的流转形式，即土地规模化流转的发生受政策引导因素影响明显。于黑龙江省而言，发展农村土地规模化流转，一方面，是顺应国家发展新型城镇化战略及促进农业机械化发展的方针政策；另一方面，也得益于黑龙江省地广人稀、土壤肥沃、地势平坦的有利优势。促进土地规模化流转发生的原因主要在于：① 为加速实现规模经营的中央政策目标，基层政府通过干预手段创造土地规模化流转环境；② 农机补贴、种粮补贴、规模经营奖励等惠农政策激励有资本积累的农户扩大经营范围，实现由传统农户向新型农业经营主体的角色转变，以规模化流转方式实现土地规模经营；③ 部分村庄劳动力转出规模较大，为实现土地规模化流转创造条件。

4.5.3 两种流转形式的经营耕地方式差异

通过土地经营权分散流转模式转入耕地的农户，在耕种方式上仍主要沿袭传统的种粮方式，随着农业机械化的进步与推广，部分农户可能会通过租赁小型农业机械辅助种植，但总体而言机械化水平仍然较低。受生产力和自发流转土地交易成本过高的限制，土地分散流转的农业经营规模相对较小，在户均耕地面积 28 亩的黑龙江省，以自发流转转入耕地的农户经营耕地面积在 50~200 亩不等。

通过规模化流转转入耕地的新型农业经营主体，具备资金雄厚、政策倾斜、土地平整连片等优势，因此在经营转入耕地时，均是采用现代大机械化生产，可节约大量人力成本；土地规模化经营需大批量购入农药化肥等生产资料，可节约物资成本；产粮量高且销售渠道畅通规范，可提高销售利润。《黑龙江省人民政府关于全省农村土地流转和规模经营发展情况的报告》显示，全省种植大户通过规模经营拉动粮食增产 8% 左右，农机合作社拉动粮食增产平均约为 15%，高者可达 20% 以上，新型农业经营主体已成为推动全省粮食增产的重要力量。总而言之，土地规模化流转体现了高水平的农业机械化生产，经营过程中受到各级政府支持，目前黑龙江省以土地规模化流转实现规模经营的新型农业经营主体，经营耕地面积多在千亩以上。通过土地规模化流转，基本可实现 1 至 3 个新型农业经营主体耕种整村土地。

4.5.4 两种形式的流转期限差异

契约期限的长短及其所决定的行为预期对契约实施具有重要影响。对农村土地经营权流转而言，普遍认为长期契约更具有合理性。一方面，长期契约是地权稳定性在时间维度上的反映[178]；另一方面，有研究认为短期契约容易诱导转入方农户采用掠夺性生产方式[179]。不同流转模式的流转期限体现出长短差异，农户间土地分散流转期限多为 1~3 年。以调研的哈尔滨市周边村为例，2014 年共有 30 户农户参与土地流转，其中 16 户为土地转入方，14 户为土地转出方。流转土地的最低年限为 1 年，平均转入土地的期限为 1.6 年，平均转出土地的期限为 4 年，参与流转土地的平均年限为 2.8 年。克山县的农村土地流转，土地规模化流转期限一般为 3~5 年，且双方签订合同，土地规模化流转期限长于农户间土地分散流转。

4.5.5　两种流转形式的定价差异

4.5.5.1　不同流转形式的价格水平差异较大

土地经营权在农户间分散流转与土地经营权规模化流转的价格水平差距较大。研究表明，现行政府干预确定的流转价格显著高于农户自主协商定价，但农户对此确定的价格满意度却有待提高[180]。一般土地经营权分散流转中的价格水平较低，有时甚至零地租，土地转出方将土地免费赠送给他人耕种。而相比于土地经营权在农户间分散流转，土地向家庭农场、农民专业合作社等新型农业经营主体的规模化流转中，流转价格更高。《2016 年中国发展报告》显示，黑龙江省水田转给新型农业经营主体的平均价格为 558 元/亩，比转给普通农户高 143 元/亩。哈尔滨市阿城区繁荣村流转给哈尔滨市鑫富成农机专业合作社的 1 万多亩旱田，平均流转价格为 600 元/亩，比转给普通农户的价格高出将近 200 元/亩。

4.5.5.2　不同流转形式的价格离散程度不同

农户间土地经营权分散流转仅涉及转入与转出双方农户利益，因此交易价格的确定具备较强的自主决定性。导致尤其在土地经营权流转率较低时，农户间土地交易信息沟通不畅，且农户之间在处境、利益诉求等方面存在差异，他们对流转价格水平的期望值并不相同，导致同村同质土地的受农户特征影响明显致使交易价格相差较多，即土地分散流转价格的离散程度较高。而土地经营权规模化流转中，政府或其他农村基层组织，需要动员多数农户甚至全村农户转出土地以实现规模经营，且流转程序更加公开规范、流转信息更加透明，因此对于同一质量的土地，土地规模化流转削弱了农户异质性对土地流转价格的影响，土地流转价格更为统一，即土地规模化流转价格的离散程度较低。

4.5.5.3　不同流转形式的价格确定方式不同

农户间土地经营权分散流转价格由农户间协商确定，受土地质量、区域经济发达程度、农户家庭特征、双方谈判能力等因素影响，体现的是交易双方在流转市场中的博弈能力，流转价格的确定反映的是市场供需情况。

而土地规模化流转中，流转价格除受市场竞争影响外，还会受到政府、基层组织和农户等团体力量的干预。流转价格是转出方农户、转入方新型农业经营主体以及基层政府组织等各相关利益主体共同作用、相互妥协的结果，基层政府协调各方利益的核心就是确定一个能为大家所接受的流转价格[134]。换言之，土地经营权规模化流转定价体现更多的政策调控性，是由基层政府等第三方机构颁布并实施的交易价格。以黑龙江省克山县为例，该县是黑龙江省农村土地经营权规模化流转的典型代表。在土地规模化流转定价中，主要以政府参与的协商定价为主。具体做法为，镇党委、镇政府多次召集合作社、村民、村干部座谈会，经过多方协商最终确定价格，并要求流转交易必须遵循确定的价格。政府定价的方法是将村内普通农户分散经营耕地的亩均净收益作为流转价格。这种流转定价方式可防止农户由于信息不对称导致的盲目定价，但仍有不足之处，表现为：① 流转价格的确定仅以农户转出土地后经济收入不低于自营耕地收入，但是规模经营耕地带来的红利却仅由转入土地的新型农业经营主体享有，剥夺了普通农户对土地增值收益的财产性收入；② 在土地流转定价过程中，没有规范各参与主体的权限与行为边界，尤其是对政府与新型农业经营主体行为的规范缺少约束，易引发基层政府和新型农业经营主体结盟，侵犯农户这一弱势群体利益。

综上所述，通过对比农户间土地经营权分散流转定价与土地规模化流转定价的差异，发现两者主要差异在于：① 流转价格水平上，土地经营权分散流转价格普遍低于土地经营权规模化流转价格；② 从价格离散程度上，土地经营权分散流转价格的离散程度高于土地规模化流转；③ 从定价方式上，土地分散流转是交易双方协商定价，土地规模化流转是有政府干预的政府定价。

4.6　本章小结

黑龙江省作为传统的农业大省，具备良好的农户分散经营耕地的基础。同时，得益于其地广人稀、地势平坦、农业机械水平较高等自然社会条件，黑龙江省是我国适合发展土地规模经营的重点区域之一。近年来，伴随新型城镇化和发展农业适度规模经营战略的提出，黑龙江省通过土地流转降低了耕地的细碎化程度，进而降低经营耕地的成本。

　　受自然和社会经济条件的双重影响，黑龙江省农村土地经营权流转总体上呈现流转比率不断扩大、以转包为主要流转形式等流转特征。流转价格虽呈现逐年上涨趋势，但相对我国其他地区，黑龙江省农村土地流转价格仍偏低。流转价格离散程度近年来不断降低，说明黑龙江省农村土地流转信息逐渐均衡，土地流转市场得到发展。除此以外，黑龙江省农村土地经营权流转价格还表现出明显的区域性特征。

　　值得强调的是，黑龙江省在历史遗留的均田制和现今倡导的适度规模经营双重政策影响下，形成了普通农户经营耕地与新型农业经营主体经营耕地并存的典型特征，这也造就了现有的土地经营权在农户间分散流转和在农户与新型农业经营主体之间规模化流转并存的局面。不同经营方式和不同流转形式，决定了农村土地经营权分散流转和规模化流转价格存在显著差异：从流转价格水平上，土地经营权分散流转价格普遍低于土地经营权规模化流转价格；从价格离散程度上，土地经营权分散流转价格的离散程度高于土地规模化流转；从定价方式上，土地分散流转是交易双方协商定价，土地规模化流转是有政府干预的第三方定价。我国农村土地经营权流转市场起步较晚，目前流转机制尚不健全，为规范农村土地流转市场有必要规范农村土地经营权流转定价，其中政府出台指导价格更能起到关键作用。根据黑龙江省农村土地经营及农村土地经营权流转现状，应根据不同流转形式的不同特征确定合理的定价方法，有助于政府指导价格确定，维护农村土地流转市场。

第5章 黑龙江省农村土地经营权分散流转定价

　　本章旨在研究黑龙江省农户间土地经营权零星流转的定价问题，共分为3部分内容：黑龙江省农户间土地经营权分散流转定价特征、黑龙江省农户间土地经营权分散流转价格影响因素以及基于双向拍卖模型的农户间土地经营权分散流转定价方法的确定。本章研究遵循从具体到抽象的逻辑顺序，通过描述黑龙江省农户间土地经营权分散流转中各主体定位、流转定价过程等，为总结农户间土地经营权分散流转定价特征奠定基础。在明晰农户间土地经营权分散流转定价特征基础上运用相关性分析、逐步回归分析、分样本回归分析的方法从土地转入方角度分析影响流转价格的主要影响因素。根据提炼出的价格主要影响因素以及分析的土地分散流转定价特征，综合考虑土地价值与土地经营权交易供需情况，选用不完全信息条件下的双向拍卖定价博弈理论，建立黑龙江省农户间土地经营权分散流转定价的理论模型，利用黑龙江省农村固定观察点 2012 年、2014 年、2015 年数据和《黑龙江统计年鉴(2013)》《黑龙江统计年鉴(2015)》《黑龙江统计年鉴(2016)》，运用无约束回归与受约束回归方法实证检验双向拍卖定价理论模型，并计算出黑龙江省内高于全省人均 GDP 地区与低于全省人均 GDP 地区流转定价模型的影响系数。本章研究可明晰农户间土地经营权分散流转定价特征，了解各因素对流转价格的影响情况，为农户间自发的土地分散流转定价提供一种更贴近实际的新方法。

5.1　农村土地经营权分散流转定价特征分析

　　2015 年，中国土地流转比例增速从前三年的 4.3% 下降至 2.9%，2016年进一步下降至 1.8%[181]。单纯追求规模经营的潜力是有限的，必须正视小农的长期存在[182]。土地经营权发生流转是其定价的基础，预剖析土地流转定价特征，首先需要明晰农户间土地经营权的属性特征以及流转的发生过程。农户间土地经营权自发分散流转主要发生于改革开放以后，伴随我国城乡二元结构松动而出现的。最原始的农村土地经营权流转主要出现在农村的"熟人社会"，土地多低价甚至零价流转。此阶段，土地流转的发生虽然是出于参与主体的主观意愿而实现，但由于土地流转配套措施缺失，流转价格体现的还是一种社会关系而非市场关系。因此，该阶段土地流转价格的形成不在本书的研究范畴之内。伴随农村土地流转交易不断发育，各主体对土地资源价值的认识逐步清晰，流转交易价格逐渐走向正轨。本节所探讨的农户间土地经营权分散流转定价，主要是指农村土地流转交易逐渐完善后的市场价格形成过程。

5.1.1　农村土地经营权分散流转定价对象特征

农村土地经营权是土地流转的载体，与其他商品买卖流通不同，土地经营权流转交易具有其特殊性。分析农户间土地流转定价问题必须明确农村土地经营权的特殊属性。

5.1.1.1　土地经营权流转是一种产权的租赁交易行为

土地经营权是从土地承包经营权中分离出来的一种新的独立权利形态，是以使用土地为基本内容，并以土地承包经营权作为存在的基础，是承包经营权人按照土地的自然特性、约定用途等使用农业用地的权利[183]。土地经营权流转是为满足越来越多的第三方土地经营者对维护自身土地权利的诉求而提出权利形态。因此，有学者提出土地承包经营权是在流转情况下才独立于承包权的一项权利。从对抗力上，土地流转是流出方与流入方二者之间的法律关系，一般不对抗第三人；从存续期间上，土地经营权流转合同多为 1 年、3 年、5 年等一定期限；从转让性上，土地经营权流转需要得到发包方和承包方农户的书面同意才可；从权利内容上，流入方只是通过流转合同借用转出方农户的土地占有、使用等权能，合同期满仍需归还与转出方农户；从对价上，转入方农户需要支付相当的土地租金作为对价[184]。

5.1.1.2　土地位置具有固定性特点

每一块土地都有固定的空间位置，不能移动、不能互换。因此，在农村土地流转中，交易的实际是附着于特定土地之上的经营权。虽然土地位置固定，但土地的相对位置可以改变。土地与市场距离远近、交通便捷程度等客观条件，可以随着扶持政策的倾斜与社会经济的发展而不断完善，城镇布局的调整以及经济辐射面的扩大，进而导致土地相对位置发生变化，并对土利用和土地流转价格产生重要影响。

5.1.1.3 土地质量差异普遍存在

目前，中国农业发展尚不能摆脱自然条件对农业布局的约束。土地是自然生成的，不同的土地单元所处的地形不一，所含的养分、水分以及土壤质地均有所不同，所处地点的水文、地质、小气候条件也各不相同，加之与市场距离、交通便捷程度、当地经济发展程度等社会因素的影响，导致土地质量千差万别，进而使土地流转价格也各不相同。

5.1.2 农村土地经营权分散流转定价主体功能特征

土地转入方与转出方农户是流转价格的决定者。《关于做好农户承包地使用权流转工作的通知》等政策法规指出，"农户是土地流转的主体"，"承包期内，农户享有土地的使用权、收益权和流转权"，并且"土地流转的转包费和租金等，应由农户与受让方或承租方协商确定，流转的收益归农户所有"。实践中，土地流转的价格也是由交易双方协商而定，谈判成功则流转交易达成，价格谈判失败则双方另择其他流转对象。

政府引导或政府委托第三方机构发挥中介服务和流转价格发布功能。《关于引导农村产权流转交易市场健康发展的意见》指出，"农村产权流转交易市场是政府主导，服务三农的非盈利性机构"。农户间土地经营权流转虽然是一种市场行为，但为规避市场失灵，需要政府在流转过程中发挥重要作用。尤其是在土地流转刚刚起步，流转市场尚未建立的地区，搭建土地经营权交易平台就更为重要。一方面，农村产权交易服务平台可发挥桥梁纽带作用，缩减土地转入与转出双方搜寻信息的时间成本；另一方面，第三方机构可定期发布土地流转指导价格，规避土地经营权流转交易过程中信息不对称、利益失衡等问题。

综上，农户间土地经营权流转定价主要由交易双方协商确定，但为防止部分参与流转的农户对流转价格不明或市场失灵等问题，政府部门或其他第三方机构可根据影响土地流转价格的因素最终确定流转价格，为土地流转提供价格指导。

5.1.3 农村土地经营权分散流转定价过程特征

无论是农户自主协商定价还是第三方提供土地流转指导价格，农村土地经营权流转价格的确定均可分为两个步骤：一是交易双方对土地价值的评估，二是交易双方的议价博弈。

（1）双方对土地价值评估是定价的首要环节。

农村土地经营权价值并不能直接作为双方成交的价格，土地流转价格是以土地经营权价值为基础，受市场供求影响而围绕价值上下波动的结果。商品价格反映其价值是市场成熟的重要表现之一。农村土地流转是以土地经营权为载体的交易行为，需要交易双方对其估值，进而根据各自估值对土地经营权进行报价。

（2）交易双方议价博弈。

当转入方农户对土地经营权的报价高于转出方农户时，土地经营权流转交易成功，土地流转价格为转入方报价；当转入方农户对土地经营权的报价低于转出方农户时，土地经营权流转交易失败，不存在流转价格。

综上所述，农户间土地经营权流转定价主要包括土地价值评估和双方议价博弈而形成的。然而，具体由何种因素影响了最终的土地流转价格，需要进一步验证。根据价格影响因素和交易博弈过程分析，才能确定一种面向土地经营权交易市场的流转定价方法。

5.2 农村土地经营权分散流转价格影响因素分析

近年农村土地流转面积日益上涨，截至 2016 年底，全国承包地流转面积达 $3.14 \times 10^7 \mathrm{hm}^2$（4.71 亿亩），比 2010 年的 $1.25 \times 10^7 \mathrm{hm}^2$（1.87 亿亩）增长 1.52 倍。农户间土地经营权流转是指农户与农户通过协商确定交易价格的流转形式，目前这种模式仍是农村土地经营权流转的主导。流转价格作为农村土地经营权交易中最核心要素，是保证农村土地流转市场有序运行的基础，但目前尚未明确何种因素影响流转价格以及各因素对流转价格的作用方向，导致土地经营权交易定价具有较强的随意性，阻碍农村土地流转市场发展[185]。因此，在农村土地经营权流转迅速发展的形势下，研究农户间土地流转价格影响因素，可为土地经营权流转定价提供依据。

本节以东北粮食主产区黑龙江省为例，利用 2012 年、2014 年、2015 年黑龙江省农村固定观察点数据，从转入方农户角度，以耕种粮食作物土地的经营权在农户间的流转价格为研究对象，选取表示耕地特征、区域特征、家庭特征的 3 类因素，采用相关性分析和多元回归分析揭示单因素与多因素对农村土地经营权流转价格的影响，并根据区域经济发展水平对比各项因素对低于黑龙江省人均 GDP 地区与高于黑龙江省人均 GDP 地区的流转价格影响差异,研究成果对确定农村土地经营权流转价格具有实践指导意义。

5.2.1 农村土地经营权分散流转价格影响因素的理论分析

5.2.1.1 农村土地经营权分散流转价格影响因素的变量选取

(1)因变量:农村土地经营权流转价格

现有研究对农村土地经营权流转价格的表达方式主要有 2 种,一是将单位面积土地的流转价格设置为有序分类变量,用价格区间表示[111, 186],二是用单位面积土地具体的流转价格表示[175]。本书选择以单位面积土地具体的流转价格(Y)作为因变量,因为它包含更多土地相关信息,可增强分析结果的准确性。

(2)自变量

选取表示耕地特征、区域特征以及家庭特征 3 个层面的影响因素作为自变量,将年份设定为控制变量,以期更系统、全面地研究农村土地经营权流转价格的影响因素。

① 表示耕地特征的变量(X_1)

将耕地特征限定为耕地生产能力(X_{11})、耕地细碎化程度(X_{12})和耕地净收益(X_{13})进行测度。耕地生产能力(X_{11})是指单位面积耕地产粮量,以耕地实际单产作为衡量耕地生产能力的指标。研究区以耕种作物水稻、玉米、大豆为主,为统一化粮食产量,根据黑龙江省粮食产量比系数将玉米、大豆两类指定作物产量折算为基准作物水稻的产量(产量比系数源于《中国耕地质量等级调查与评定(黑龙江卷)》)。

以单块耕地面积表征耕地的细碎化程度。已有研究表明,耕地细碎化会影响农户土地流转决策[187],是土地流转政策亟待解决的关键问题[188]。一方面,耕地细碎化增加农业生产的劳动力投入量[189],不利于农业生产技术效率提高[190];另一方面,耕地细碎化会分散农户农业经营风险[191],因此将单块耕地面积(X_{12})作为影响流转价格的一项因素。本书以农户占有的平均每块耕地面积作为衡量土地细碎化程度的标准,单块耕地面积越大,表明土地细碎化程度越低;单块耕地面积越小,表明土地细碎化程度越高。

耕地净收益(X_{13})是农户年内经营单位面积耕地的总收益与总成本之差。为避免分析中出现多重共线性问题,因此未将流转价格的支出纳入在成本计算之中,即文中所提及的耕地净收益是单位面积耕地总收益与总成本(不包含流转价格)之差。

② 表示区域特征的变量(X_2)

农村土地流转价格存在明显的区域差异[192]，将区域特征限定为村域经济发达程度(X_{21})、县域人均GDP(X_{22})、交通通达性(X_{23})、与市中心距离(X_{24})4项指标进行测度。村域经济发达程度(X_{21})采用李斯特量表，设定1~5分别表示经济发达程度处于下等、中下等、中等、中上等、上等；县域人均GDP(X_{22})是通过计算县内生产总值与县总人口比值而得，为统一分析变量尺度，本研究取县域人均GDP对数进行估计；交通通达性(X_{23})可反映对象区域与其他地区进行交流的机会与潜力[193]，利用所在县的公路密度表示，即单位面积内的公路里程；与市中心距离(X_{24})利用县中心与市辖区中心的直线距离表示。

③ 表示家庭特征的变量(X_3)

已有研究证明家庭特征会对农户土地流转决策产生重要影响[194]，本研究选取家庭特征层面因素作为分析流转价格影响的控制变量。家庭特征层面影响因素主要由农户家庭务农收入所占比例(X_{31})与家庭务农劳动力所占比例(X_{32})构成。

5.2.1.2 农村土地经营权分散流转价格影响因素的分析样本筛选

本研究所用的区域特征数据来源于《黑龙江统计年鉴(2012)》、《黑龙江统计年鉴(2015)》、《黑龙江统计年鉴(2016)》，农户微观调研数据来源于黑龙江省农村固定观察点2012年、2014年和2015年的调查。黑龙江省农村固定观察点包括全省6个市中的14个县(县级市、市辖区)，每县选1个乡镇中的1个村，共计14个村庄样本。样本分布具有代表性，社会经济方面，所选6个城市分别代表了黑龙江省各市人均GDP排名的前1/3，中间1/3以及后1/3的发展水平；自然条件方面，14个县以分布在三江平原与松嫩平原为主，有少部分调研村分布在丘陵和山地地区，符合黑龙江省地貌特征。本研究以耕地特征和区域特征对流转价格的影响为研究重点，为突出各因素对农户转入土地价格的影响，以转入方农户问卷为研究样本，对3000份农户问卷的筛选原则如下：① 去除未参与流转、转出方农户样本、数据缺失样本，剩余转入方农户样本；② 考虑到以粮食生产为主的研究目标，剔除经营非粮食作物农户样本。

5.2.1.3 农村土地经营权分散流转价格影响因素的描述性统计

(1)样本总体情况

表5.1主要给出了因变量与各自变量的含义，以及各变量在总样本中描述性结果。样本农村土地经营权流转价格差异明显，最低流转价格为1500

表 5.1 变量定义及描述性统计

变量类型	因素集	变量	变量说明	均值	标准差	最小值	最大值
因变量		流转价格 (Y)	转入单位面积耕地价格 （元·hm^{-2}）	6354.56	2296.83	1500.00	10707.75
自变量	耕地特征 (X_1)	耕地生产能力 (X_{11})	单位面积粮食产量 （kg·hm^{-2}）	9531.52	2608.53	2100.00	18330.00
		单块耕地面积 (X_{12})	块均耕地面积 （hm^2·块$^{-1}$）	0.77	0.46	0.23	3.20
		耕地净收益 (X_{13})	单位面积耕地净收益 （元·hm^{-2}）	10758.20	4615.19	4136.70	28036.65
	区域特征 (X_2)	经济发达程度 (X_{21})	1=下等；2=中下等；3=中等； 4=中上等； 5=上等	3.03	0.97	1.00	5.00
		人均GDP (X_{22})	ln（县生产总值/总人口） （元·人$^{-1}$）	10.31	0.53	9.36	11.11
		交通通达性 (X_{23})	县内公路里程/县域面积 （km·km^{-2}）	0.51	0.11	0.26	0.69
		与市中心距离 (X_{24})	与市辖区中心的直线距离 （km）	97.40	49.47	26.37	162.95
	家庭特征 (X_3)	收入比例 (X_{31})	务农收入/家庭总收入 （%）	0.84	0.16	0.30	1.00
		劳动力比例 (X_{32})	务农劳动力/家庭总劳动力 （%）	0.80	0.21	0.25	1.00

资料来源：根据2012年、2014年及2015年黑龙江省农村固定观察点农户调查数据整理而得。

元/公顷，最高流转价格为 10707 元/公顷，最高价格与最低价格相差 9207
元/公顷，流转均价为 6354 元/公顷。耕地净收益相差更为明显，单位面积耕
地净收益的最高值与最低值相差达 23900 元/公顷，样本耕地平均净收益约
为 10758 元/公顷。总体而言，在现有土地经营权流转价格水平下，以净利润
扣除流转价格，转入方农户经营耕地的平均净收益约为 4404 元/公顷。样本
中的耕地生产能力差异也相对较大，耕地生产能力的最大值与最小值之间相
差 16230kg/hm^2。

（2）不同年份的分样本情况

不同年份的分样本情况见表 5.2。分时期而言，2012 年、2014 年与 2015
年样本的土地流转价格以及地区人均 GDP 均逐年增长，而单位面积耕地的
粮食产量与净收益均呈现先上升再下降、总体水平上升的趋势，即 2012 年耕
地的粮食产量与净收益最低，2014 年耕地的粮食产量与净收益最高，2015 年
耕地产量与净收益相比 2014 年有所下降，但高于 2012 年。土地流转价格方
面，相比 2012 年，2014 年和 2015 年农户间土地经营权分散流转平均价格均
有较大的提升。其中 2014 年土地流转平均价格为 6362.22 元/公顷（424.15
元/亩），比 2012 年平均价格 5731.27 元/公顷（382.08 元/亩）增长 11.0%，
2015 年土地流转平均价格为 6962.60 元/公顷（464.17 元/亩），比 2012 年流
转均价增长 21.5%。而 2012 年、2014 年与 2015 年三年中土地流转的最高价
格与最低价格变化不大。粮食产量方面，2014 年单位面积平均粮食产量为
10153.06kg/hm^2（676.87 公斤/亩），较 2012 年单位面积平均粮食产量
8727.98kg/hm^2（581.86 公斤/亩）提高 16.3%；2015 年单位面积平均粮食产
量为 9760.83kg/hm^2（650.72 公斤/亩），较 2012 年增长 11.8%，但较 2014
年单位面积平均粮食产量降低 3.9%。经营单位面积耕地净收益方面，2014
年经营单位面积耕地的净收益的平均值最高为 12063.83 元/公顷（804.26
元/亩），比 2012 年的 9773.42 元/公顷（651.56 元/亩）增加 23.4%；2015 年
经营单位面积耕地的净收益为 10259.18 元/公顷（683.95 元/亩），比 2012 年
增加 5.0%，比 2014 年降低 15.0%。

表 5.2　2012 年、2014 年与 2015 年流转价格、粮食产量、净收益与地区人均 GDP 情况

年份	样本	样本量	平均值	标准差	最大值	最小值
2012 年	流转价格	148	5731.27	2098.31	10605.00	1500.00
	粮食产量	148	8727.98	2503.55	16484.55	2100.00
	净收益	148	9773.42	3095.25	17495.55	4136.70
	人均 GDP	148	28510.41	13973.36	47353.4	11635.00
2014 年	流转价格	136	6362.22	2249.45	10707.75	1500.00
	粮食产量	136	10153.06	2824.33	14716.50	4731.75
	净收益	136	12063.83	4883.26	28036.65	4957.20
	人均 GDP	136	35259.70	16394.99	59408.70	14323.90
2015 年	流转价格	150	6962.60	2375.73	10656.30	1500.00
	粮食产量	150	9760.83	2305.65	18300.00	5250.00
	净收益	150	10259.18	5300.91	28036.65	4136.70
	人均 GDP	150	39052.56	17523.34	66914.90	15839.80

资料来源：根据 2012 年、2014 年及 2015 年黑龙江省农村固定观察点农户调查数据整理而得。

5.2.2　农村土地分散流转价格影响因素的计量分析模型构建

5.2.2.1　单因素对农村土地流转价格影响模型

本研究采用相关性分析识别各变量间相互关系的密切程度，找出因素间变化规律，以便科学认识土地经营权流转价格与各项影响因素间的作用关系。计算公式如下：

$$r = \frac{\sigma_{xy}^2}{\sigma_x \sigma_y} = \frac{\sum (x - \bar{x})(y - \bar{y})}{\sqrt{\sum (x - \bar{x})^2} \sqrt{\sum (y - \bar{y})^2}} \tag{5.1}$$

式中，r 为相关系数；x 为自变量；y 为因变量；σ_{xy}^2 为自变量数列和因变量数列的协方差；σ_x 为自变量数列的标准差；σ_y 为因变量数列的标准差。

5.2.2.2　多因素对农村土地经营权流转价格影响模型

本研究主要关注耕地特征、区域特征、家庭特征对农村土地经营权流转价格的影响，采用多元线性回归方法检验各因素的影响方向与影响程度，基本模型为：

$$Y = \beta_0 + \beta_1 X_{land} + \beta_2 X_{region} + \beta_3 X_{peasant} + \varepsilon \tag{5.2}$$

式中，Y 代表农村土地经营权流转价格的因变量；X_{land} 为表示耕地特征的自变量，包括耕地生产能力、耕地净收益、耕地细碎化程度 3 项因素；X_{region} 为表示区域特征的自变量，包括村域经济水平、县域交通通达度、县域人均 GDP、与市中心距离 4 项因素；$X_{peasant}$ 为表示家庭特征的自变量，包括农户家庭农业劳动收入所占比率、家庭农业劳动力所占比率 2 项因素；β_0 为常数项，β_1，β_2，β_3 为耕地特征、区域特征和农户特征 3 类因素待估计参数，ε 为方程的扰动项。

5.2.3 农村土地经营权分散流转价格影响因素的计量结果分析

5.2.3.1 单因素对流转价格的影响

利用 Stata14.0 计算影响流转价格各因素间的相关系数。从各因素对流转价格的影响来看，农村土地经营权流转价格(Y)与耕地特征中的耕地生产能力(X_{11})、区域特征中县域的人均 GDP(X_{22})、交通通达性(X_{23})、与市中心距离(X_{24})存在 1% 水平的显著正相关；与单块耕地面积(X_{12})、农户家庭务农收入比例(X_{31})存在 1% 水平的显著负相关；与耕地净收益(X_{13})、农户家庭务农劳动比(X_{32})存在 10% 水平的显著正相关。各显著性因素对土地流转价格影响的相关性系数排序为：$X_{11}>X_{24}>X_{22}>X_{31}>X_{12}>X_{23}>X_{13}>X_{32}$(表 5.3)。

从各因素之间相互作用关系来看，对耕地特征(X_1)而言，在各项因素与耕地生产能力(X_{11})的关系中，耕地净收益(X_{13})、县域人均 GDP(X_{22})、区域交通通达性(X_{23})、与市中心距离(X_{24})4 项指标均与耕地生产能力呈显著正向相关关系；单块耕地面积(X_{12})、村域经济发达程度(X_{21})、农户家庭务农收入比例(X_{31})与耕地生产能力(X_{11})呈显著负向相关关系；农户家庭务农劳动力比例(X_{32})与耕地生产能力(X_{11})未呈现显著相关性。在各因素与单块耕地面积(X_{12})关系中，耕地净收益(X_{13})、农户家庭务农收入比例(X_{31})与单块耕地面积(X_{12})呈显著正向相关关系；县域人均 GDP(X_{22})、区域交通通达性(X_{23})、与市中心距离(X_{24})与单块耕地面积(X_{12})呈显著负向相关关系；村域经济发达程度(X_{21})、农户家庭务农劳动力比例(X_{32})与单块耕地面积(X_{12})未呈现显著相关性。在各因素与耕地净收益(X_{13})关系中，与市中心距离(X_{24})、农户家庭务农收入比例(X_{31})、农户家庭务农劳动力比例(X_{32})与耕地净收益(X_{13})呈显著正向相关关系；村域经济发达程度(X_{21})、县域人均 GDP(X_{22})、区域交通通达性(X_{23})与耕地净收益(X_{13})呈显著负向相关关系(表 5.3)。

对区域特征(X_2)而言，在各项因素与村域经济发达程度(X_{21})的关系中，与市中心距离(X_{24})、农户家庭务农收入比例(X_{31})与村域经济发达程度(X_{21})呈显著正向相关关系；县域人均 GDP(X_{22})、区域交通通达性(X_{23})与村域经济发达程度(X_{21})呈显著负向相关关系；农户家庭务农劳动力比例(X_{32})与村域经济发达程度(X_{21})未呈现显著相关性。在各项因素与县域人均 GDP(X_{22})的关系中，区域交通通达性(X_{23})与县域人均 GDP(X_{22})呈显著正向相关关系；农户家庭务农收入比例(X_{31})与县域人均 GDP(X_{22})呈显著负向相关关系；与市中心距离(X_{24})、农户家庭务农劳动力比例(X_{32})与县域人均 GDP(X_{22})未呈现显著相关性。农户家庭务农收入比例(X_{31})与区域交通通达性(X_{23})和与市中心距离(X_{24})均呈现显著负向相关关系。

表 5.3　土地流转价格影响因素间的 Pearson 相关分析结果

	Y	X_{11}	X_{12}	X_{13}	X_{21}	X_{22}	X_{23}	X_{24}	X_{31}	X_{32}
X_{11}	0.59***	1.00								
X_{12}	−0.33***	−0.47***	1.00							
X_{13}	0.09*	0.31***	0.23***	1.00						
X_{21}	−0.01	−0.20***	−0.06	−0.19***	1.00					
X_{22}	0.44***	0.58***	−0.29***	−0.09*	−0.45***	1.00				
X_{23}	0.18***	0.29***	−0.21***	−0.32***	−0.41***	0.62***	1.00			
X_{24}	0.47***	0.58***	−0.49***	0.24***	0.22***	0.07	−0.07	1.00		
X_{31}	−0.33***	−0.40***	0.38***	0.15***	0.32***	−0.46***	−0.50***	−0.27***	1.00	
X_{32}	0.09*	0.04	−0.08	0.13***	−0.07	−0.03	−0.08	0.06	0.07	1.00

注：*表示 $P<0.1$，**表示 $P<0.05$，***表示 $P<0.01$。

资料来源：根据 2012 年、2014 年及 2015 年黑龙江省农村固定观察点农户调查数据整理而得。

综上可总结如下：① 耕地生产能力(X_{11})对流转价格影响显著且相关系数最大为 0.59（表 5.3），说明在黑龙江省农户间土地经营权分散流转中，耕地生产能力对流转价格的确定起到最重要作用。② 耕地净收益(X_{13})与农村土地经营权流转价格(Y)、耕地生产能力(X_{11})、单块耕地面积(X_{12})均呈显著正相关，即生产能力强、单块面积较大的耕地收益高，而净收益高的耕地流转价格也较高。考虑到相关系数矩阵仅是基于两两变量间相互关系得出，而流转价格是各项因素共同作用的结果，应进一步采用多元线性回归进行分析。

5.2.3.2 多因素对流转价格的影响

（1）基于全样本估计结果的分析

对 2012 年、2014 年与 2015 年 3 年的总样本进行逐步回归，并将年份设定为虚拟变量。模型 I 是仅考虑耕地特征变量时的回归结果，耕地生产能力（X_{11}）对耕地流转价格在 1% 水平上产生显著正向影响，影响系数为 0.504；单块耕地面积（X_{12}）和净收益（X_{13}）均与流转价格呈负相关关系，但影响并不显著。

模型 II 是在模型 I 基础上加入区域特征变量的回归结果。从耕地特征来看，耕地生产能力对流转价格仍在 1% 水平上产生显著正向影响，但影响系数下降至 0.446；单块耕地面积与流转价格的关系转为正向，但影响仍不显著；耕地净收益仍对流转价格产生负向影响，但显著性由模型 I 的不显著转为模型 II 中的 1% 水平上显著。从区域特征来看，村域经济发达程度、县域人均 GDP、地方交通通达性和与市中心距离，均对流转价格产生显著影响。因为区域经济发达程度为有序分类变量，为比较不同经济发展程度对流转价格的影响，将该项自变量设定为虚拟变量。在模型 II 中，当经济发达程度（X_{21}）为 2 和 5 时，村域经济发达程度对流转价格产生 1% 水平上的显著正向影响；当经济发达程度（X_{21}）为 4 时，村域经济发达程度对流转价格产生 1% 水平上的显著负向影响；当经济发达程度（X_{21}）为 3 时，村域经济发达程度对流转价格不产生显著影响。这可理解为是与下等经济发达程度的地区相比，在中下等和上等经济发达程度地区，地方经济水平对流转价格具有显著正向影响，而在中上等经济发达程度地区，地方经济水平对流转价格产生显著负向影响，在中等经济发达程度地区，地方经济水平对流转价格不产生显著影响。县域人均 GDP 是反映研究区所处的经济大环境，为统一变量尺度，取县域人均 GDP 对数进行计算，计量结果显示，县域人均 GDP 对流转价格产生 1% 水平的显著负向影响。交通通达性对土地流转价格产生 5% 水平上的显著正向影响，与市中心距离对流转价格产生 1% 水平上的显著负向影响，这意味着交通越发达的地区流转价格越高，与市中心距离越近的地区流转价格也越高（表 5.4）。

模型 III 是在模型 II 基础上加入农户家庭特征变量的回归结果。其中耕地特征、区域特征中各因素对转入价格影响的显著性与作用方向相较于模型 II 均未改变，表明耕地特征和区域特征对流转价格的影响比较稳健。在新增加的农户特征中，家庭务农收入比例对流转价格并未产生显著影响，但家庭中务农劳动力占比却对农村土地经营权流转价格产生 1% 水平上的显著正向影响，即务农劳动力越多的农户家庭更愿意以较高的价格转入土地(表 5.4)。

根据全样本的回归结果，总结如下：① 耕地生产能力和经营耕地的净收益对流转价格产生显著且稳健的影响，尤其值得注意的是耕地的生产能力，在 3 个模型中均产生显著正向影响，且回归系数均在 0.5 左右，说明了耕地生产能力对流转价格的决定性影响。但与预期相反的是，耕地净收益越高的土地反而流转价格相对更低。表征耕地细碎化程度的单块耕地面积并未对流转价格产生显著影响，该结果说明虽然黑龙江省以实现土地规模经营为目标，但耕地细碎化程度却不是影响农户间土地流转价格的重要因素。这可能在于现阶段只有农户实现向城市的永久性转移才能影响土地细碎化[195]，而短期的农户间土地流转并不能解决土地细碎化问题[196]，因此农户在确定流转价格时并未将耕地细碎化程度考虑在内。② 区域的经济、交通等特征均对流转价格产生显著性影响，村域范围内不同经济发达程度的村庄对流转价格的影响显著性和影响方向不尽相同，县域尺度上，人均 GDP 越高的地区流转价格相对更低。③ 农户家庭务农劳动力比例对流转价格产生显著正向影响，即家庭务农劳动力越多的家庭，更倾向以较高价格转入土地。④ 以年份作为虚拟变量，对流转价格产生显著正向影响，即 2014 年和 2015 年黑龙江省农村土地经营权流转价格呈每年上涨的趋势明显(表 5.4)。

在单因素的相关性分析与多因素的多元回归分析中关于各因素对流转价格影响的对比上，多元回归分析中各因素对流转价格的影响在显著性和作用方向上与相关性分析结果均有所异同。对比结果如下：① 耕地生产能力(X_{11})、交通通达性(X_{23})和农户家庭务农劳动力所占比例(X_{32})在两种分析中均对流转价格产生显著正向影响。尤其是耕地生产能力(X_{11})对流转价格产生 1% 水平上的显著正向影响，说明耕地生产能力是影响流转价格的最重要因素。② 耕地净收益(X_{13})、县域人均 GDP(X_{22})、与市中心距离(X_{24}) 3 项因素在相关性分析中对流转价格产生显著正向影响，但在多元回归分析中对流转价格产生显著负向影响。③ 表征细碎化程度的单块耕地面积(X_{12})和农户家庭务农收入(X_{31}) 2 项因素在相关性分析中对流转价格产生显著负向影响，但在多元回归分析中并未对流转价格产生显著影响(表 5.3 与表 5.4)。

值得探讨的是耕地净收益与流转价格的负向关系。相关性分析中，耕地净收益(X_{13})和县域人均 GDP(X_{22})均对流转价格产生显著正向影响(表 5.3)，而多元回归分析中，两者对流转价格却产生显著负向影响(表 5.4)。

表 5.4 不同因素对土地流转价格影响的逐步归回结果

因素集	变量名称	模型 I		模型 II		模型 III	
		回归系数	t 值	回归系数	t 值	回归系数	t 值
耕地特征	生产能力(X_{11})	0.504 ***	(10.63)	0.446 ***	(7.75)	0.444 ***	(7.78)
	单块面积(X_{12})	−253.1	(−0.99)	318.2	(1.10)	423.7	(1.47)
	净收益(X_{13})	−0.0317	(−1.09)	−0.243 ***	(−5.70)	−0.237 ***	(−5.60)
区域特征	经济发达程度(X_{21})=2			3123.5 ***	(3.86)	3155.7 ***	(3.97)
	经济发达程度(X_{21})=3			−742.5	(−1.32)	−514.4	(−0.93)
	经济发达程度(X_{21})=4			−2234.0 ***	(−3.01)	−2126.5 ***	(−2.91)
	经济发达程度(X_{21})=5			4330.1 ***	(6.98)	4551.5 ***	(7.59)
	ln 人均 GDP(X_{22})			−920.7 ***	(−4.11)	−952.0 ***	(−4.31)
	交通通达性(X_{23})			2850.8 **	(2.42)	3003.1 **	(2.56)
	与市中心距离(X_{24})			−16.45 ***	(−3.62)	−16.11 ***	(−3.58)
家庭特征	务农收入比例(X_{31})					−761.3	(−1.35)
	务农劳动力比例(X_{32})					905.2 ***	(2.87)
2014 年		−5.937	(−0.03)	296.8 *	(1.94)	345.8 **	(2.17)
2015 年		740.4 ***	(3.33)	885.1 ***	(4.92)	914.7 ***	(5.04)
常数项		1831.1 ***	(4.12)	12583.5 ***	(5.06)	12408.5 ***	(4.84)
标准误差		1825.726		1337.682		1325.843	
组内 R^2		0.375		0.670		0.678	
样本量		434		434		434	

注：模型 I 为仅考虑耕地特征因素的全样本回归结果；模型 II 为考虑耕地和区域特征因素的全样本回归结果；模型 III 为考虑耕地、区域以及家庭特征的全样本回归结果。

资料来源：根据 2012 年、2014 年、2015 年黑龙江省农村固定观察点数据整理计算而得。

这可能与两者在相关性分析中显著负相关有关（表 5.3），即县域人均 GDP 较高的地区耕地净收益能力却相对较低。由此可推断，在耕地净收益与县域人均 GDP 负向关系的相互作用下，最终导致流转价格受单因素的影响与受多因素的影响方向不同。单论耕地净收益(X_{13})和县域人均 GDP(X_{22})对流转价格的影响，耕地净收益对流转价格产生显著负向影响，可能在于流转价格确定的滞后性。农村土地经营权流转价格的确定多会参考前一年耕地净收益，而耕地净收益受粮价影响明显[197]，粮价又具有较强的波动性[198]，因此这种负向关系可能是由粮价波动造成的。县域人均 GDP 对流转价格产生负向影响，可能在于农业比较效益低下使以农业为主的县人均 GDP 较低，而此类地区农户对土地的依赖性更强，从而提升流转价格。

（2）基于分年估计结果的分析

为进一步检验各因素对流转价格影响情况并分析流转价格影响因素的时间变化情况，分别对 2012 年（模型Ⅳ）、2014 年（模型Ⅴ）以及 2015 年（模型Ⅵ）3 年的分样本进行多元回归分析（表 5.5）。从整体来看，2012 年农村土地流转价格受耕地特征和农户家庭特征影响明显，而 2014 年与 2015 年土地流转价格受耕地特征与区域特征影响明显。2012 年黑龙江省农户间土地经营权分散流转价格主要受耕地生产能力、表征耕地细碎化程度的单块耕地面积、村域经济发达程度以及农户家庭务农劳动力比例影响比较明显；而 2014 年与 2015 年影响土地流转价格的各因素比较类似，主要受耕地生产能力、经营耕地净收益、村域经济发达程度、县域人均 GDP 水平、交通通达性、与市中心距离等影响。可见在土地流转不断发展过程中，区域特性对流转价格的影响越来越明显。

表 5.5　不同因素对土地流转价格影响的分年估计结果

因素集	变量名称	模型Ⅳ（2012）		模型Ⅴ（2014）		模型Ⅵ（2015）	
		回归系数	t 值	回归系数	t 值	回归系数	t 值
耕地特征	生产能力（X_{11}）	0.279 ***	(2.71)	0.758 ***	(6.75)	0.510 ***	(3.85)
	单块面积（X_{12}）	1167.3 ***	(3.50)	−455.9	(−0.82)	198.8	(0.32)
	净收益（X_{13}）	−0.0134	(−0.28)	−0.215 **	(−2.16)	−0.371 ***	(−4.61)
区域特征	经济发达程度（X_{21}）= 2	3991.0 **	(2.42)				
	经济发达程度（X_{21}）= 3	1490.0 *	(1.94)	−5043.0 ***	(−4.90)	−5531.3 ***	(−7.10)
	经济发达程度（X_{21}）= 4	−116.2	(−0.10)	−10554.4 ***	(−9.18)	−9188.6 ***	(−7.90)
	经济发达程度（X_{21}）= 5	5322.0 ***	(5.30)	2793.4 ***	(3.20)	799.0	(1.34)
	ln 人均 GDP（X_{22}）	−147.7	(−0.47)	−3327.4 ***	(−6.86)	−1804.9 ***	(−2.95)
	交通通达性（X_{23}）	−472.6	(−0.22)	12575.6 ***	(4.62)	3995.1	(1.38)
	与市中心距离（X_{24}）	−4.371	(−0.68)	−44.74 ***	(−6.61)	−33.44 ***	(−5.07)
家庭特征	务农收入比例（X_{31}）	−878.6	(−1.23)	785.7	(0.99)	−1140.8	(−1.18)
	务农劳动力比例（X_{32}）	817.7 *	(1.81)	215.1	(0.63)	1130.0 **	(2.21)

表5.5(续)

因素集	变量名称	模型IV(2012)		模型V(2014)		模型VI(2015)	
		回归系数	t 值	回归系数	t 值	回归系数	t 值
常数项		2272.3	(0.82)	35448.0 ***	(6.29)	28710.7 ***	(4.66)
标准误差		965.503		1209.304		1331.921	
组内 R^2		0.806		0.735		0.709	
样本量		148		136		150	

注：* 表示 $P<0.1$，** 表示 $P<0.05$，*** 表示 $P<0.01$。

资料来源：根据 2012 年、2014 年及 2015 年黑龙江省农村固定观察点农户调查数据整理而得。

从各部分来看，耕地特征方面，2012 年黑龙江省农村土地流转受耕地生产能力(X_{11})和单块耕地面积(X_{12})1% 水平上的显著影响，即 2012 年黑龙江省土地流转中，生产能力强、细碎化程度低(单块面积大)的耕地流转价格更高；2014 年与 2015 年流转价格主要受耕地生产能力(X_{11})和耕地净收益(X_{13})影响显著，2015 年土地流转价格受耕地生产能力影响小于 2014 年，但受耕地净收益的影响强于 2014 年。区域特征方面，2012 年仅村域经济发达程度指标的中下等、中等和上等地区受经济发达程度的正向影响，其余因素对流转价格影响并不显著，2014 年和 2015 年由于村域中下等经济发达程度($X_{21}=2$)的样本量较少导致回归结果缺失。2014 年和 2015 年土地流转价格受区域特征影响明显，村域和县域经济发展水平、交通通达性以及与市中心距离均对流转价格产生影响(2015 年土地流转价格受交通通达性影响除外)。家庭特征方面，2012 年和 2015 年土地流转价格受农户家庭务农劳动力比例影响显著，2014 年受家庭特征影响均不显著。

分年估计的各因素对流转价格影响与总样本回归结果基本一致，进一步证明各因素对流转价格的影响显著性和作用方向具有稳健性。另外，也可以看出不同年份流转价格的受影响因素有所不同，2012 年土地流转价格受耕地生产能力、细碎化程度、农户家庭特征影响显著，而 2014 年和 2015 年土地流转价格受耕地特征及区域特征两类特征影响显著，说明农村土地流转价格越来越有规律可循，且价格日渐科学合理。

（3）基于不同经济情况估计结果的分析

观测总样本发现土地流转价格具有很强的区域特性，尤其不同地区的经济发达程度地区表现出价格的区域特征。为探究不同经济发达地区各因素对流转价格的影响因素差异,对不同经济水平地区的流转价格影响因素进行分析。

以2012年、2014年及2015年各年份黑龙江省人均GDP为标准,将3年中县域人均GDP与其进行对比,将低于当年黑龙江省人均GDP的地区记为经济欠发达地区,高于当年黑龙江省人均GDP的地区记为经济发达地区,并分别对两类样本进行多元回归分析。据统计,2012年黑龙江省人均GDP为35711.0元,2014年黑龙江省人均GDP为39266.3元,2015年黑龙江省人均GDP为39461.6元。在全部的434份样本中,有204份样本为低于全省平均水平,模型Ⅶ为经济欠发达地区样本的回归结果;有230份样本为高于全省平均水平,模型Ⅷ为经济发达地区样本的回归结果。模型Ⅶ中,耕地特征中的3项因素对流转价格均未产生显著影响,由于以经济发达程度划分,故可忽略村域与县域经济发达程度两项指标,仅交通通达性(X_{23})、与市中心距离(X_{24})和农户家庭务农收入比例(X_{32})对流转价格产生显著影响。即研究发现,经济欠发达地区土地流转价格基本不受耕地特征影响,而是受交通影响显著。模型Ⅷ中,耕地特征的3项指标均对流转价格产生显著影响,同时交通通达性(X_{23})也对流转价格产生显著正向影响,而农户家庭特征未产生显著影响。研究结果表明,经济发达地区土地流转价格受耕地特征和交通情况影响显著。

对比经济欠发达地区(模型Ⅶ)与经济发达地区(模型Ⅷ)发现,经济发达地区土地流转价格的确定更符合建设现代农村土地经营权流转市场的需求。原因在于:① 经济发达地区土地流转价格受耕地特征影响明显,符合优质优价的市场规律。经济发达地区,耕地特征对流转价格产生显著影响,其中耕地生产能力越高,流转价格越高;细碎化程度越低(单块耕地面积越大),流转价格越高;耕地净收益越高,流转价格越低,与总样本回归结果(模型Ⅲ)一致。但经济欠发达地区,耕地特征对流转价格的影响均不显著,说明在经济欠发达地区,土地流转价格的确定并未根据耕地特征决定。② 两个地区土地流转价格均受交通影响明显,但经济发达地区的流转价格更符合地租地价理论。经济欠发达地区流转价格虽受地区交通通达性(X_{23})和与市中心距离(X_{24})影响,但交通通达性对该地区流转价格却产生显著负向影响,即经济欠发达地区,交通越便利的区域土地流转价格越低。但与市中心距离对欠发达地区的土地流转价格作用符合规律,即距离市中心越近的地方,土地流转价格越高。在经济发达地区,交通通达性(X_{23})对流转价产生显著正向影响，即交通便利的地方土地流转价格更高。但是与市中心距离并未对流转价格产生显著影响。③ 经济欠发达地区土地流转价格受农户家庭特征中的务农收入占比(X_{31})影响，而经济发达地区不受该类因素影响。

综上说明，经济欠发达地区农户在土地流转定价中较经济发达地区具有更多话语权与决定权。也可能在于经济欠发达地区农村土地流转定价中，农户缺乏相应的指导价格引导，因此流转价格具有较强的随意性。而经济发达地区土地流转定价受耕地特征、区域特征等客观因素影响明显，基本不受农户家庭特征影响，说明经济发达地区的土地流转机制相对健全，土地经营权交易双方能够根据商品特性确定价格。

表 5.6　不同经济水平地区各因素对土地流转价格影响的回归结果

因素集	变量名称	模型Ⅶ		模型Ⅷ	
		回归系数	t 值	回归系数	t 值
耕地特征	生产能力(X_{11})	0.0477	(0.54)	0.134 **	(2.19)
	单块面积(X_{12})	−133.6	(−0.29)	664.6 ***	(3.78)
	耕地净收益(X_{13})	−0.0254	(−0.43)	−0.0852 ***	(−3.84)
区域特征	经济发达程度(X_{21})=2	592.2	(0.60)		
	经济发达程度(X_{21})=3	422.0	(0.55)		
	经济发达程度(X_{21})=4	226.3	(0.27)		
	经济发达程度(X_{21})=5	6271.7 ***	(6.92)		
	ln 人均 GDP(X_{22})	−3686.5 ***	(−5.87)	2611.1 ***	(4.54)
	交通通达性(X_{23})	−5939.1 ***	(−5.40)	35693.6 ***	(20.07)
	与市中心距离(X_{24})	−19.13 ***	(−4.84)	3.719	(1.12)
家庭特征	务农收入占比(X_{31})	1261.1 *	(1.77)	−392.9	(−1.00)
	务农劳动力占比(X_{32})	473.2	(1.41)	86.50	(0.44)
2014 年		1407.2 ***	(5.62)	230.0	(1.42)
2015 年		2111.3 ***	(6.60)	943.9 ***	(5.58)
常数项		41773.5 ***	(6.21)	−44034.3 ***	(−8.09)
RMSE		1197.825		614.403	
组内 R^2		0.727		0.931	
N		204		230	

注：* 表示 $P<0.1$，** 表示 $P<0.05$，*** 表示 $P<0.01$。

资料来源：根据 2012 年、2014 年、2015 年黑龙江省农村固定观察点数据整理计算而得。

5.3 农村土地经营权分散流转定价方法

5.3.1 农村土地经营权分散流转价格形成机理

已有研究证明，议价能力、流转增值和农民增收均会对流转价格产生影响[199]。农户间土地流转租金的确定遵循一般商品交易的供求规律，受供给关系和双方议价能力影响。假定区域内两农户拟对某一方占有的农地进行经营权流转交易。交易前，双方分别评估预流转农地价值，并形成各自对交易土地的预估价值。交易中，双方分别根据对农地的预估价值进行报价。当转出方农户的报价低于或等于转入方农户报价时，农地经营权流转交易成功；当转出方农户的报价高于转入方农户报价时，农地经营权流转交易失败。交易失败后，如若流转双方仍有交易意愿，则视为是双方根据租金估价开始新的一轮讨价还价博弈。考虑实际情况，本研究在理论模型构建中作如下基本条件假定：

① 农户间土地流转在不完全信息条件下进行，交易双方同时出价，转入方与转出方农户各自持有对交易农地的预估价值，但彼此不知道对方对农地的具体估价。

② 农地流转交易仅在双方都可接受的价格下达成，因此最终成交的流转租金应介于转出方农户和转入方农户对土地预估价值之间。

③ 农户间土地流转定价是市场博弈结果，交易双方决策具有相对独立性，流转决策不受除自身以外的其他外界因素，如政府、中介组织等机构的强制性干扰。

④ 流转前后农地用途未发生改变。

5.3.2 农村土地经营权分散流转定价的博弈模型构建

本研究有关农户间土地流转租金定价的博弈模型构建以双向拍卖理论（double auction theory）为基础。该理论由美国学者 Chatterjee 和 Samuelson 建立，用以解释不完全信息条件下买卖双方交易行为以及最终达成均衡价格的博弈模型[200]。结合研究问题的特殊性，在该理论基础上进行修订的各种博弈模型已广泛应用于市场交易中的商品定价研究之中，例如 Samimi 等将该方法应用于云计算交易市场，所得到的博弈模型兼具经济效益与激励相容性，能很好地激励参与者在投标过程中揭示其真实价值[201]。Du 等将农户灌溉行为和竞价行为纳入双向拍卖模型，并将该模型应用于德克萨斯州的瓜达卢佩河流域，模拟不同水文条件下农业水市场的交易行为，该方法的应用探寻出影响农业许可用水的真正估价关键要素[202]。在国内研究中，该理论也广泛应用在市场交易机制与定价策略等研究中[203-205]。

5.3.2.1 博弈要素选取

（1）局中人

土地流转中转出方与转入方，分别用 $i = S$（为 Seller 缩写，代表转出方农户），$i = B$（为 Buyer 缩写，代表转入方农户）表示。

（2）策略集

用 A_i 表示流转双方策略集。转出方农户 S 有两种策略选择，转出或不转出土地，表示为 $A_S = \{转出，不转出\}$；转入方农户 B 有两种策略选择，转入或不转入土地，表示为 $A_B = \{转入，不转入\}$。当农户 B 转入土地、农户 S 转出土地时则交易成功，会产生流转价格；其余三种情况视为交易失败，不产生流转价格。

用 V_i 代表参与人 S 与 B 对交易土地的预估价值（reservation price），则转出方农户对交易土地的预估价值为 V_S，转入方农户对交易土地的预估价值为 V_B；用 s 表示转出方农户在交易中根据预估价值（V_S）提出的实际报价，转出方农户的报价函数记为 $s = S(V_S)$，用 b 表示转入方农户在交易中根据预估价值（V_B）提出的实际报价，转入方农户的报价函数记为 $b = B(V_B)$；当转出方农户 S 的报价低于或等于转入方农户 B 的报价，即 $s \leqslant b$ 时，土地承包经营流转交易成功，流转价格 $p = kb + (1-k)s$，其中 k 表示土地转入方农户的议价博弈能力，$1-k$ 表示土地转出方农户的议价博弈能力，$k \in [0, 1]$；当转出方农户 S 报价高于转出方农户 B 的报价，即 $s > b$ 时，土地经营权流转交易失败，无流转价格。

关于议价博弈能力 k 存在一些特殊情况值得讨论。当 $k = 1$ 时，表示转入方农户出价后转出方农户无权议价，只能接受或拒绝在转入方农户报价下的交易；同理，当 $k = 0$ 时，转出方农户具有首先报价权，转入方农户只能接受或拒绝转出方农户报价下的交易；当 $k = 1/2$ 时，表示转入方农户与转出方农户具有相同的议价博弈能力，因此最后流转价格的确定是双方相互折中的结果。

（3）效用函数

用 π_i 代表参与人 S 与 B 的期望收益，则转出方农户期望效用为 π_S，转入方农户期望收益为 π_B；在对土地的预估价值为 V_S，实际出价为 s 的情况下，土地转出方农户 S 的期望收益表示为 $\pi_S(s, V_S)$；在对土地的预估价值为 V_B，实际出价为 b 的情况下，土地转入方农户 B 的期望收益表示为 $\pi_B(b, V_B)$。

若土地流转交易成功，双方都会从实际成交价格与预估价值的差值中获取利润，转出方农户的收益为 $p-V_S$，转入方农户的收益为 V_B-p；如果土地流转交易失败，双方所获利润均为 0。如图 5.1 所示

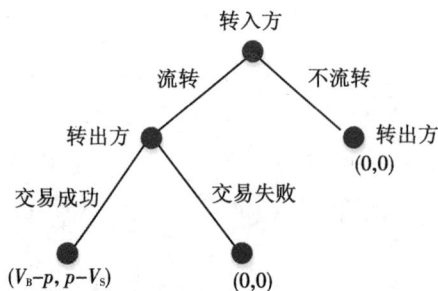

图 5.1　农地经营权流转双方之间的博弈树图

5.3.2.2　转出方农户效用函数模型

在不完全信息条件下，土地转出方农户 S 仅知道自身对单位面积耕地的预估价值（V_S）大小以及对方农户对耕地预估价值（V_B）的累积分布函数 $F[\underline{V_B}, \overline{V_B}]$，不知道耕地转入方农户 B 对单位面积耕地的预估价值（V_B）大小。

土地流转过程中，转出方农户 S 以追求最大期望收益为目标。当转出方农户的实际报价（s）低于或等于转入方农户的实际报价最高值（$\overline{b}$）时，土地流转交易成功，形成一个转出方农户的期望收益函数；当转出方农户的实际报价（s）高于转出方农户的实际报价（b）时，土地流转交易失败，转出方农户在此次交易中收益为 0。因此，在转出方农户 S 对流转耕地预估价值为 V_S，实际报价为 s 的情况下，其获得的期望收益为：

$$\pi_S(s, V_S) = \begin{cases} \int_s^{\overline{b}} [kb + (1-k)s - V_S] f_S(b)\,\mathrm{d}b, & s \leq \overline{b} \\ 0, & s > \overline{b} \end{cases} \quad (5.3)$$

式 (5.1) 中，s 为转出方农户交易中的实际报价，b 为转入方农户在交易中的实际报价，转入方农户实际报价的最高值与最低值用 $\bar{b}$ 和 $\underline{b}$ 表示；V_S 为转出方农户对土地的预估价值；$\pi_S(s, V_S)$ 为土地转出方农户 S 在实际报价的期望收益；$f_S(b)$ 为耕地转出方农户报价为 b 的概率密度函数，它由 $b = B(V_b)$ 及 V_b 的分布决定；k 为土地转入方农户的议价博弈能力，$1-k$ 为土地转出方农户的议价博弈能力。

只有在交易成功时才能产生流转价格，因此只讨论 $s \leqslant \bar{b}$ 时的土地转出方农户收益函数。为满足转出方农户在实际报价 (s) 中的期望收益最大化条件，对式 (5.3) 进行一阶求导得：

$$\frac{\partial \pi_S}{\partial s} = (V_S - s) f_S(s) + (1-k)[1 - F_S(s)] = 0 \qquad (5.4)$$

在转出方农户的要价 (s) 不高于转入方农户的最高出价 $(\bar{b})$ 的情况下，流转交易成功，此时的交易价格为 s。因为土地转出方农户的要价表达为 $s = S(V_S)$，则有 $V_S = S^{-1}(s)$；因为转入方农户出价 $b = B(V_B)$，在交易价格为 s 时，则转入方出价公式可转换为 $s = B(V_B)$，带入上式可得到：

$$V_S = S^{-1}(B(V_B)) \qquad (5.5)$$

同时

$$F_S(s) = \Pr(b \leqslant s) = \Pr(V_B \leqslant B^{-1}(s)) = F(B^{-1}(s))$$

所以

$$f_S(s) = F'_S(s) = \frac{F'(V_B)}{B'(V_B)}$$

带入式 (5.4)，可得到转出方农户的最优报价策略：

$$(1-k)(1 - F(V_B)) B'(V_B) - F'(V_B) B(V_B) = -S^{-1}(B(V_B)) F'(V_B)$$
$$(5.6)$$

5.3.2.3 转入方农户效用函数模型

在不完全信息条件下，土地转入方农户 B 仅知道自身对单位面积耕地的预估价值 (V_B) 大小和对方农户对土地预估价值 (V_S) 的累积分布函数 $G[\underline{V_S}, \overline{V_S}]$，但不知道耕地转出方农户 S 对单位面积耕地的预估价值 (V_S) 大小。

土地流转过程中，转入方农户 B 以追求最大期望收益为目标。当转入方农户的实际出价 (b) 大于或等于转出方农户的实际要价区间的最低值 (s) 时，土地流转交易成功，形成一个转入方农户的收益函数；当转入方农户的实际报价(b)小于转出方农户的实际要价(s)时,土地流转交易失败,转出方农户在此次交易中收益为0。因此,在转入方农户 B 对流转土地预估价值为V_B,实际报价为b的情况下,其获得的期望收益为:

$$\pi_B(b, V_B) = \begin{cases} \int_{\underline{s}}^{b} [V_B - kb - (1-k)s] g_B(s)\mathrm{d}s, & b \geqslant \underline{s} \\ 0, & b < \bar{s} \end{cases} \qquad (5.7)$$

式(5.7)中,s为转出方农户交易中的实际报价,b为转入方农户在交易中的实际出价,$\bar{s}$和$\underline{s}$分别表示转出方农户实际要价的最高值与最低值;V_B为转出方农户对土地的预估价值;$\pi_B(b, V_B)$为土地转入方农户 B 在实际报价的期望收益;$g_B(s)$为土地转出方农户报价为s的概率密度函数,它由$s = S(V_S)$及V_S的分布决定;k为土地转入方农户的议价博弈能力,$1-k$为土地转出方农户的议价博弈能力。

只有在交易成功时才能产生流转价格,因此只讨论$b \geqslant \underline{s}$时土地转入方农户的收益函数。为满足转入方农户在实际出价(b)中的期望收益最大化条件,对式(5.7)进行一阶求导得:

$$\frac{\partial \pi_B}{\partial b} = (V_B - b)g_B(b) - kG_B(b) = 0 \qquad (5.8)$$

在转入方农户的要价(b)大于或等于转出方农户的最低要价$(\underline{s})$的情况下,流转交易成功,此时的交易价格为b。因为土地转入方农户的出价表达为$b = B(V_B)$,则有$V_B = B^{-1}(b)$;因为转出方农户出价$s = S(V_S)$,在交易价格为b时,则转出方要价公式可转换为$b = S(V_S)$,带入上式可得到:

$$V_B = B^{-1}(S(V_S)) \qquad (5.9)$$

所以$g_B(b) = G_B'(b) = \dfrac{G'(V_S)}{S'(V_S)}$,带入式(5.8),可得到转入方农户的最优报价策略:

$$kG(V_S)S'(V_S) + G(V_S)S(V_S) = B^{-1}(S(V_S))G'(V_S) \qquad (5.10)$$

5.3.3 农村土地经营权分散流转定价的博弈模型求解

5.3.3.1 博弈理论模型求解

根据上文的转出方农户和转入方农户效益函数求出博弈均衡解。均衡的一个基本性质是流转双方对土地的预估价值决定双方的实际报价,也就是说,转出方农户(转入方农户)对土地的预估价值越高,则要价(出价)越高,反之亦然。

综合土地转出方农户最优报价策略式(5.6)和转入方农户最优报价策略式(5.10)，并为简化公式设 $x=V_B$，$y=V_S$，可形成联立微分方程组：

$$\begin{cases} (1-k)(1-F(x))B'(x)-F'(x)B(x)=-S^{-1}(B(x))F'(x) \\ kG(y)S'(y)+G(y)S(y)=B^{-1}(S(y))G'(y) \end{cases} \quad (5.11)$$

现假设转出方农户对土地的预估值 V_S 服从均匀分布 $U[\underline{V_S},\overline{V_S}]$，即转出方农户对土地的预估值在 $\underline{V_S}$ 和 $\overline{V_S}$ 之间均匀分布；转入方农户对土地的预估值 V_B 服从均匀分布 $U[\underline{V_B},\overline{V_B}]$，即转入方农户对土地的预估值在 $\underline{V_B}$ 和 $\overline{V_B}$ 之间均匀分布。

令转出方农户的报价策略 $s=S(y)=c_S+d_S y$，则有

$$S'(y)=d_S \quad (5.12)$$

$$G(y)=\Pr(V_S \leqslant y)=\frac{y-\underline{V_S}}{\overline{V_S}-\underline{V_S}} \quad (5.13)$$

$$g(y)=G'(y)=\frac{1}{\overline{V_S}-\underline{V_S}} \quad (5.14)$$

同理，令转入方农户的报价策略 $b=B(x)=c_B+d_B x$，则有

$$B'(x)=d_B \quad (5.15)$$

$$F(x)=\Pr(V_B \leqslant x)=\frac{x-\underline{V_B}}{\overline{V_B}-\underline{V_B}} \quad (5.16)$$

$$f(x)=F'(x)=\frac{1}{\overline{V_B}-\underline{V_B}} \quad (5.17)$$

根据上文计算，可知

$$B^{-1}(S(y))=\frac{S(y)-c_B}{d_B}=\frac{c_S-c_B}{d_B}+\frac{d_S}{d_B}y \quad (5.18)$$

$$S^{-1}(B(x))=\frac{B(x)-c_S}{d_S}=\frac{c_B-c_S}{d_S}+\frac{d_B}{d_S}x \quad (5.19)$$

将式(5.12)～式(5.19)带入联立微分方程组(5.11)，求得 $d_S=\frac{1}{2-k}$，$d_B=\frac{1}{1+k}$。进而可知土地转出方农户的最优报价策略为 $S(y)=c_S+\frac{1}{2-k}y$，土地

转入方农户的最优报价策略为 $B(x)=c_B+\dfrac{1}{1+k}x$。当转出方农户对土地的预估

价值为 V_S 时，转出方的要价为 $s=S(V_S)=c_S+\dfrac{1}{2-k}V_S$；当转入方农户对土地的

预估价值为 V_B 时，转入方的出价为 $b=B(V_B)=c_B+\dfrac{1}{1+k}V_B$。

5.3.3.2　农村土地经营权分散流转定价的博弈模型求解

资源价值理论指出土地对农户具有直接使用价值和间接使用价值，其中土地的直接使用价值主要是指土地资源的经济产出价值，表现为经营土地净收益；间接使用价值主要是指土地资源的社会价值，表现为土地为农户提供的就业保障等。为简化计算，在价值测算时仅选用关键变量纳入模型之中。

对转出方农户而言，预估土地价值首要考虑的是土地资源的净收益。同时，农户自身的非农就业情况[206]以及土地的社会保障价值[207-209]也会对农户流转决策产生重要影响，可理解为农户自身非农就业（后文用务农机会成本表示非农就业）情况和对土地社会保障价值的评估会影响转出方农户对土地价值的评估。根据以上分析，假设流转单位面积土地的经济价值为 B_1，单位面积土地的社会保障价值为 B_2，单位面积土地承载的务农机会成本为 B_3，则有转出方农户 S 对单位面积耕地的预估价值 $V_S=B_1+B_2-B_3$。

对转入方农户而言，土地净收益是预估土地价值的核心要素。已有研究证明，专业型农户耕地转入率远高于其他类型农户[210]，即转入方以专业从事农业生产的农户为主，因此转入方农户在预估土地价值过程中可忽略务农机会成本；农户转入土地后，并未失去土地的社会保障价值，因此转入方农户在预估土地价值过程中可忽略土地的社会保障价值；转入方农户主要以务农收入为主，因此经营土地的净收益成为其预估土地价值的最主要因素。根据以上分析，假设转入单位面积耕地的净收益为 B_0，则转入方农户 B 对单位面积土地的预估价值为 $V_B=B_0$。

根据前文设定，流转价格 $p=kb+(1-k)s$。将前文求得的 b 与 s 表达式带入流转价格，可得：

$$p=kb+(1-k)s=c+\frac{k}{1+k}B_0+\frac{1-k}{2-k}(B_1+B_2-B_3) \qquad (5.20)$$

为简化表达，令 $c=k(c_B-c_S)$，表示常数项。

在农户间土地经营权流转中，转入方与转出方农户均是以农户家庭小规

模经营为主,经营净收益并不会发生显著改变,因此可认为 $B_0 = B_1$。由此,式(5.20)可转化为:

$$p = c + \frac{1+2k-2k^2}{2+k-k^2}B_1 + \frac{1-k}{2-k}B_2 - \frac{1-k}{2-k}B_3 \quad (5.21)$$

令

$$\alpha_1 = \frac{1+2k-2k^2}{2+k-k^2}, \quad \alpha_2 = \frac{1-k}{2-k}, \quad \alpha_3 = \frac{1-k}{2-k}$$

则式(5.21)可化简为:

$$p = c + \alpha_1 B_1 + \alpha_2 B_2 - \alpha_3 B_3 \quad (5.22)$$

其中 $\alpha_1 > 0$, $\alpha_2 > 0$, $\alpha_3 > 0$, 且 $\alpha_2 = \alpha_3$。根据以上分析,可得出如下推论:① 农户间土地经营权流转价格与经营单位面积土地的净收益成正比;② 农户间土地经营权流转价格与单位面积土地承载的社会保障价值成正比;③ 农户间土地经营权流转价格与转出方农户的务农机会成本成反比;④ 土地社会保障价值和农户务农机会成本对流转价格影响系数相等。

5.3.4 农村土地经营权分散流转定价模型的实证检验

5.3.4.1 计量模型

(1)无约束回归模型

未加任何约束条件的回归称为无约束回归。根据无约束回归模型,检验各因素对流转价格影响的显著性水平以及作用方向,以验证双向拍卖模型中土地净收益、土地社会保障价值以及农户务农机会成本对流转价格的影响。基本模型如下:

$$price_{it} = \beta_0 + \beta_1 profit_{it} + \beta_2 insurance_{it} + \beta_3 oppcost_{it} + \sum \mu X_{it} + \lambda_t + \varepsilon_{it}$$

$$(5.23)$$

式(5.23)中 $price$ 为代表土地流转价格的因变量;$profit$ 为代表土地净收益的自变量,$insurance$ 为代表土地社会保障价值的自变量,$oppcost$ 为代表农户务农机会成本的自变量;X_{it} 表示控制变量;λ_t 表示年份虚拟变量;ε_{it} 代表随机扰动项。公式中的 i 和 t 分别表示农户和年份。

(2)受约束回归模型

根据经济理论模型需要对模型中变量的参数施加一定的约束条件,将模型施加约束条件后进行的回归称为受约束回归。与无约束回归模型选取的变量相同,本章在受约束回归模型中仍以土地净收益、土地社会保障价值以及农户务农机会成本作为考察流转价格的关键变量，以区域经济发展水平作为考察流转价格的虚拟变量。对计量模型(5.23)施加约束条件，得到受约束回归模型，记为：

$$price_{it} = \tilde{\beta}_0 + \tilde{\beta}_1 profit_{it} + \tilde{\beta}_2 insurance_{it} + \tilde{\beta}_3 oppcost_{it} + \sum \tilde{\mu} X_{it} + \tilde{\lambda}_t + \tilde{\varepsilon}_{it}$$

$$(5.24)$$

根据双向拍卖理论模型推导的结果，施加约束条件 $\tilde{\beta}_2 + \tilde{\beta}_3 = 0$。

5.3.4.2 变量设定

（1）因变量

农地流转价格（$price$）。本研究选择每亩土地流转价格作为被解释变量，因为具体的价格可包含更多与土地相关的信息，可以增强分析结果的准确性。

（2）自变量

农地经济价值（$profit$），主要体现在经营耕地时所获得的净收益，它是由农户在单位面积耕地上种植粮食作物所获总收益与总成本之差计算而得。

农地社会保障价值（$insurance$），主要指单位面积土地对转出方农户的价值。农民是土地的直接使用者，以耕地为生产资料从事农业生产活动，对于生计完全依存、半依存以及隐性依存土地的农户而言，耕地的社会保障功能占据主导地位，尤其是耕地的失业保障功能更为重要[211]。因此，用耕地的失业保障价值代表土地对农户的社会保障价值，为量化耕地的失业保障价值，本节使用黑龙江省失业保险金表征该指标。查阅黑龙江省失业保险金标准，在本节研究的 2012 年至 2015 年时段内，共发布 3 次《黑龙江省人民政府关于调整全省失业保险金标准的通知》，分别使用 2011 年 7 月发布的失业保险金标准作为 2012 年研究区土地社会保障价值替代指标、使用 2012 年 11 月发布的失业保险金标准作为 2014 年研究区土地社会保障价值替代指标、使用 2015 年 4 月发布的失业保险金标准作为 2015 年研究区土地社会保障价值替代指标。本研究所用的土地社会保障价值是附着在单位面积土地上的社会保障价值，因此需要在计算土地社会保障价值指标时对失业保险金加以处理，根据以上分析得出计算公式：

$$土地社会保障价值 = \frac{失业保险金}{人均承包地面积}$$

预期自变量土地社会保障价值的系数为正，表示土地对农户的社会保障价值越高，流转价格越高；土地对农户的社会保障价值越低，流转价格越低。

务农机会成本（*oppcost*），主要指农户选择外出务工所能获取的年均经济纯收入。研究发现，农户进城务工的劳动力迁移更趋于流往距离最近的城市[212]，并以本地就业为主[213]。目前农户务工收入与相应的城镇职工工资差距也在逐渐缩小[214]，因此本研究选用转出方农户所在市的城镇私营单位就业人员平均工资作为确定农户务农机会成本的依据。中华人民共和国国家统计局发布的《农民工监测调查报告》显示，近 5 年农户进城务工净收入约占总收入的 2/3。黑龙江省地处中寒温带，无霜期短，农户每年农忙时间约 3个月。与转出土地相比，农户选择务农的机会成本主要集中于农忙时期，因此本研究取一年的 1/4 时间衡量农户务农机会成本。另所选变量为单位面积土地所承载的农户务农机会成本，农户流转土地面积即为所拥有的承包地面积，因此依据农户拥有的承包地面积对农户务农机会成本加以处理。根据以上分析得到公式：

$$农户务农机会成本 = \frac{农户所在市城镇私营单位就业人员年均工资 \times \frac{2}{3} \times \frac{1}{4}}{人均承包地面积}$$

（3）控制变量

控制变量是指对于影响土地流转价格定价的其他控制变量，主要从土地特征、区域特征和家庭特征三方面进行控制，各项指标的具体计算方法如表 5.7 所示。土地特征层面，本研究控制了农地细碎化程度（*fragmentation*）；区域特征层面，本研究控制了县域人均 GDP 水平（ln*GDP*）、县域交通通达性（*traffic*）、是否为城郊（*suburb*）；家庭特征层面，控制了户主受教育年限（*education*）、家庭务农收入占比（*laborratio*）和家庭务农劳动力占比（*incomeratio*）。

5.3.4.3 数据来源与描述性统计

文中所用的土地流转价格、土地净收益等微观信息来源于 2012 年、2014年、2015 年黑龙江省农村固定观察点调研数据；农户务农机会成本、各县人均 GDP 情况等信息来源于相应年份的《黑龙江统计年鉴》；土地社会保障价值数据来源于 2011 年 7 月、2012 年 11 月、2015 年 4 月实施的《黑龙江省人民政府关于调整全省失业保险金标准的通知》。

黑龙江省农村固定观察点共计 14 个村，由于问卷内容无法体现转出方农户的土地信息，因此仅选取转入方农户作为研究样本。在转入方农户样本中，筛除种植水田或其他经济作物的样本、数据缺失样本以及规模化流转样本，最终剩余8个村庄，有效样本共计316份，其中2012年农户有效样本102份，2014年农户有效样本95份，2015年农户有效样本119份。整理后的主要变量和描述性统计如表5.7所示。

表5.7 变量说明与描述性统计

变量	变量说明	均值	标准差	最小值	最大值
price	单位面积农地流转价格/(元/亩)	437.462	146.104	100	710
profit	经营单位面积农地净收益/(元/亩)	850.766	253.019	333.3	1709.9
insurance	失业保险金/人均承包地面积/(元/亩)	767.677	462.457	215.7	1480.6
oppcost	城镇私营单位就业人员年均工资 $\times \frac{2}{3} \times \frac{1}{4}$ /人均承包地面积 /(元/亩)	623.650	308.898	221.2	1080.8
fragmentation	农地块均面积/亩	10.348	5.691	3.5	37.5
ln*GDP*	县域人均GDP对数/元	10.442	0.527	9.4	11.1
traffic	县内公路里程/县域面积	0.537	0.109	0.27	0.69
suburb	是否城市郊区（是为1，否为0）	0.013	0.112	0	1
education	户主受教育年限/年	7.165	1.631	2	12
laborratio	务农劳动力/家庭总劳动力	0.801	0.215	0.25	1
incomeratio	务农收入/家庭总收入	0.817	0.166	0.3	0.99

5.3.4.4 结果分析

（1）核心要素对土地流转价格的影响

表5.8采用逐步回归方法，给出了农地经济价值、农地社会保障价值以及农户务农机会成本三项核心要素对土地流转价格的影响。

表5.8 核心要素对流转价格的影响

变量	(1) *price*	(2) *price*	(3) *price*	(4) *price*	(5) *price*
profit	0.396*** (12.24)	0.401*** (12.47)	0.419*** (12.77)	0.412*** (12.73)	0.397*** (12.65)
insurance	0.115*** (4.18)	0.0896*** (2.99)	0.109*** (3.24)	0.136*** (3.91)	0.125*** (3.43)

表5.8(续)

变量	(1) price	(2) price	(3) price	(4) price	(5) price
oppcost	−0.079* (−1.80)	−0.0838* (−1.89)	−0.124*** (−2.90)	−0.119*** (−2.85)	−0.109** (−2.47)
lnGDP		43.78*** (4.59)	47.79*** (3.43)	50.63*** (3.84)	51.05*** (3.98)
suburb			−292.7*** (−8.46)	−280.5*** (−8.05)	−291.1*** (−7.26)
traffic			−24.91 (−0.37)	−59.77 (−0.91)	−101.6 (−1.46)
fragmentation				3.083*** (3.67)	3.254*** (3.50)
education					4.229 (1.41)
laborratio					42.84** (2.13)
incomeratio					−54.33 (−1.28)
常数项	60.12*** (3.38)	−372.2*** (−3.73)	−404.6*** (−3.54)	−461.3*** (−4.26)	−452.4*** (−3.78)
年份	控制	控制	控制	控制	控制
R^2	0.669	0.685	0.731	0.738	0.743
RMSE	84.704	82.805	76.706	75.820	75.287
F	0.1498	0.8063	0.4356	0.4087	0.47

注:***、**和*分别表示在1%、5%和10%水平上显著;括号内为t值。

在考虑了年份影响的情况下,不断加入新的控制变量,发现农地经济价值和社会保障价值都对流转价格产生显著正向影响,农户务农机会成本始终对流转价格产生显著负向影响,并且这些影响是稳健的。同时也发现,当地的经济发展水平(lnGDP)等也是影响土地流转租金的重要因素。列(3)~(5)中加入了区域特征的控制变量,发现地理区位会显著影响租金水平,而交通通达性并未显著影响流转价格。列(4)~(5)中加入了耕地特征的控制变量,发现对于农户间土地流转而言,块均面积较大的土地流转价格更高。列(5)加入了农户家庭特征控制变量,家庭的务农劳动占比正向显著影响流转价格。

以上计量结果初步验证了本研究理论模型对流转定价的解释,即农地经济价值、农地社会保障价值和农户务农机会成本显著影响流转价格水平。为验证施加约束条件是否成立,本研究计算了表 5.8 中无约束回归计量模型 F 值,如果概率大于 0.1 就表示在 10% 的显著性水平上不能拒绝农地社会保障价值和农户务农机会成本系数之和为零的约束条件,列(1)~(5)的结果均大于 0.1。

为进一步验证理论模型,我们施加了约束条件 $\beta_2 + \beta_3 = 0$ 对样本再次进行回归。如表 5.9 所示,受约束回归结果与未受约束回归结果基本一致,尤其是本研究重点考察的三项基本要素均对流转价格产生显著影响。从结果也可看出,县域经济发展水平对流转价格的影响不容忽视。同时,我们还通过比较受约束回归与无约束回归以检验约束的有效性。如表 5.9 中 F 值所示,列(1)~(5)中数值均大于 10%,说明这一约束真实有效。也可发现,控制了县域经济发展水平的回归(2)效果优于未控制的结果(1),说明在定价中应把区域经济发展水平考虑在内。通过这个分析进一步验证前文理论模型的合理性。

表 5.9 核心要素对流转价格影响的受约束回归

变量	(1) price	(2) price	(3) price	(4) price	(5) price
profit	0.416 *** (17.14)	0.404 *** (16.37)	0.411 *** (14.74)	0.419 *** (14.89)	0.404 *** (14.27)
insurance	0.145 *** (5.34)	0.0935 *** (3.31)	0.0969 *** (2.91)	0.145 *** (4.02)	0.133 *** (3.55)
oppcost	−0.145 *** (−5.34)	−0.0935 *** (−3.31)	−0.0969 *** (−2.91)	−0.145 *** (−4.02)	−0.133 *** (−3.55)
lnGDP		44.42 *** (4.47)	45.11 *** (3.01)	52.90 *** (3.82)	52.99 *** (3.94)
suburb			−288.5 *** (−8.29)	−285.5 *** (−8.13)	−295.6 *** (−7.41)

表5.9(续)

变量	(1) price	(2) price	(3) price	(4) price	(5) price
traffic			−17.92 (−0.25)	−63.29 (−0.95)	−106.7 (−1.51)
fragmentation				2.813 *** (3.68)	3.011 *** (3.56)
education					4.414 (1.51)
laborratio					41.30 ** (2.05)
incomeratio					−56.82 (−1.35)
常数项	60.28 *** −3.41	−378.5 *** (−3.72)	−381.9 *** (−3.16)	−477.8 *** (−4.26)	−462.9 *** (−3.78)
年份	控制	控制	控制	控制	控制
R^2	0.6674	0.6849	0.7311	0.7381	0.7423
RMSE	84.8035	82.6767	76.625	75.7439	75.2005
F	0.18885	0.83638	0.55417	0.53762	0.58187

注：***、** 和 * 分别表示在1%，5%，10%水平上显著；括号内为 t 值。

（2）流转定价公式与拟合效果比较分析

由实证结果得知，若要在理论模型 $p=\alpha_1 B_1+\alpha_2 B_2-\alpha_3 B_3+c$ 基础上确定基于样本回归的定价计算公式，除了要确定农地经济价值、农地社会保障价值以及农户务农机会成本三项基本组成要素的系数外，还不可忽视县域经济发展水平对流转价格的影响，这一点在杜挺等学者的研究中也得以证实[111]。虽然其他控制变量如耕地细碎化程度、家庭务农劳动占比等因素也对流转价格产生显著影响，但在本模型中并未选取。主要原因在于：① 本研究的定价模型主要应用于一定区域范围内的定价估算，而非个人交易行为中的定价，因此不将个人或家庭要素纳入模型；② 考虑到定价模型的简易性与实用性，过多的变量会增加操作难度与复杂度，因此只选取对定价起关键作用的要素。

由此，得到黑龙江省农村土地流转定价公式：

$$price=0.40profit+0.09insurance-0.09oppcost+44.42\ln GDP-378.53+\delta$$

该式中 δ 表示各年份的浮动值。在本研究中，以 2012 年为基准，2014 年与 2015 年的浮动值分别为 8.52 和 -19.35。

为检验所得公式对实际流转价格的拟合效果，本研究从省域尺度计算三年土地流转的估计价格，并与实际价格进行对比。2012 年样本中 102 户农户的平均流转价格为 376.26 元/亩，根据上述公式得到的估计价格为 382.50 元/亩，计算偏差为 1.66%；2014 年 95 户农户的平均流转价格为 440.76 元/亩，根据上述公式得到的估计价格为 444.81 元/亩，计算偏差为 0.92%；2015 年 119 户农户的平均流转价格为 487.29 元/亩，根据上述公式得到的估计价格为 491.81 元/亩，计算偏差为 0.93%。从三年的省域拟合情况来看，偏差均控制在 5% 以内，说明公式对流转价格具有较强的解释力度，该公式可用作省域流转价格的确定。为进一步检验该公式对实际价格的拟合程度，本研究又分别从市域和村域进行查看。

市域尺度下，计算样本所在市的三年土地流转估计价格，并与实际价格进行对比。如表 5.10 所示，在 4 个城市中，除绥化市的偏差较大以外，其他城市的价格偏差基本可控制在 10% 以内。这里值得注意的是齐齐哈尔市流转价格偏差波动较大的问题。根据统计结果显示，2014 年齐齐哈尔市农地产粮量较 2012 年有大幅度提升，推动农地净收益增加，进而使估算结果高至 436.71 元/亩。而 2015 年该地区农地产粮量并未达到 2014 年水平，农地净收益随之明显低于 2014 年，所以估算的价格低至 333.20 元/亩。但在实际流转中，2014 年偏高的农地净收益促使农户在 2015 年以较高的价格转入土地，由此造成了齐齐哈尔市 2015 年估价偏差较大。

表 5.10　市域土地流转估计价格与实际价格的偏差

年份	市	实际价格 /（元/亩）	估计价格 /（元/亩）	偏差值 /（元/亩）	偏差比
2012	绥化	215.31	304.61	89.30	41.47%
	齐齐哈尔	301.48	324.69	23.21	7.70%
	佳木斯	329.05	315.31	-13.73	4.17%
	哈尔滨	526.33	484.05	-42.29	8.03%
2014	绥化	255.21	341.94	86.73	33.98%
	齐齐哈尔	399.36	436.71	37.35	9.35%
	佳木斯	381.14	388.63	7.49	1.97%
	哈尔滨	605.30	544.59	-60.71	10.03%

表5.10(续)

年份	市	实际价格 /(元/亩)	估计价格 /(元/亩)	偏差值 /(元/亩)	偏差比
	绥化	290.38	417.06	126.67	43.62%
2015	齐齐哈尔	457.68	333.20	-124.48	27.20%
	佳木斯	468.93	438.04	-30.89	6.59%
	哈尔滨	644.57	678.80	34.22	5.31%

最后,本研究从村域计算各村每年土地流转的估计价格,并与实际租金价格进行比较,具体拟合情况如图5.2所示。可以发现,除个别村庄在某年的估计价格与实际相比略大以外,绝大多数村庄的流转定价适用于本研究模型。

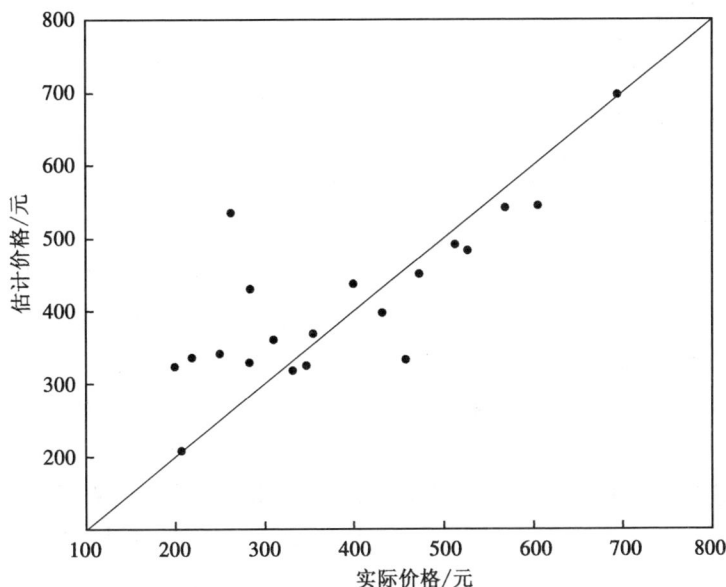

图 5.2 村域土地流转估计价格与实际价格对比情况

通过对省域、市域、村域实际流转价格与估计流转价格的对比,可知该定价模型的模拟效果较好。本模型选取的农地经济价值、农地社会保障价值、农户务农机会成本、当地经济发展水平和年份五项要素可基本解释土地流转定价。由该五项要素构成的定价模型具有操作简易和相对准确的特征,具有一定的实际使用价值。

5.3.4.5 政策启示

有必要完善针对农户的社会保障机制以调整流转定价。土地是农民的最后一道社会保障，土地的社会保障功能能否得到替代是影响土地流转的关键[215]，进而影响流转价格的确定。不同地区土地流转价格高低水平与该地区土地对农户的社会保障价值有关。完善农户社会保障机制，可降低农户对土地的依赖程度，进而削减因农户社会保障机制缺失而造成的土地转出方对流转价格确定的束缚。

同时，还需要增强农户务工就业能力。目前转出方农户的非农收入已经成为该群体家庭收入的主要来源，增加转出方农户家庭收入主要还需依靠提高其非农就业竞争力，增加非农收入[216]。此外，务工能力还直接影响农户务农机会成本，提高农户务工能力可提高农户转出土地意愿，有助于增强流转价格弹性。

5.4 本章小结

农户间土地经营权分散流转仍是现阶段我国农村土地市场中普遍存在流转方式，探索土地经营权分散流转定价问题，有助于完善农村土地流转市场机制。本章研究共分为土地经营权分散流转定价特征、土地经营权分散流转价格影响因素以及土地经营权分散流转定价方法三个部分。通过分析农地经营权流转的属性特征、各主体职能与定价过程，确定农户间土地经营权分散流转定价特性。依托 2012 年、2014 年和 2015 年黑龙江省农村固定观察点数据中从事粮食生产的转入方农户调查结果，运用相关性分析分析单因素对流转价格的影响；运用逐步回归方法分析多因素作用下土地流转价格影响因素，并对不同年份、不同经济发达程度地区流转价格影响因素进行对比研究。最后，选取可量化的影响农村土地流转价格的关键因素，以双向拍卖理论为基础，确定了以土地经济价值、社会保障价值、务农机会成本为核心，考虑土地经营权流转交易双方博弈能力的定价模型，并利用黑龙江省农村固定观察点中旱地经营调查数据实证检验该定价模型，确定了黑龙江省土地流转价格系数。本章主要研究结论有：

① 农村土地具有位置固定性和质量差异性的特征，农地经营权流转实则是一种产权交易行为。在农村土地三权分置的背景下，受到土地承包期的

限制，农户仅可让渡一定年限的农村土地经营权，因此土地经营权流转体现的是一种产权租赁交易关系。农户间土地经营权分散流转是流转土地双方自主协商的交易结果，土地分散流转价格的形成可理解为是围绕土地价值，交易双方讨价还价后形成的结果。

② 耕地生产能力对流转价格产生显著正向影响，是流转价格最重要的影响因素。在单因素的相关性分析与多因素的回归分析中，耕地生产能力均对流转价格产生显著正向影响。调查耕地生产能力信息将有助于确定农地经营权流转价格。

③ 单因素回归分析中，耕地生产能力、县域人均 GDP 水平、交通通达性均对流转价格产生 1% 水平上的显著正向影响；耕地亩均净收益、农户家庭务农劳动比例对流转价格产生 10% 水平上的显著正向影响；单块耕地面积、农户家庭务农收入占比对流转价格产生 1% 水平上的显著负向影响。

④ 多因素回归分析中，表征耕地细碎化程度的单块耕地面积，未对流转价格产生显著影响，说明现有农村土地经营权分散流转中，流转价格的确定并未将耕地细碎化程度纳入考虑范围。表征耕地特征和区域特征的各项因素均对流转价格产生显著影响，说明流转价格主要受耕地情况和区域情况影响明显。应了解地区经济发展情况和区域交通状况，以完善农地经营权流转定价。从时间尺度上，被研究的三年样本数据中，表征区域特征的各项因素对流转价格的影响无论从显著性水平还是作用强度上均有提升，说明随着土地流转市场的发展，区域特征对流转价格的影响逐渐增强。

⑤ 经济发达地区土地流转价格受耕地特征影响明显，符合优质优价的市场规律。经济发达地区和经济欠发达地区土地流转价格均受交通影响明显，但交通便利程度对经济发达地区产生显著正向影响，而对经济欠发达地区产生负向影响，说明经济发达地区的流转价格更符合地租地价理论。经济欠发达地区土地流转价格受农户家庭特征中的务农收入占比影响明显，而经济发达地区不受该类因素影响。因此在建设农村土地经营权流转市场时，应着重整顿经济欠发达地区农村土地流转市场，以尽快完善全国土地流转定价体系。

⑥ 农地经济价值、农地社会保障价值和农户务农机会成本是土地流转定价模型的基本构成要素。在逐步回归分析中，这三项始终对流转价格产生显著影响，说明它们对流转价格的影响是显著而稳定的。

⑦ 区域经济发展水平和年份对流转定价也有显著影响，因此应将区域

经济发展水平纳入到计算公式，同时应设定浮动值来应对每年变化。研究发现，区域经济发展水平对流转价格产生显著影响，在考虑了区域经济发展水平后的计量模型对现实解释力度也更高，证明不可忽视区域经济发展水平对流转价格的影响。

⑧ 基于双向拍卖理论的农户间土地流转定价方法与思路具有简易性和实用性特点，可用作估算区域农地流转价格。本研究所得定价模型涵盖的农地经济价值、农地社会保障价值、务农机会成本以及区域经济发展水平等信息都在政府相关部门的统计范畴之内，具有易获得性。同时定价模型的估算价格与实际价格拟合较好，证明具备使用价值。

第6章 黑龙江省农村土地经营权规模化流转定价

《黑龙江经济发展报告(2015)》提出,"从黑龙江省农村集体土地流转市场发展方向来看,最主要的是形成规模经营"。由于农户间自发分散的土地经营权流转很难实现土地的集中连片,因此目前通过土地流转实现规模经营的方式仍是以政府(或其他第三方中介机构)主导的土地规模化流转为主。土地规模化流转与适度规模经营是近几年提出的新政策,两者之间相辅相成。与农户间分散的土地流转相比,土地规模化流转存在其特殊性与优越性,但也为农村社会带来新问题。目前,土地规模化流转在实践与科学研究中,均处于初步的探索阶段。鉴于此,研究土地规模化流转的定价问题,有必要了解土地规模化流转的发展逻辑、政策走向、存在问题、定价现状等。本章内容包括:运用演化博弈理论,剖析农村土地经营权规模化流转的政策调节方向,明确流转定价在把控土地规模化流转政策中的重要性;运用社会学研究方法剖析土地规模化流转带来的农村社会利益集团分化与阶层矛盾,以探究土地规模化流转带来的利益冲突,进而平衡规模化流转定价中的利益关系;基于土地规模化流转特性,确定基于区间价格模型的土地规模化流转定价方法。

6.1 农村土地经营权规模化流转的演变分析

本节以演化博弈理论为基础,建立无政府参与条件下与政府干预条件下转入方农户与转出方农户之间的演化博弈模型,以黑龙江省克山县为例证,分析影响农地流转参与主体策略选择各项因素的相互作用关系,确定政府在农地流转中的地位以及职能转变的方式,以期为促进农地有序流转,实现耕地规模经营提供借鉴。

6.1.1　农村土地经营权规模化流转的主体策略演变分析

6.1.1.1　农户参与土地流转的策略选择

（1）转出方农户在农村土地经营权流转中的策略

农村土地经营权流转是实现耕地规模经营的重要途径，转入方农户与转出方农户是农村土地经营权流转的直接参与者。转出方农户策略可分为转出土地与不转出土地两种。在无外界干预条件下，农户流转土地策略由个人意愿决定；在有外界力量干预情况下，农户若拒绝转出土地，需要为保留土地支付成本。

（2）政府不干预下转入方农户的流转策略

① 协商流转策略，是指土地转入方农户遵循自愿交易的市场规则，通过与持有土地经营权的农户进行平等交易获取土地。若农户有转出土地经营权意愿，双方协商确定最终流转价格；若农户没有转出土地经营权意愿，转入方农户通过抬高流转价格方式刺激农户转出土地，或放弃转入该农户土地。

② 社会强制流转策略，是指转入方农户通过非法暴力手段，强行迫使农户转出土地经营权以获取更多土地[217]。转入方农户为保证其个人利益最大化，使社会强制流转具有耗时短、价格低等特点。

（3）政府干预下转入方农户的流转策略

① 政府引导流转策略，是指中央政府针对社会强制流转行为的管理，即政府对转入方农户的社会强制流转行为予以惩罚，对被迫转出土地的农户予以补偿。政府引导流转策略建立了"被流转"农户的维权渠道，因此农户无需因拒绝转出土地而支付成本。

② 政府主导农村土地流转策略，是指为实现农业现代化，基层政府或村集体经济组织在不侵犯农户权益前提下，通过行政的方式促进农村土地经营权流转。其中，基层政府或村集体经济组织承担土地产权代理人角色[218]，决定着农村土地经营权流转合同签订、流转规模以及流转价格，转入方农户可直接通过基层政府或集体经济组织获取土地[219]。

6.1.1.2　土地流转形式演化博弈模型的基本假设与因素选择

博弈分析的目的在于通过分析利益相关主体不同策略选择，建立适当的约束机制或激励机制，从而达到预期的稳定均衡状态。相较于传统博弈理论，演化博弈理论对假定条件有所放宽，属有限理性条件下的利益分析[220]。在研究长期反复博弈过程中的策略调整、趋势及局部稳定性问题方面，演化博弈得益于其有限理性而更加贴近现实。目前，演化博弈理论已被应用于土地问题研究[221-223]，借鉴已有成果，已建立演化博弈模型。

(1)演化博弈模型的基本假设

为简化分析，作如下假设：① 转入方农户与转出方农户均是有限理性经济人，追求自身利益最大化，博弈是在信息不完全条件下进行。② 转入方农户以获得土地为唯一目标，在获取土地经营权的策略上各有差别。③ 尽管转入方农户与转出方农户中的个体在流转决策中面临的是对方群体的全部个体，但假设博弈是在两类群体之间进行。

(2)演化博弈模型的影响因素

交易费用[224]、农户收入[225]以及流转价格是土地流转参与方选择不同策略的主要影响因素。将有关参数做如下设定：

i_A，i_B 分别是农户转出土地与不转出土地策略下，转入方农户的耕地净收益(未扣除交易费用的收益)；

T_1，T_2，T_3 分别是协商流转策略、社会强制流转策略(政府参与条件下的政府引导流转策略)、政府主导流转策略下的土地流转交易费用；

R_1，R_2，R_3 分别是协商流转策略、社会强制流转策略(政府参与条件下的政府引导流转策略)、政府主导流转策略下的土地流转价格；

P_1 为协商流转与社会强制流转两种流转策略下的价格差，即 $P_1 = R_1 - R_2$；P_2 为政府主导流转与政府引导流转两种流转策略下的价格差，即 $P_2 = R_3 - R_2$；

L 为转出方农户流出土地经营权后从事非农产业所得收益；W 为转出方农户自营耕地所获收益；

C_1 是无政府参与条件下，在社会强制流转中农户为保留土地所支付成本；C_2 是政府参与条件下，在政府主导流转中农户为保留土地所支付成本；

F 与 S 是政府参与条件下政府对转入方农户强制转入土地行为的处罚以及鼓励农户转出土地的补贴。

6.1.1.3 政府不干预下农村土地流转的演化博弈分析

协商流转与社会强制流转两种策略，使转入方农户所获收益在流转价格与交易费用方面有所差异。农户转出土地后，所获收益主要包括流转租金收入和务工收入；农户选择不转出土地，收入来源则主要为务农收入。流转双方的博弈支付矩阵如表 6.1 所示：

表 6.1　政府不干预条件下农地经营权流转参与主体间博弈支付矩阵

转入方	转出方	
	转出	不转出
协商流转	$(i_A-T_1,\ L+R_1)$	$(i_B-T_1,\ W)$
社会强制流转	$(i_A-T_2+P_1,\ L+R_2)$	$(i_B-T_2,\ W-C_1)$

资料来源：作者根据研究内容自行计算整理而得。

设政府不干预下，转入方农户选择协商流转策略比例数为 x，农户选择转出土地策略比例数为 y，转入方农户平均收益为 $\bar{u}_1$，转出方农户平均收益 $\bar{u}_2$。则土地转入方农户与转出方农户流转策略的收益函数分别为：

$$\bar{u}_1=x\big[y(i_A-T_1)+(1-y)(i_B-T_1)\big]+(1-x)\big[y(i_A+P_1-T_2)+(1-y)(i_B-T_2)\big] \tag{6.1}$$

$$\bar{u}_2=y\big[x(L+R_1)+(1-x)(L+R_2)\big]+(1-y)\big[xW+(1-x)(W-C_1)\big] \tag{6.2}$$

无政府参与条件下，土地转入方农户与转出方流转策略的复制动态方程分别为：

$$F(x)=\frac{\mathrm{d}x}{\mathrm{d}t}=x(1-x)\big[T_2-T_1-yP_1\big] \tag{6.3}$$

$$F(y)=\frac{\mathrm{d}y}{\mathrm{d}t}=y(1-y)\big[x(R_1-R_2)+R_2+L-W+(1-x)C_1\big] \tag{6.4}$$

式（6.3）与式（6.4）一阶求导可得：

$$F'(x)=(1-2x)\big[T_2-T_1-yP_1\big] \tag{6.5}$$

$$F'(y)=(1-2y)\big[x(R_1-R_2)+R_2+L-W+(1-x)C_1\big] \tag{6.6}$$

复制动态方程的稳定状态是指采用两种策略的博弈方的比例保持不变的水平，所以令 $F'(x)=0$，$F'(y)=0$，可得

$$x^*=\frac{W-C-L-R_2}{R_1-R_2-C_1},\quad y^*=\frac{T_2-T_1}{P_1}$$

从而可得完全市场条件下双方的动态博弈矩阵 5 个局部均衡点分别为（0，0）、（0，1）、（1，0）、（1，1）、（x^*，y^*）。根据 Friedman 提出的方法，雅克比（Jacobi）矩阵局部稳定性分析可检验描述群体动态的局部均衡稳定状态[226]。得到雅克比矩阵 J 及其对应的行列式 $det.\,J$ 和迹 $tr.\,J$ 为：

$$J=\begin{bmatrix}\dfrac{\partial F(x)}{\partial x} & \dfrac{\partial F(x)}{\partial y}\\[2mm] \dfrac{\partial F(y)}{\partial x} & \dfrac{\partial F(y)}{\partial y}\end{bmatrix}$$

$$= \begin{bmatrix} (1-2x)(T_2-T_1-yP_1) & -x(1-x)P_1 \\ y(1-y)(R_1-R_2-C_1) & (1-2y)[x(R_1-R_2)+R_2-W+L+(1-x)C_1] \end{bmatrix}$$

$$\tag{6.7}$$

$$det.\ J = \frac{\partial F(x)}{\partial x}\frac{\partial F(y)}{\partial y} - \frac{\partial F(x)}{\partial y}\frac{\partial F(y)}{\partial x}$$

$$= (1-2x)(1-2y)(T_2-T_1-yP_1)[x(R_1-R_2)+R_2-W+L+(1-x)C_1]+$$

$$xy(1-x)(1-y)P_1(R_1-R_2-C_1)$$

$$tr.\ J = \frac{\partial F(x)}{\partial x} + \frac{\partial F(y)}{\partial y}$$

$$= (1-2x)(T_2-T_1-yP_1)+(1-2y)[x(R_1-R_2)+R_2-W+L+(1-x)C_1]$$

$$\tag{6.8}$$

在政府不干预下的农村土地经营权流转中,转入方农户通过社会强制流转策略更快获取土地并能依靠暴力手段压低土地流转价格,因此交易费用 T_2 $<T_1$、流转价格 $R_2<R_1$。因为 $P_1=R_1-R_2>0$,因此 $T_2<T_1+P_1$。那么,对无政府参与条件下的农地流转双方策略演化博弈的稳定性求解就转化为 R_1、$W-L$ 与 R_2+C 的比较,共可分为 6 种情况,分析结果如表 6.2 所示。

表 6.2 政府不干预条件下农地经营权流转参与者局部均衡点稳定性结果

条件	均衡点	$det.\ J$ 符号	$tr.\ J$ 符号	稳定性
$W-L<R_1<R_2+C_1$ 或 $R_1<W-L<R_2+C_1$ 或 $W-L<R_2+C_1<R_1$	$(0,0)$	−	不确定	不稳定
	$(0,1)$	+	−	ESS
	$(1,0)$	+	+	不稳定
	$(1,1)$	−	不确定	不稳定
	(x^*,y^*)	不确定	0	鞍点
$R_2+C_1<W-L<R_1$ 或 $R_1<R_2+C_1<W-L$ 或 $R_2+C_1<R_1<W-L$	$(0,0)$	+	−	ESS
	$(0,1)$	−	不确定	不稳定
	$(1,0)$	−	不确定	不稳定
	$(1,1)$	+	+	不稳定
	(x^*,y^*)	不确定	0	鞍点

根据演化博弈局部稳定性性质,5 个均衡点中可能出现 2 个演化稳定策略(ESS),分别为 $(0,0)$ 与 $(0,1)$。如表 6.2 可知,当 $W-L<R_1<R_2+C_1$ 或 R_1 $<W-L<R_2+C_1$ 或 $W-L<R_2+C_1<R_1$ 时,$(0,1)$ 点可实现局部稳定,即"社会强制-转出"为完全市场条件下农村土地经营权流转策略的演化稳定状态。在

此情景下，转入方农户通过协商转入土地的比例会逐渐减少直至为零。在无政府参与条件下，社会强制流转行为未受监管约束，转入方农户一旦采取社会强制流转策略，会降低规模经营成本且无需支付强制成本，这种行为易被其他转入方农户学习与效仿，选择社会强制流转策略转入土地的比例也会越来越大，进而侵害博弈能力较弱的转出方农户权益。发生这种情况的主要原因在于：一是农村土地流转中介发展不健全，完全依靠转入方农户自身与农户协商获取土地，在搜寻交易对象、谈判与签约等方面耗费大量交易费用；二是协商流转中，转出方农户具有较强市场议价能力，会提高流转价格，进而增加转入方的规模经营成本。

当 $R_2+C_1<W-L<R_1$ 或 $R_1<R_2+C_1<W-L$ 或 $R_2+C_1<R_1<W-L$ 时，（0，0）点实现局部稳定，即"社会强制–不转出"是农村土地经营权流转策略的演化稳定状态。对于转入方农户，可通过社会强制流转策略以较低的价格获得农村土地经营权。对于农户而言，由于所得租金偏低，且非农收入能力有限，转出土地后收益不及自营耕地收益，在农户有能力为保留土地而支付成本（C_1）的情况下，会选择不转出土地。

由此可知，如果完全依靠市场手段调节农村土地流转市场，转入方农户最终将演化为社会强制流转策略，转出方农户在非自愿情况下转出土地，或选择不转出土地，很难以自愿有序的方式实现土地规模经营。因此，以土地流转实现规模经营需要政府参与。

6.1.1.4 政府干预下农村土地流转的演化博弈分析

面对市场失灵问题，需要政府参与农村土地经营权流转。政府与转入方农户在集中土地过程中目标的一致性，促使双方达成利益结盟，通过政府引导与政府主导两种策略实现。政府引导可理解为是约束转入方农户社会强制转入土地行为的策略，此策略下政府与转入方农户是一种弱结盟关系。与无政府干预下的社会强制流转相比，政府引导策略下的交易费用（T_2）、流转价格（R_2）并未发生变化，但在政府引导下会对转入方农户的强制流转行为予以处罚（F），会对被强制转出土地的农户予以补偿（S），农户在不愿转出土地的情况下因受政府保护而无须支付额外成本（C_1）。政府主导策略中，采用利益优先、强者先得的发展路径，农村土地经营权流转具有速度快、规模大等特征。政府主导策略能更快实现转入方农户的盈利目标，可视为是转入方农户与政府之间的一种强结盟关系。此策略下，因为政府对农村土地经营权流转采用强干预而形成了新的交易费用（T_3）、流转价格差（P_2）和流转价格

(R_3)。同时，因为政府主导过程中带有政府强制色彩，不愿转出土地的农户会因此而支付成本(C_2)。政府干预下农村土地经营权流转双方的博弈支付矩阵如表6.3所示：

表 6.3 政府干预条件下农地经营权流转参与主体间博弈支付矩阵

转入方	转出方	
	转出	不转出
政府引导	$(i_A-T_2-F,\ L+R_2+S)$	$(i_B-T_2,\ W)$
政府主导	$(i_A-T_3-P_2,\ L+R_3)$	$(i_B-T_3,\ W-C_2)$

设政府干预下，转入方农户选择政府引导策略比例数为p，农户选择转出土地的比例数为q，规模经营群体平均收益为$\bar{u}_3$，转出方农户平均收益为$\bar{u}_4$。转入方农户与转出方农户流转策略的收益函数分别为：

$$\bar{u}_3=p\left[q(i_A-T_2-F)+(1-q)(i_B-T_2)\right]+(1-p)\left[q(i_A-T_3-P_2)+(1-q)(i_B-T_3)\right]$$
(6.9)

$$\bar{u}_4=q\left[p(L+R_2+S)+(1-p)(L+R_3)\right]+(1-q)\left[qW+(1-q)(W-C_2)\right]$$
(6.10)

转入方农户与转出方农户流转策略的复制动态方程分别为：

$$F(p)=\frac{\mathrm{d}p}{\mathrm{d}t}=p(u_{31}-\bar{u}_3)=p(1-p)\left[(T_3-T_2)-q(F-P_2)\right]$$ (6.11)

$$F(q)=\frac{\mathrm{d}q}{\mathrm{d}t}=q(u_{41}-\bar{u}_4)=q(1-q)\left[p(R_2-R_3+S-C_2)+(R_3+C_2+L-W)\right]$$
(6.12)

同上，得出$(0,0)$、$(0,1)$、$(1,0)$、$(1,1)$、(p^*,q^*)5个局部均衡点，其中

$$p^*=\frac{W-L-R_3-C_2}{R_2-R_3+S-C_2},\quad q^*=\frac{T_3-T_2}{F-P_2}$$

政府干预下的农村土地经营权流转，按照转出方农户务工收入与务农收入的大小比较，可分为转出方农户务工收入大于等于务农收入与转出方农户务工收入小于务农收入两种情况讨论。

(1)转出方农户务工收入(L)大于等于务农收入(W)

对于转出方农户，当$W-L<0$时，因已知$R_2+S>0$，$R_3+C_2>0$，则始终有$R_2+S>W-L$，$R_3+C_2>W-L$。无论p取何值，$q=1$都是演化稳定策略，即无论转入方农户采取政府引导流转策略还是政府主导流转策略，转出方农户均会

采取流出土地策略。也可理解为，提高农户务工能力与务工收入是实现农村土地经营权自愿流转的根本。

（2）转出方农户务工收入（L）小于务农收入（W）

这时，需分 4 种情景分析：

情景 1，当 $T_3>T_2$ 且 $S<P_2+C_2$ 时，因为 $0<p^*<1$，$0<q^*<1$，则有 $0<T_3-T_2<F-P_2$，$R_2+S<W-L<R_3+C_2$，在 5 个均衡点中，（0,1）与（1,0）是演化稳定策略，对应的农村土地经营权流转双方策略为"政府主导-转出"和"政府引导-不转出"策略。此情景下，需要更多依靠政府行政力才能实现土地经营权流转，演化过程如图 6.1 所示。当初始状态落在区域 $BCOD$ 时，演化博弈系统向 C（0,1）收敛，最终转入方农户选择政府主导策略、转出方农户选择流出土地将是唯一的演化稳定策略；当初始状态落在区域 $ABDO$ 时，演化博弈系统向 A（1,0）收敛，最终土地转入方农户选择政府引导策略、农地转出方农户选择不转出土地将是唯一的演化稳定策略。为促进系统以更大的概率沿着 DC 路径向（政府主导，转出）策略方向演化，应使鞍点 D 向 A 点靠近，从而扩大 $BCOD$ 面积。根据图 6.1，可知区域 $BCOD$ 面积为：

$$S_{BCOD}=\frac{1}{2}+\frac{1}{2}(p^*-q^*)$$

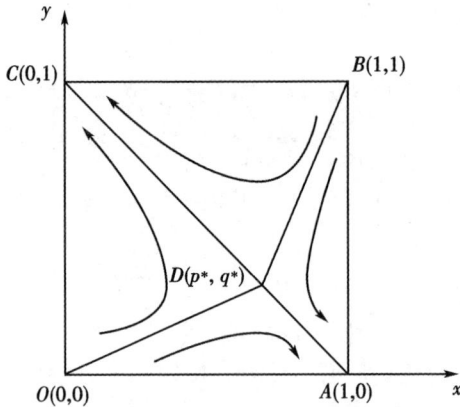

图 6.1　$T_3>T_2$，$S<P_2+C_2$ 时农地经营权流转演化博弈相位图

此情景下，需要采用政府主导农村土地经营权流转才能实现土地规模经营，可通过缩小农户务农与务工收入之差（$W-L$）、调整土地流转的政府定价与市场定价的价格差（P_2）、增加对转出方农户土地补贴（S）、降低政府主导流转的交易成本（T_3）、加强对非法流转行为的惩罚力度（F）等方式实现农村

土地经营权流转(见表 6.4)。

表 6.4 $T_3>T_2$，$S<P_2+C_2$条件下土地经营权流转参数对演化策略的影响情况

参数变化	鞍点变化	相位面积变化与演化方向
$W-L\downarrow$	$p^*\uparrow$	$S_{BCOD}\uparrow$（政府主导，转出）
$R_3+C_2\uparrow$	$p^*\uparrow$	$S_{BCOD}\uparrow$（政府主导，转出）
$R_2+S\uparrow$	$p^*\uparrow$	$S_{BCOD}\uparrow$（政府主导，转出）
$|T_3-T_2|\downarrow$	$q^*\downarrow$	$S_{BCOD}\uparrow$（政府主导，转出）
$F\uparrow$	$q^*\downarrow$	$S_{BCOD}\uparrow$（政府主导，转出）
$P_2\downarrow$	$q^*\downarrow$	$S_{BCOD}\uparrow$（政府主导，转出）

情景 2，当 $T_3<T_2$ 且 $S>P_2+C_2$ 时，因为 $0<p^*<1$，$0<q^*<1$，则有 $F-P_2<T_3-T_2<0$，$R_3+C_2<W-L<R_2+S$。得出 5 个局部均衡点，分别为 $(0,0)$、$(0,1)$、$(1,0)$、$(1,1)$、(p^*,q^*)。根据 Friedman 提出的方法，5 个局部均衡点中 $(0,0)$ 和 $(1,1)$ 是演化稳定策略，对应于转入方农户与转出方农户的"政府引导-转出"和"政府主导-不转出"策略。图 6.2 描述了政府参与下农村土地经营权流转的动态演化过程。根据图 6.2，可知区域 $ABCD$ 面积为：

$$S_{ABCD}=1-\frac{1}{2}(p*+q*)$$

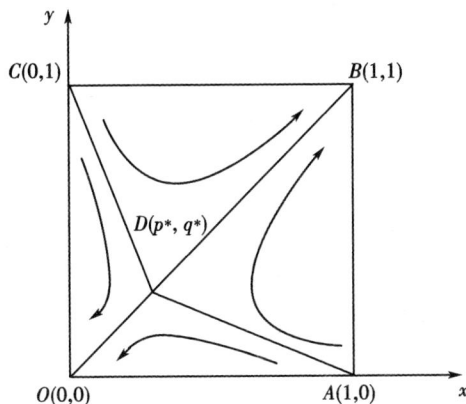

图 6.2 $T_3<T_2$，$S>P_2+C_2$条件下农地经营权流转演化博弈相位图

影响 S_{ABCD} 面积的参数均与 S_{ABCD} 成单调关系，各因素对农村土地经营权流转策略演化方向的影响如表 6.5 所示。为扩大区域 $ABCD$ 面积，根据表 6.5 同理可知，在政府主导交易成本小于政府引导流转交易成本时，政府引导策略是实现农村土地流转的有效措施,可通过缩小农户务农与务工收入差、降低土地流转市场交易成本、增加对转出土地农户补贴、减少处罚费、提高地租市场定价等方式,推动土地流转,实现规模经营。

表 6.5 $T_3<T_2$,$S>P_2+C_2$ 时土地经营权流转参数对演化策略的影响情况

参数变化	鞍点变化	相位面积变化与演化方向
$W-L\downarrow$	$x^*\downarrow$	$S_{ABCD}\uparrow$(政府引导,转出)
$R_3+C_2\uparrow$	$x^*\downarrow$	$S_{ABCD}\uparrow$(政府引导,转出)
$R_2+S\uparrow$	$x^*\downarrow$	$S_{ABCD}\uparrow$(政府引导,转出)
$|T_3-T_2|\downarrow$	$y^*\downarrow$	$S_{ABCD}\uparrow$(政府引导,转出)
$F\downarrow$	$y^*\downarrow$	$S_{ABCD}\uparrow$(政府引导,转出)
$P_2\uparrow$	$y^*\downarrow$	$S_{ABCD}\uparrow$(政府引导,转出)

情景 3 与情景 4,在 $T_3-T_2<0$,$S<P_2+C_2$ 或 $T_3-T_2>0$,$S>P_2+C_2$ 两种情景下,5 个局部平衡点中没有演化稳定策略(ESS),转入方农户与转出方农户之间的策略选择是一个动态变化过程。在演化博弈中转入方农户与转出方农户的策略选择在点(p^*,q^*)处到达一个平衡对局,即 $p^*=(W-L-R_3-C_2)/(R_2-R_3+S-C_2)$,是转入方农户采用政府引导策略与政府主导流转策略的临界点;$q^*=(T_3-T_2)/(F-P_2)$ 则是农户是否转出土地策略的临界点。在选择政府引导策略时,政策调节方向与情景 1 一致;在选择政府主导策略时,政策调节方向与情景 2 一致。

6.1.1.5 农村土地经营权由分散流转向规模化流转的主体策略演化博弈检验

农村土地经营权规模化流转是在土地分散流转基础上发展而来的,前文以演化博弈理论为基础,从理论层面上剖析了参与土地流转各主体的策略变化对土地分散流转向土地规模化流转演化的影响。为进一步论证演化过程,本节以黑龙江省克山县土地分散流转向土地规模化流转的演化为例,论证前文理论分析的合理性。

(1)案例概况

本研究案例来源于课题组 2015 年赴黑龙江省齐齐哈尔市克山县实地调研。克山县隶属齐齐哈尔市,地处黑龙江省西部,是典型的农业县份,被评为全国农村土地经营权流转规范化服务试点县。耕地面积约占全县幅员面积的 60.63%,以种植玉米、大豆、马铃薯为主,人均承包地面积 8.2 亩,农业

人口 36.7 万。自 20 世纪 90 年代开始出现农户间自发的土地流转，其间存在流转纠纷频发、流转效率低下等问题。为促进适度规模经营实现，政府出台重要举措，2003 年国家投资组建农机合作社，2004 年开始以反租倒包的形式实行土地流转，2009 年成立土地流转服务大厅。至 2014 年，克山县适度规模经营发展到 270 万亩，占耕地总面积的 89.4%，有 12 个乡实现整乡流转。

（2）案例分析

① 政府参与是规范农地流转行为，构建农地流转市场的必要举措。完全依靠市场机制会出现转入方与转出方信息不对称、流转供需双方对接困难、农地流转市场混乱等问题。20 世纪 90 年代，克山县农地流转主要发生在农户之间，缺少政府的有效管制，存在流转效率低下、流转纠纷频发等问题，无法实现农业的规模经营。2009 年克山县政府组织建设土地流转服务大厅后，主要着手农地流转的政策咨询、纠纷调解、合作社管理、贷款抵押等工作内容，促进农地有序流转的实现，并且为转入方农户发展为新型农业经营主体提供有力的资金保障。

② 政府有必要采取政府主导策略实现规模经营。本研究认为，在特定条件下有必要通过政府主导手段实现规模经营。根据上文情景 1 分析，在 $T_3>T_2$ 且 $S<P_2+C_2$ 条件下，仅通过政府引导依靠市场机制无法实现规模经营。农地流转初期，克山县土地主要集中于农户间流转，各村出现经营面积在 300~500 亩之间的传统种田大户，他们以低价甚至零价转入亲戚朋友土地，但受地块分散、信息不对称、交易成本高等因素限制，无法达到规模经营条件。2003 年国家投资组建农机合作社后，克山县政府参与农地流转，通过调动农户转出土地积极性，协助调换地块等方式实现农地规模经营。至 2014 年，全县 79.6% 的农地参与流转，规模经营面积 270 万亩，占农地总面积的 89.4%。

③ 通过调整土地流转价格、加大违法流转惩治力度等方式转变政府在农地流转中的职能。为实现农地规模经营，虽然在特定情况下政府有必要采取政府主导措施，但由于政府主导流转的局限性，在农地流转初具规模以后需要转变政府职能。政府通过政府主导干预农地流转后，农地流转双方会达到一个新的平衡，如情景 3 与情景 4 所示，可将流转行为转为"政府引导-转出"的一个新的平衡对局，主要通过监督与调控流转价格、管理新型经营主体间不正当竞争行为、搭建交易平台等来实现。克山县在农地流转相对成熟

以后,县政府转变政府主导这种直接干预方式,通过健全土地流转信息和价格定期发布制度、发挥仲裁委员会调节涉农纠纷作用、构建多元化农业服务体系、培训农户职业技能等方式实现由"政府主导"向"政府引导"的职能转变。

6.1.2 农村土地经营权规模化流转的社会冲突演变分析

土地流转是活跃农民与土地关系的重要举措,从根本上改变中国农村社会基础和政治经济架构[227]。自中央鼓励农村土地经营权流转以来,中国土地流转涉及农户数量逐渐增多,截止 2015 年流出土地农户约占全部承包户的 28.7%①。由土地流转引发的冲突占农村所有冲突的比重由 2013 年的32.24%上升到 2014 年的 40.06%②。利益冲突所嵌入的社会结构不再是以往的血缘、地缘或业缘关系,而发展为一种阶层关系结构。土地流转尤其是规模化流转刺激农村社会阶层分化,进而引发的利益冲突成为农村社会主要冲突,影响农村社会稳定[228]。

农村土地经营权流转普遍经历了从禁止流转到农户间自发流转再到土地规模化流转的发展历程。由资本或权力推动的土地规模化流转是一种新形式的土地流转,与农户间自发流转相比,土地规模化流转具有流转面积大、涉及农户多、行政力量推动以及新型农业经营主体参与等特点。本节通过 2015年对黑龙江省克山县调查发现,土地规模化流转后农村社会形成了新的阶层形态,进而产生了新的利益冲突。因此,土地规模化流转后农村社会各阶层间如何产生新的利益冲突,将是本节研究的核心问题,笔者围绕这一问题进一步追问:土地规模化流转为什么引起阶层重新分化?新的农村社会阶层主要包括哪些?阶层间利益冲突有哪些?是什么引发了这些阶层冲突?鉴于此,本节基于黑龙江省克山县土地流转调查,集中探讨规模化流转背景下农村社会阶层分化与利益冲突的问题。

6.1.2.1 土地规模化流转诱发农村社会阶层分化的内在逻辑

克山县位于黑龙江省西部,以丘陵漫岗和平原地形为主,是国家重点商

---

① 河南日报农村版(电子报)》.全国农村承包耕地流转面积 3.8 亿亩占承包耕地总面积 28.8%[EB/OL].(2014-12-08)[2023-03-15]http://newpaper.dahe.cn/hnrbncb/html/2014-12/08/content_1190650.htm.

② 法制日报.八成土地流转纠纷发生在农户之间[EB/OL].(2016-05-10)[2023-03-15]https://news.ifeng.com/c/7fcwxQ6EV5V.

品粮基地。2009 年，承担起国家创新土地规模经营制度改革试验区等多项改革试验工作。2014 年，全县各类合作社发展到 682 个。2015 年，克山县有 12 个乡实现整乡流转，新型农业经营主体在乡镇内部的大户中产生。

20 世纪 90 年代，调研的五个村庄农户开始前往城市工作，由务工带来的人口流动促使农村土地经营权自发流转。由此部分在村转入土地的农户逐渐形成村庄内的中农阶层[229]。转入土地的中农阶层与仅经营自家承包地的普通农户在土地占有面积上开始出现差距，但由于自发流转的土地面积相对较小，且流转对象较为分散，因此农户间占有土地的面积虽有差距但不明显。而且此阶段在村农户仍以传统自营方式为主，农业生产效率、亩均土地净收益相差无几，彼此间的收益差主要是由占有耕地面积的大小决定，因此农户间收益差距也尚不明显。综合而言，土地自发流转阶段农村社会开始出现阶层分化。但受耕地农用性特质、流转交易成本高、农户流转意识弱以及农业生产力低等因素限制，土地经济价值仍固化于潜在价值，农村社会虽出现初步阶层分化，但阶层差异尚不明显，利益冲突较为单一。农村土地经营权自发流转后，由于农村社会内很难在遵循市场配置的条件下形成具有垄断全村土地经济实力的企业或个人，在国家倡导农业适度规模经营后，地方行政力量开始推动流转。主要造成农村社会如下四点变化：

① 土地占有面积差异明显。2009 年克山县承担起国家创新土地规模经营制度改革试验区，调研的五个村庄成为克山县土地规模化流转的重点地区。以西建村为例，村内人均承包地面积 7 亩，种田大户陈某自 20 世纪 90 年代开始转入土地，当时经营耕地面积 100 余亩，至 2009 年前后耕地经营面积为 2000 余亩，2015 年扩大到近 2 万亩，而村内其他农户经营的耕地面积在几十亩至几百亩不等。其他四个村社也存在类似情况，不同农户间耕地经营面积差异逐渐明显。

② 农户收益差距扩大。克山县在实行土地规模化流转前农户自营耕地纯收益（含各项补贴）约为 380 元/亩，按照克山县人均承包耕地面积 8.2 亩计算，不参与土地流转而选择自营土地的农户年收益约为 3120 元。2014 年，土地流转价格为 400 元/亩，转出土地农户可得流转土地收益约 3280 元，加之农业各项补贴归农户所有，故流转后农户每年共可得土地收益约 3850 元。劳动力另择业年均收入约为 15000 元/人，转出土地并务工农户年总收益约为 18850 元/人。新型规模经营主体年净收益约可达 30 万~40 万元，相比之下，普通农户的收入仅相当于其 1/20。土地规模化流转后，村内农户收入差

距明显扩大。

③ 在村人口数量迅速减少。与土地息息相关的各类型农户是农村社会阶层划分的载体，自土地规模化流转后，克山县在村人口减速明显，以西城镇为例，2014 年流转土地面积占全镇耕地面积的 88.7%，转移劳动力 9000余人，占劳动力总数的 71%。也就是说，仅有 29% 的农村劳动力留在村内。

④ 农业生产效率对比强烈。土地规模化流转后，县内推广农机农艺新技术 100 余项，新型经营主体的田间作业综合机械化率现达到 98.6%，新型主体经营耕地平均亩产值要比分散经营至少提高 20%，因此每亩增产收益可达 130 元左右。在马铃薯和玉米种植中，可比普通农户经营耕地亩均增产20%~50%；在大豆种植中，因实现一体化经营可缩短播期 5~9 天，比普通农户经营耕地节约生产费用 2%~10%。

6.1.2.2 土地规模化流转后的阶层划分

马克斯·韦伯在社会分层理论中指出，阶层是指占有不同财产、技术、劳动力的市场参与者，根据市场交换竞争中不同的市场能力而产生的不同市场地位[230]。土地规模化流转是围绕土地的交易，是各种社会自然因素综合作用的结果，市场地位直接表现为对土地经营权的支配能力。按照对土地经营权的支配能力不同，可将农村社会分为强支配能力集团和弱支配能力集团两类。在此基础上根据职业性质不同，将土地强支配能力集团划分为新型大户阶层与基层政治精英阶层；土地弱支配能力集团划分为离农户阶层、兼业户阶层以及一般农业经营者阶层。

（1）土地强支配能力集团

新型大户阶层。主要是指农业现代化经营主体，包括家庭农场、农民专业合作社、龙头企业等。该阶层以农业生产为主要收入来源，与土地关系紧密。利用现代化农机实现大规模连片经营是这一阶层的主要特征，克山县新型大户阶层经营耕地面积为千亩甚至达万亩。

基层政治精英阶层。农村基层政治精英阶层主要是指从事农村公共事务管理群体，包括县内各乡镇政府官员和村干部，是农村土地及相关事宜的直接管理者。

（2）土地弱支配能力集团

离农户阶层。离农户阶层保留土地承包权，但与土地使用权基本脱离关系。这一阶层主要将承包土地通过出租、转让等方式流出。部分农户以非农职业收入为主，生活方式高度城市化；部分农户成为新型农业经营主体的雇员，虽然仍从事农业劳动，但收入性质已由自营耕地收入转为务工收入；另有部分农户既转出土地又没有其他收入来源，地租成为他们的唯一收入来源。

兼业户阶层。兼业户阶层既通过经营耕地获得农作收入又从事非农职业获取务工收入，主要包括乡村教师、候鸟式外出务工者及乡村其他从业人员。

一般农业经营者阶层。一般农业经营者阶层主要包括传统种田大户和自营农地户两类。主要是由在村生活且年龄在 40—60 岁之间的人构成，需要承担较重的家庭负担却有没有学习新技能的时间与精力。耕种土地是该阶层农户获取经济来源的唯一渠道，需要通过土地获取更大的产出，因此以精耕细作获得高产。其中传统种田大户主要通过低价甚至零价转入亲戚或朋友的土地扩大经营面积；自营农地户年龄偏大，依靠经营家庭承包地生活。

6.1.2.3 土地规模化流转后各阶层间的利益冲突

土地规模化流转引起农村社会出现新的社会阶层分化，主要分化为由新型大户、基层政治精英组成的土地强支配能力集团和由离农户阶层、兼业户阶层、一般农业经营者阶层组成的土地弱支配能力集团。两个集团之间以及强势集团内部各阶层之间均有利益冲突发生，其冲突爆发主要源于规模化流转后耕地增值与收益分配不均。

（1）各阶层间冲突的表现形式

各阶层间利益冲突主要表现为土地强支配能力集团与土地弱支配能力集团之间新型大户阶层与一般农业经营者阶层、新型大户阶层与离农户阶层、基层政治精英阶层与一般农业经营者阶层之间的冲突；土地强支配能力集团内部新型大户阶层之间、新型大户阶层与基层政治精英阶层之间的冲突。

① 土地强支配能力集团与土地弱支配能力集团的冲突表现形式

首先，表现为新型大户阶层与一般农业经营者阶层的冲突。新型大户阶层与一般农业经营者阶层的冲突主要存在于传统种田大户与新型农业经营主体之间。土地规模化流转提高流转价格，压缩了传统种田大户阶层的赢利空间，社会经济报酬分配不均造成传统种田大户与新型大户阶层之间冲突。以访谈对象张某为例，作为当地传统大户，家有一患病儿子无经济获取能力，家庭经济来源需由张某一人承担。土地规模化流转前，张某通过向亲戚、朋友、邻居等获得土地 200 余亩。根据克山县土地流转价格，在 2010 年左右，当地土地流转价格仅为 200 元/亩，而到 2015 年土地流转价格翻一倍，意味着张某每亩土地所付成本需翻一番。除此以外，在土地规模化转入新型农业经营主体情境下，张某原持有的 200 余亩耕地面积也在减少，据张某介绍，原本出租给他的部分亲戚朋友有将土地转租给新型大户的打算。

其次，表现为新型大户阶层与离农户阶层的冲突。新型大户与离农户阶层冲突的实质是土地经营权转入方与转出方之间利益平衡间的矛盾。土地流转中，过高的流转成本会增加新型大户的经营压力，而农业经营受自然条件和粮价波动影响明显，在新型大户阶层缺乏风险应对能力的情况下，极易造成新型大户阶层毁约情况[231]。这对于离农户中并非自主选择转出土地的农户群体而言，他们对失去土地社会保障的恐惧直接转嫁于新型大户阶层，进而引发两者之间的冲突。

最后，表现为基层政治精英阶层与一般农业经营者阶层的冲突。基层政治精英与一般农业经营者阶层的冲突是土地规模化流转推动者与反对者间的冲突。土地规模化流转加速了同质性利益结构解体，农村社会内部利益分化与价值多元化趋势逐渐明显。基层政治精英与新型农业经营主体逐渐走向结盟，作为乡村治理的核心，基层政治精英利用土地流转等政策红利拉拢经济精英实现政治目标，新型大户阶层借助基层政治精英的地方权力租入更多耕地。因此当一般农业经营主体与新型大户阶层产生冲突时，也会引发与基层政治精英的冲突。除此以外，土地规模化流转是对农村固有农业生产模式的冲击，会对在村农户的生活方式、经济条件造成不愿承受的影响，构成了长期在村生活的一般农业阶层与基层政治精英阶层的冲突[232]。

② 土地强支配能力集团内部阶层冲突表现形式

首先，表现为新型大户阶层间的冲突。新型大户阶层间的冲突主要是农村土地经营权的争夺，冲突形式为价格之争。以西城村为例，2014 年村内两家合作社为争夺更多土地经营权竞相把土地流转价格提升到 420 元/亩和440 元/亩，造成当时农村土地流转市场混乱，类似情形在推行土地规模化流转的地区较易发生。目前我国农村土地经营权流转市场刚刚起步，尚未形成规范统一的土地流转市场，新型大户阶层间为争夺土地资源通过价格之争获取更多土地，易导致粮食安全隐患。用于粮食生产的耕地其经济增值空间有限，如果仅通过提高流转价格获得更多土地，势必会出现"非粮化"倾向，将威胁国家的粮食安全[233]。

其次，表现为新型大户阶层与基层政治精英阶层的冲突。新型大户阶层与基层政治精英阶层间的冲突聚焦于土地话语权主导地位的争夺。调研中发现，克山县新型大户阶层出于经济利益考虑，通常希望将土地流转期限延长为 10~15 年，基层政治精英出于政治安全与社会风险因素考虑，认为土地流转期限以 5 年期为宜，双方利用经济实力和政治权力在土地流转合同的签订中彼此制衡。原本基层政治精英占据政策实施决策的绝对话语权伴随土地规模化流转中新型大户阶层经济实力壮大而削弱。

(2)土地规模化流转阶层间利益冲突的诱发机理

冲突是一个动态过程，是系统内各项因素相互作用的结果。冲突理论指出，权利分配和社会报酬分配的不均是社会冲突产生的根源，依据这一理论脉络搭建出土地规模化流转后农村阶层分化及阶层冲突产生机理分析框架（图6.3）。行政力量推动的土地规模化流转打破了农村原有的社会秩序，在推进土地规模化经营过程中，土地强支配能力集团内部两阶层强强联合，主导权偏向强势集团。同时，土地规模化经营显化土地经济价值，造成土地强支配能力集团内部争夺资源。由此造成土地弱支配能力集团的抗争以及土地强支配能力集团内部的资源争夺，触发新的阶层冲突。

① 支配权力偏移酝酿阶层冲突

由支配权力偏移造成的阶层冲突主要是"新型大户阶层与一般农业经营者阶层"、"一般农业经营者阶层与基层政治精英阶层"之前的冲突。在权力与资本的共容利益中，持有者主要目标是最大化内部利益，转嫁成本于联盟外部成员。导致土地流转政策与惠农政策自上而下流入农村社会，政策福利被资本与权力结合的强势阶层拦截，弱势阶层仅可享受到小部分好处。土地规模化流转进一步巩固了新型大户阶层与基层政治精英阶层在村的绝对优势地位，使其凭借资本与权力禀赋制定市场规则，而土地弱支配能力集团中各阶层仅能接受强支配能力集团的安排，土地规模化流转成为强支配能力集团与政府的关系日益紧密，而弱支配能力集团日益边缘化的过程。

除此以外，信息高度不对称、弱势集团各阶层组织化程度低，使强势集团掌控确定流转价格、流转程序、流转期限的主导权，而弱势集团各阶层则被动接受各项规则安排。对于转出土地的离农户阶层与兼业户阶层，如若缺少对未来生计的长远规划，则意味着将面临巨大的失业风险和社会风险；对于在村以农为生的一般农业经营阶层，受到土地规模化流转带来的经济挤压。当弱势集团各阶层权益严重受损时，则会利用自身弱势地位和政府维稳压力进行策略性维权，造成弱势群体抗争[234]。

② 土地收益跃升推动阶层冲突

由土地收益跃升引起的阶层冲突主要包括"新型大户阶层与基层政治精英阶层"、"新型大户之间"的冲突。适度规模经营政策支持、现代农业生产效率提升以及农业产业链完善，不断释放耕地的经济价值。新型农业经营主体通过规模化流转得到土地，使附着于土地的各项要素投资回报迅速提高，

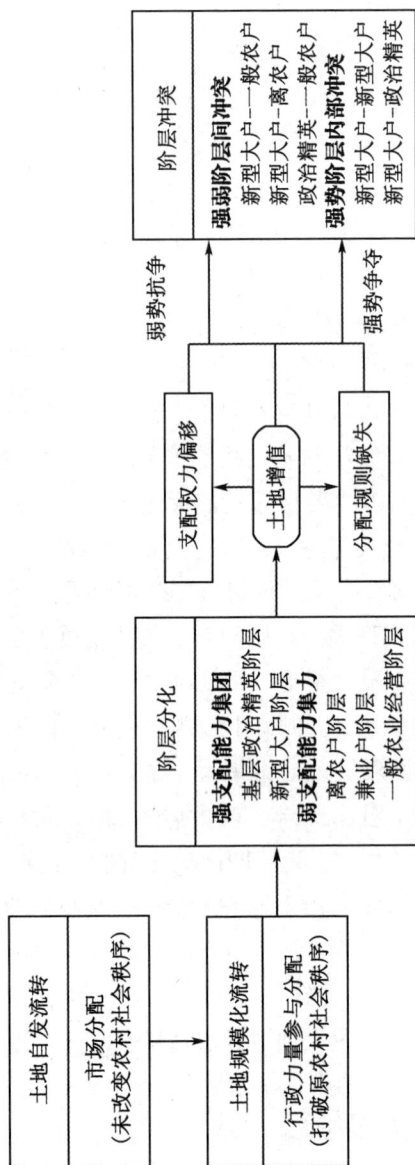

图6.3 农村土地经营权规模化流转阶层间利益冲突发生机理

刺激了利益主体对耕地的需求意愿。而在现有科技水平条件下，耕地尚不可通过人力创造或使用其他生产资料替代，资源的有限性进一步强化利益主体对耕地资源的争夺意识，增加新型大户阶层间的利益争夺。

③ 分配规则缺失激化阶层冲突

由分配规则缺失造成的阶层冲突主要指"新型大户阶层与离农户阶层"的冲突。土地规模化流转是实现现代农业生产增值的重要环节，利益主体涉及农户、村集体以及转入土地的新型农业经营主体。土地规模化流转后新增收益归属不明与收益分配规则缺失，是导致土地收益分配不清的主要原因。土地新增收益归属不明的根源在于产权边界模糊，这造成土地流转中权利主体身份模糊，致使土地流转价值未得到充分体现，流转的部分收益置于权利真空地带或交集地带，出现利益的巧取与争夺。另一主要原因在于收益分配规则缺失，土地规模化流转产生的增值收益应如何分配，现有制度体系下尚无明确规定。土地收益分配不清的直接后果就是土地规模化流转的新增收益分配由产权实施主体力量的强弱决定，这使实施能力强的主体从土地规模化流转中获取更多利益[235]。

综上所述，农村土地经营权规模化流转引起农村社会冲突的根源在于规模经营带来的土地增值。而相应政策制度层面的缺失，致使农村社会强势集团利益不断扩大进而挤压弱势集团利益，最终导致农村社会内部的利益冲突。鉴于此，合理的定价是缓解土地规模化流转引起农村社会冲突的关键，在农村土地经营权规模化流转定价中，合理分配规模经营带来的土地增值收益是土地规模化流转定价的关键。

6.2 农村土地经营权规模化流转价格影响因素与定价特征

6.2.1 农村土地经营权规模化流转价格影响因素

6.2.1.1 经营耕地的净收益

经营耕地的净收益是一个复合概念，它是受耕地质量、耕种水平、经营成本、粮食产量以及粮食价格共同作用后的结果。而且，土地经营权转入方与转出方的经营耕地净收益均会对规模化流转价格产生影响。从土地经营权转入方来看，新型农业经营主体对未来经营耕地收益的判断取决于当下经营耕地的盈利水平。当土地年收益增加时，新型农业经营主体往往会希望扩充耕地面积以获取更大的边际效益，增加市场对土地经营权的需求，引起流转价格上涨；反之亦然。从土地经营权转出方来看，经营耕地的净收益相当于是农户选择非农职业的机会成本，农户多会根据其分散经营耕地的净收益作为交易价格的参考。

在土地规模化流转中，由于转入方为特定的新型农业经营主体，具备技术先进、节约成本、产销一体等优势，在粮食生产市场中具有更强的竞争优势。因此，从经营耕地的亩均净收益来看，新型农业经营主体的收益普遍高于农户收益。由此，可形成土地经营权交易双方要价的剪刀差。

6.2.1.2　农村土地经营权流转市场供需情况

虽然农村土地规模化流转的土地供需缺乏弹性，但并不意味着流转不受市场供需影响。与其他商品交易类似，当市场中土地经营权供过于求时，流转价格会随市场供需的变化而下降；当市场中土地经营权供不应求时，流转价格会随市场供需的变化而升高。最终，达到市场均衡状态。这就要求在确定土地经营权规模化流转价格时，有必要考虑市场供需对价格的影响，以保证价格反映土地价值，并保持应有的弹性。

6.2.2　农村土地经营权规模化流转定价特征

6.2.2.1　土地规模化流转削弱了农户异质性特征对流转价格的影响

与农户间自发的分散流转不同，农地经营权规模化流转多依托农村基层管理组织或其他中介组织实现。农村基层管理组织或其他中介组织既需要代理用地主体整合农户土地，又需要代理农户与用地主体谈判，致使农地经营权流转价格的确定发生很大变化[30]。相比之下，不同类型农户对流转价格的期望由高到低分别是纯农户、兼业农户和离农户。农地经营权规模化流转的实现是以众多农户参与为基础，而对相同质量的农地，土地经营权规模流转价格对不同类型农户不存在差异性，但流转价格要高于所有农户的最低期望值。

6.2.2.2　土地规模化流转市场成为卖方市场

受当前国家粮食最低收购价托市影响，种植粮食作物风险较小，种粮预期收益相比经济作物更为稳定，更利于规模化经营[236]，刺激新型农业经营主体扩大农地流转市场需求。在卖方市场条件下，新型农业经营主体多以让渡部分增值收益为代价来实现农地规模连片,但流转价格需确保用地主体可持续经营农地。

6.2.2.3 土地规模化流转需要第三方辅助定价

并非所有规模化流转涉及的转出方农户都是主动提出流转诉求,为实现农地规模连片效应,需要村集体经济组织介入达成流转协议。在土地经营权规模化流转中,农地转出方受认知能力和信息不对称等因素制约,在农村土地经营权规模流转价格谈判中处于弱势地位。土地经营权从边际收益低的部门流向边际收益高的部门,行为主体选择流转的关键在于交易费用小于合作的利润增加额,使预期的高边际收益转化为现实边际收益[237]。因此,需要村集体经济组织定价以减少交易费用对流转价格的侵蚀,并通过价格手段平衡农地流转双方利益。

6.3 农村土地经营权规模化流转定价方法

构建农村土地经营权规模化流转定价方法是完善农村土地流转市场需要迫切解决的关键问题。本节以东北粮食主产区黑龙江省的土地经营权流转规范化和服务试点县——克山县为研究区,借鉴以往关于经营权流转价格影响因素[109, 117]、农地流转交易成本[141, 238]与流转意愿价格核算[138, 239]研究成果,构建适用于农村土地经营权规模化流转的定价方法。

6.3.1 农村土地经营权规模化流转定价模型构建的前提假设

假设Ⅰ:农村土地经营权规模流转价格仅取决于农村土地市场中农村土地经营权的供求状况,而不受其他商品价格和供求状况影响,即农村土地经营权规模流转价格的最终形成是实现流转市场的局部均衡。

假设Ⅱ:农村土地经营权规模流转转入方与转出方均是有限理性经济人。

假设Ⅲ:流转合同期限内,农村土地经营权规模流转价格保持稳定。

6.3.2 农村土地经营权规模化流转区间价格模型构建

农村土地经营权规模化流转定价要以不损害流转双方利益为原则。借鉴土地流转供需双方决策模型[240],获得关于农户自营农地纯收益、农户转出农村土地经营权纯收益以及农地转入方规模经营农地纯收益的表达式。

农户自营农地纯收益(TU_1)由农户自营农地年总收益(TY_1)和农户自营农地总成本(TC_1)决定。其中，农户自营农地的生产性收益(TY_1)主要包括农户自营农地的生产性收益(TY_{11})和国家对种粮农户补贴(TY_{12})；农户自营农地总成本(TC_1)主要包括耕种农地时种子、化肥、农药等年固定投入成本(TC_{11})和农户务农的年机会成本(OC)。因此，可得农户自营农地纯收益表达式：

$$TU_1 = TY_1 - TC_1 = TY_1 - (TC_{11} + OC) \qquad (6.13)$$

农户流转农地纯收益(TU_2)由农户流转农地年总收益(TY_2)和农户流转农地总成本(TC_2)决定。其中，农户流转农地年总收益(TY_2)包括农户每年流转土地经营权所获经济收益，即租金(R)和农户转出土地经营权后从事其他行业所得年收入(TY_{22})，可视为农户每年自营农地的机会成本(OC)，故$TY_{22} = OC$；农户流转出土地总成本(TC_2)主要是农户务工的机会成本，包括农户流转出土地后失去的生产性年收益($TC_{21} = TY_{11}$)以及每年获得的相关补贴($TC_{22} = TY_{12}$)。因此，可得农户转出土地经营权纯收益表达式：

$$TU_2 = TY_2 - TC_2 = (R + OC) - (TY_{11} + TY_{12}) = R + OC - TY_1 \qquad (6.14)$$

农地转入方规模经营农地所得纯收益(TU_3)由农地转入方规模经营农地年总收益(TY_3)和规模经营农地年总成本(TC_3)决定。其中，规模经营农地总收益包括生产性总收益(TY_{31})以及得到的政府补贴(TY_{32})；转入方规模经营农地的年总成本(TC_3)包括种子、化肥、农药、农机等固定投入(TC_{31})、转入土地经营权所要支付的租金(R)和向村集体经济组织中介代理人支付的中介费用(Q)。因此，可得农地转入方规模经营农地所得纯收益表示式：

$$TU_3 = TY_3 - TC_3 = TY_3 - (TC_{31} + R + Q) \qquad (6.15)$$

6.3.3 农村土地经营权规模化流转区间价格模型求解

6.3.3.1 农村土地经营权规模化流转价格模型解析

在农户自愿流转原则下，农户对所得农地经营权有两种处置方式，一是以家庭为单位自主经营农地，二是将土地经营权转给他人经营（本书主要研究农户将土地经营权全部转出的情况）。农户根据两种处置方式比较收益确定最终处置方案，若土地经营权转出纯收益大于或等于农户自营农地纯收益，农户选择转出农地策略；若农地转出纯收益小于自营农地所得收益，农户选择自营农地策略。以此可获得土地经营权转出方农户流转决策依据，在农户采取流出土地经营权策略下，需保证土地经营权转出纯收益大于或等于农户自营农地纯收益，即 $TU_2 \geqslant TU_1$，由式（6.13）和式（6.14）整理可得：

$$R \geqslant 2(TY_1 - OC) - TC_{11}$$

根据支持农地适度规模经营、促进农业可持续发展的政策目标，新型农业经营主体转入农地后，需保证其有能力支付下一年农业经营的固定投入，即有 $TU_3 \geqslant TC_{31}$，由式（6.15）整理可得：

$$R \leqslant TY_3 - 2TC_{31} - Q$$

在复合价格区间过程中出现两种情况，当

$$2(TY_1 - OC) - TC_{11} \leqslant TY_3 - 2TC_{31} - Q$$

时，即如图6.4所示的情境 A 下，农村土地经营权流转价格符合双方预期，交集区域反映流转后产生的土地级差地租Ⅱ，土地经营权规模流转价格分布于该区域内；当

$$2(TY_1 - OC) - TC_{11} > TY_3 - 2TC_{31} - Q$$

时，即在图6.4所示的情境 B 下，流转双方谈判失败，不能达成土地经营权规模化流转目标，无法确定流转价格。综上所述，在农地实现规模化流转条件下，需满足条件：

$$2(TY_1 - OC) - TC_{11} \leqslant TY_3 - 2TC_{31} - Q$$

可判定流转价格区间范围为：

$$2(TY_1 - OC) - TC_{11} \leqslant R \leqslant TY_3 - 2TC_{31} - Q$$

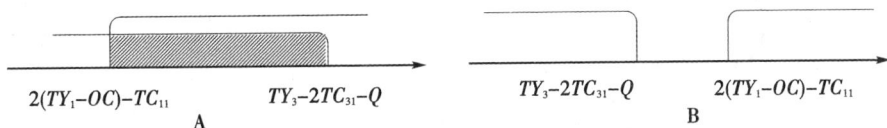

图 6.4 农村土地经营权规模流转价格区间

资料来源：作者根据研究内容自行整理而得。

根据上文取值范围，利用收益现值法，可知单位面积土地经营权规模流转价格最低值为：

$$P'_{\min} = \frac{1}{r} \times \left[1 - \frac{1}{(1+r)^n} \right] \times \frac{2TY_1 - TC_{11} - 2OC}{\sum S} \qquad (6.16)$$

单位面积土地经营权规模流转价格最高值为：

$$P'_{\max} = \frac{1}{r} \times \left[1 - \frac{1}{(1+r)^n} \right] \times \frac{TY_3 - 2TC_{31} - Q}{\sum S} \qquad (6.17)$$

$P'_{\min}$ 和 $P'_{\max}$ 分别表示合同期限内单位面积农村土地经营权规模流转价格区间下限和上限；$\sum S$ 为研究区农村土地经营权规模化流转总面积；r 为贴现率（以 2014 年 1 年期银行存款利率 3.25% 计算）；n 为农地流转年限，本研究以 1 年期经营权流转价格为例进行研究，$n=1$，进而求得

$$\frac{1}{r} \times \left[1 - \frac{1}{(1+r)^n} \right] = 0.97。$$

6.3.3.2　农村土地经营权规模化流转价格确定

Hurwicz 准则是管理学中处理不确定型决策问题的方法，根据对形势的判断，确定一个介于[0,1]之间的乐观系数，进而在最大收益值和最小收益值之间计算出折中收益值的方法[241]。本研究采用 Hurwicz 准则在价格区间内确定农村土地经营权规模流转价格，实则是极差地租Ⅱ在农地转入方与转出方的分配问题。相比黄金分割优选法等判断准则在价格确定中的应用，Hurwicz 准则可以全面考虑价格影响因素，更具全局性，并已应用在不同领域产品的价格确定研究中[242]，表达式为：

$$P = \alpha P'_{\max} + (1 - \alpha) P'_{\min} \qquad (6.18)$$

式（6.18）中，$P'_{\max}$ 为农村土地经营权规模流转交易价格区间的最大值，代表农村土地经营权转入方可支付的最高价格；$P'_{\min}$ 为农村土地经营权规模流转价格区间的最小值，代表农村土地经营权转出方索取的最低价格；乐观系数 $\alpha(\alpha \in [0,1])$ 可理解为土地经营权规模流转价格系数，反映农村土地经营权规模流转价格上限对成交价格的影响程度，即农村土地经营权转入方支付意愿对流转价格的影响程度，相应的 $(1-\alpha)$ 反映流转价格下限对成交价格的影响程度，即农村土地经营权转出方获取意愿对成交价格的影响程度。

6.3.4　农村土地经营权规模化流转定价模型的案例检验

克山县位于黑龙江省西部，齐齐哈尔市东北部。全县以丘陵漫岗和平原地形为主，是国家重点商品粮基地，2012 年被评为全国农村土地经营权流转规范化和服务试点县。2014 年，全县规模经营面积达 $1.8 \times 10^5 \mathrm{hm}^2$，各类合作社发展到 682 个。2015 年，全县农地流转面积约为 $1.87 \times 10^5 \mathrm{hm}^2$，占总耕地面积的 92.7%。

克山县农村土地经营权流转有五个突出特点：① 农村土地经营权以转

包和出租两种流转形式为主；② 流转期限较短，据调研所知 88.76% 的流转
合同签约时限为 1 年；③ 国家对农业的各项补贴归土地承包方农户所有；
④ 规模经营面积大，涉及流转农户数量多，被访种田大户和家庭农场农地经
营面积均在百亩以上，最大经营面积达千亩；⑤ 规模化流转的农地均为旱
田，种植作物以玉米为主。

6.3.4.1 克山县土地规模流转价格区间的确定

从调研得知克山县农户家庭经营农地的年均生产性收益约为 7870 元/公
顷；2014 年国家对农户补贴约为 1200 元/公顷；农地生产成本主要包括种
子、化肥、农药等固定成本约 3700 元/公顷；劳均耕地面积＝耕地总面积/农
村劳动力资源；单位面积农地承载的农村劳动力机会成本＝农户务农机会成
本/劳均耕地面积。如果转出方农户不具备外出务工能力，则农户务农机会
成本可视为 0，那么单位面积农村土地承载的农村劳动力机会成本也为 0；如
果农户具备外出务工能力，农户务农机会成本则按城镇集体职工平均工资计
算，受黑龙江省粮食耕作一年一熟限制，农户每年农忙时间约为 3 至 4 个月，
其余时间具备务工能力的农户普遍会选择外出务工，则机会成本计算时予以
除以 3 的处理，即假定农户未流转土地时，务农时间 3 个月，机会成本应为
年均收入的四分之一。根据《齐齐哈尔经济统计年鉴 2015》，2014 年克山县
城镇集体职工平均工资约为 27500 元/人，旱田耕地总面积为 1.64×10^5 公顷
（克山县土地经营权规模化流转主要以旱田为主），农村劳动力资源为 2.3×10^5 人，计算得克山县劳均耕地面积约为 0.7 公顷/人。对于无外出务工能力
的农户而言，单位面积耕地承载的劳动力机会成本为 0 元/公顷；对于具有外
出务工能力的农户而言，单位面积耕地承载的劳动力机会成本为 9825 元/公
顷。由于土地规模化流转中，无法确保每户农户均有外出务工能力，为便于
计算，取具有外出务工能力和无外出务工能力农户务农机会成本平均数作为
机会成本，最终算得单位面积农地承载的农村劳动力机会成本约为 4910 元/
公顷。代入式（6.16）得克山县农村土地经营权规模流转价格区间下限
$P'_{min} \approx 4580$ 元/公顷。

对新型农业经营主体调查了解到，规模经营农地年均纯收益（各项补贴
均已算在内）约为 12500 元/公顷；每年种子、化肥等固定生产成本约为 2760
元/公顷；村集体经济组织作为中介代理人，需收取中介费用，克山县农村土
地经营权流转中介费由新型农业经营主体支付，约为 150 元/公顷，代入式
（6.17）得克山县农村土地经营权规模流转价格区间上限 $P'_{max} \approx 9155$ 元/公

顷。由计算知,克山县农村土地经营权规模流转价格下限低于价格上限,可利用区间价格模型和Hurwicz准则对最终流转价格进行判定。

6.3.4.2 克山县土地规模化流转价格系数及价格确定

利用Hurwicz准则计算农村土地经营权规模流转价格的关键在于 α 值的确定。根据上文,农村土地经营权规模流转价格 P 是 α 的增函数,且 α 取决于农村土地供需双方流转意愿的比较。借鉴已往对流转意愿价格影响因素的研究成果,建立影响农村土地经营权规模化流转转入方需求意愿和转出方供给意愿的评价体系(图6.5)。

农地供给意愿影响因素主要包括粮食价格情况、务农机会成本以及配套措施实施情况。农户务农收益取决于粮食产量与粮食价格,在现有生产力水平下,农户自营农地的粮食产量在一定时期内基本维持稳定,因此粮食价格成为影响农户自营农地收益的主要因素。在粮价攀升情况下,农户自营农地收益增加,降低农地流出意愿;在粮价下跌情况下,农户自营农地收益减少,增强农户农地流出意愿。务农机会成本是指农户从事非农产业的收入,取决于农户从事非农产业的能力和第二、三产业的工资水平,务农机会成本的增加促进农户将农村土地经营权转出,反之则阻碍农地转出。配套措施实施情况,是指政府对农村劳动力的就业培训以及农村社会保障制度建设,它是促成农地流出的外部推力。如果基层政府落实对农村劳动力就业培训和加强社会保障制度建设,则可以提高农村转移劳动力质量,增强就业能力,提升农户转出农地意愿,反之亦然。

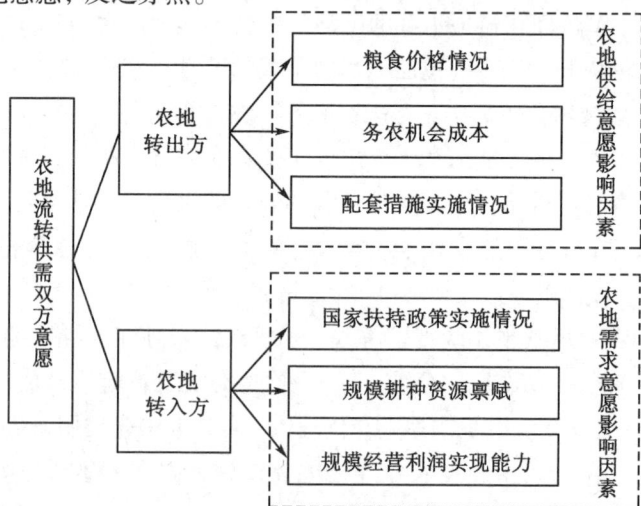

图6.5 农村土地经营权流转双方流转意愿影响因素评价体系

农地需求意愿影响因素主要包括国家扶持政策实施情况、规模耕种资源禀赋以及规模经营利润实现能力。国家扶持政策实施情况，是指国家为新型农业经营主体提供的农业补贴、农业保险等相关政策在基层的实施状况，它是实现农村土地经营权规模化流转的政治、经济基础。规模耕种资源禀赋是指具备经济实力、技术能力、管理水平、信息渠道等优势条件的农户，更有可能发展为新型农业经营主体，这是实现农村土地规模化流转的人力基础。当具有规模耕种资源禀赋的农户数量较多时，增强市场对农村土地经营权的需求，反之亦然。规模经营利润实现能力是指通过规模经营农地所获利润的多少，如果所获利润高则增强对土地经营权的需求，反之则降低对土地经营权的需求。

在确定 α 值的计算中，首先，评估图 6.5 中 6 项因素对农村土地经营权流转市场的影响程度，利用层次分析法两两比较，确定每个因子的相对重要性，得到 6×6 的初级矩阵，并将矩阵进行归一化处理，将矩阵按照公式 $a_{ij} = t_{ij} / \sum t_{ij}$ 按列归一化，可得矩阵

$$A = \begin{bmatrix} 0.044 & 0.032 & 0.053 & 0.039 & 0.143 & 0.033 \\ 0.133 & 0.092 & 0.092 & 0.077 & 0.143 & 0.084 \\ 0.311 & 0.369 & 0.368 & 0.462 & 0.214 & 0.332 \\ 0.268 & 0.277 & 0.184 & 0.231 & 0.214 & 0.332 \\ 0.022 & 0.046 & 0.121 & 0.076 & 0.071 & 0.055 \\ 0.222 & 0.185 & 0.184 & 0.115 & 0.214 & 0.166 \end{bmatrix}$$

据公式 $r_i = \sum a_{ij}$，将矩阵 A 按行求和得矩阵

$$AW = \begin{bmatrix} 0.344 \\ 0.621 \\ 2.056 \\ 1.505 \\ 0.391 \\ 1.086 \end{bmatrix}$$

进行归一化处理 $w_i = r_i / \sum r_i$，所得 w_i 为初级矩阵的特征向量近似值，矩阵

$$W = \begin{bmatrix} 0.057 \\ 0.104 \\ 0.342 \\ 0.251 \\ 0.065 \\ 0.181 \end{bmatrix}$$

计算 $C.R. = 0.003/1.24 = 0.0024 < 0.1$，通过一致性指标 $C.I$ 检验，说明与原判断矩阵高度一致。最后求得土地经营权转出方与转入方影响因素相应的权向量 $\boldsymbol{B} = \{0.502, 0.498\}$，即 $\alpha = 0.498$，$1-\alpha = 0.502$。将求得的 $P'_{\min}$、$P'_{\max}$、α 和 $(1-\alpha)$ 数值代入式(6.18)，得到农村土地经营权规模流转价格 $P \approx 6860$ 元/公顷。

6.3.4.3　克山县土地规模化流转理论价格与实际价格比较

克山县土地规模化流转较为成熟，是中国农村土地规模化流转的典范。目前，克山县农村土地经营权规模流转价格为 6000 元/公顷，属本研究计算的 4580~9155 元/公顷价格区间范围内。本研究计算的克山县农村土地经营权流转价格约为 6860 元/公顷，略高于克山县实际交易价格。原因可能在于克山县自 2009 年起开始推行农村土地规模化流转扶持政策，土地规模化流转推行时间较长，农户剩余劳动力转移问题基本解决，使农户务农机会成本有所提升，而提升的务农机会成本降低了农地转出方群体对农地流转的整体价格预期。另一方面，克山县政府确定土地规模化流转价格是以转出方农户分散经营耕地的净收益为主要衡量标准，而未能考虑农户的务农机会成本以及未能使转出方农户分享到土地规模化流转后耕地规模经营带来的增值收益。综上，本研究计算的理论价格与实际价格基本一致，说明本研究提出的定价方法具有可行性与合理性；理论价格略高于实际价格，说明本研究确定的价格使转出方农户获得了土地规模化流转的增值收益分配。

6.4　本章小结

土地规模化流转是在土地分散流转基础上，伴随适度规模经营和新型城镇化政策的提出演化而来的。土地规模化流转作为近年来新兴的土地流转形式，具备与以往土地经营权分散流转不同的流转特征，主要体现在流转中政府地位、参与主体、定价特征等方面。为研究土地规模化流转定价问题，需要了解土地由分散流转向土地规模化流转中参与主体策略演化机理和社会冲突的演化逻辑，在此基础上分析规模化流转价格影响因素和定价特征，最终探寻适用于土地规模化流转的定价方法。延续上述逻辑脉络，本章根据弗里德曼演化博弈理论剖析农村土地经营权由分散流转向规模化流转的演化过程；运用演绎推理法，探寻土地分散流转向规模化流转的冲突演化过程。最后，根据土地规模化流转价格影响因素及定价特征，确定了适用于黑龙江省农村土地经营权规模化流转的定价方法，此方法丰富了马克思级差地租理论。具体研究结论包括：

① 在政府干预下克山县取得农地有序流转、耕地规模经营的有益成效。根据演化博弈分析，完全依靠市场的农地流转容易出现供需双方信息不对称、矛盾纠纷频发等问题。因此，政府有必要干预农地流转。

② 政府可通过引导和主导两种方式干预土地由分散流转向规模化流转演进。政府引导方式兼具发挥政府职能与尊重市场规律双重优势，是目前推崇的政府干预流转方式。但在一些特殊条件下，必须通过政府主导才可达到规模经营的目的，因此政府主导方式是必要的。但由于政府主导的局限性，在农村土地经营权流转初具规模后可通过改变流转价格、降低交易费用、提高农民务工收入以及加大奖惩力度等方式，由政府主导转向政府引导职能。

③ 土地规模化流转虽然可带动农村经济发展，但也会引发农村社会阶层冲突，主要表现为对土地支配权力的偏移酝酿阶层冲突发生、土地规模化流转后收益增长进一步推动阶层冲突、现有土地收益分配规则缺失激化阶层冲突。

④ 在农村土地经营权规模化流转定价研究中，根据参与农村土地经营权流转双方利益需求，计算克山县一年期农村土地经营权规模流转价格区间为 4580 元/公顷到 9155 元/公顷之间。在价格区间内引入 Hurwicz 准则，测算农村土地经营权规模流转价格是 6860 元/公顷，略高于克山县实际流转价格 6000 元/公顷，这主要在于本研究计算的流转价格使转出方农户分享到规模化流转土地所带来的土地增值收益，优于克山县原本仅是以农户分散经营耕地所得净收益作为流转价格标准的定价方法。综上，这种计算农村土地经营权规模化流转的定价方法是可行的，克山县是我国农村土地经营权规模化流转典型试点县，流转程序比较成熟，可作为农地规模化流转定价的评判标准。

⑤ 本研究所得的农村土地经营权规模流转价格上限与价格下限之差，即为级差地租Ⅱ。在价格区间内寻求符合流转双方利益的均衡点，可视为是对级差地租Ⅱ的分配过程。提高规模经营农地产出值是提高流转价格、推进农村土地经营权规模化流转的关键。本研究计算的流转价格高于以往仅以农户家庭自营农地的经济产出为核算标准的价格，且能确保农地转入方利益，拓宽了农民的土地财产性收入渠道。

⑥ 农地转入方与转出方的农地经营能力以及双方对农地的价值评估至关重要。以往对农村土地经营权流转价格研究中，多是以农户家庭自营耕地的经济产出作为定价标准，既未考虑农村劳动力机会成本，也未考虑农户在土地增值中的利益分享，致使农户承包土地的财产性权利缺失。综合考虑农村劳动力机会成本的农村土地经营权规模流转价格下限可体现劳动力的市场价值，本研究确定的价格上限可保证新型农业经营主体可持续性发展，根据市场形势判断的价格系数可确保农户参与农地增值利益分配。但同时，各地区自然、社会、经济环境不同，影响农村土地经营权流转价格因素的侧重点也不尽相同，所以农村土地经营权流转价格影响因素的综合评估体系也应根据不同研究区具体情况而做出适当调整。

第7章 黑龙江省农村土地经营权流转差异化定价策略

本章内容是基于前文分析而提出的完善黑龙江省农村土地经营权流转定价对策。在了解黑龙江省农村土地流转特征以及土地流转价格特征的基础上，发现黑龙江省农村土地经营权流转可分为农户间的土地经营权分散流转和新型农业经营主体参与的土地经营权规模化流转两种形式。基于这两种流转形式的定价特征，前文重点论述了两种流转形式的定价模型与方法问题。本章首先论证政府干预在农村土地经营权流转定价中的必要性并界定了行为边界，然后从定价依据、定价主体和定价方法三方面构建定价体系，最终提出适用于黑龙江省土地分散流转与土地规模化流转并存局面的农村土地经营权流转差异化定价策略。

7.1 政府干预与农村土地流转差异化定价

7.1.1 政府干预农村土地经营权流转定价的合理合法性

受信息不对称等因素制约，农户对农村土地经营权流转价格认识有限，不合理的流转价格极易造成任何一方的利益受损。于土地转出方而言，土地流转价格是其财产性收益，价格过低导致其收益亏损；于土地转入方而言，土地流转价格是其生产成本，价格过高会导致"非粮化"等社会后果。政府作为公共利益的代表，是维持社会均衡稳定的保障。政府干预农村土地流转定价，可做到公平公正；基层政府具备了解本地区经济状况的天然优势，政府干预定价能更为科学合理；政府的政治身份使其在调控流转价格时更具有行政权威性。尤其在土地规模化流转中，承包方不具备"意思自治"的预设前提，未来立法不能确立由当事人"自由协商定价"的价格形成机制，而应规定委托第三方与受让方协商定价的价格形成机制[125]。可见，政府干预农村土地流转定价具备合理性。

《中华人民共和国价格法》指明："价格的制定应当符合价值规律，大多数商品和服务价格实行市场调节价，少数商品和服务实行政府指导价或者政府定价"。耕地是不可再生的稀有资源，关系国家战略安全，在农地经营权流转定价问题上，政府有必要干预定价以防止过度市场化对耕地资源的破坏。《农村土地经营权流转管理办法》第五条规定："农业农村部负责全国土地经营权流转及流转合同管理的指导。县级以上人民政府农业农村主管（农村经营管理）部门依照职责，负责本行政区域内土地经营权流转及流转合同管理。乡（镇）人民政府负责本行政区域内土地经营权流转及流转合同管理。"强调了各级政府对农村土地流转的管理，尤其在对农村土地流转合同的指导中，流转价格是流转合同的核心内容。这说明政府行政部门有权代表政府来行使规制权力，即政府干预农村土地流转定价是合法的。

7.1.2 政府干预农村土地经营权流转定价的必要性

7.1.2.1 政府引导农村土地经营权分散流转定价的必要性

政府引导定价可弥补土地分散流转的市场失灵。政府有必要干预农村分散土地流转定价，有一般意义上的市场失灵原因。亚当·斯密提出的"看不见的手"理论，认为当个人追求利润最大化对价格做出反应时，社会收入也是最大化的，此时个人评价等于社会评价。在此基础上，萨缪尔森提出，当一项经济活动具有外部性、市场竞争不完全时，人们会发现个人获利能力和社会获利能力之间存在差异，市场可能失灵。对于市场机制无法解决的问题，必须通过政府行为加以调控进而增加社会福利。流转价格是农村土地经营权流转市场的反应，存在市场失灵的情况。尤其在农户间分散流转土地过程中，流转定价主要以农户间协商为主，而农民所掌握的资本、知识以及对市场信息的反馈能力均相对较弱，使价格确定的过高或过低而具有很强的随意性。甚至部分地区出现"零地租"或"人情地租"等非正式土地流转的定价方式[243]，导致农户间土地分散流转市场发育不健全。土地流转市场混乱，阻碍土地适度规模经营的实现，农村土地流转定价的随意性和无序性，与促进农村土地经营权自愿、有序流转背道而驰。因此，在坚持流转价格由农户间相互协商确定的同时还需要政府以引导的方式干预土地分散流转定价。

土地分散流转市场基础薄弱需要政府引导定价。政府有必要引导农村土地分散流转定价，还离不开中国现今土地分散流转市场特殊性的原因。中国农村土地经营权流转市场经历了由限制流转到鼓励流转的过程,土地流转具有起步晚、发展快的特点。很多地区农村土地经营权流转,从未发生过流转或仅有少数农户参与流转的状况迅速发展成大面积、多农户参与的流转状况。在缺乏市场根基的情况下,农村土地产权尚不够明晰,农户产权意识还欠培养,快速兴起的土地流转市场由于价格确定不合理、定价管理不完善造成社会纠纷频发,影响农村社会秩序和农村土地市场发育。从目前网络交易平台提供的指导价格来看,土地流转价格上不统一,农户参与土地流转过程中如何确定价格、价格应为多少尚没有规范标准,阻碍了部分农户参与流转的积极性。为弥补现今中国农村土地经营权分散流转市场的先天不足,政府通过引导土地分散流转定价的手段,间接干预农村土地流转市场,既能满足土地流转以市场机制为基础,又可以弥补市场发育不完善及基础薄弱的缺陷。

7.1.2.2 政府主导农村土地经营权规模化流转定价的必要性

政府主导土地规模化流转定价是预防过度市场化的重要手段。以政府主导的方式干预土地规模化流转定价,也是为了弥补土地流转市场失灵。在土地规模化流转市场中,由于涉及农户多、涉及流转耕地面积大,加之规模经营耕地后带来的土地收益增值,如若政府不加以干预则极容易导致过度市场化的局面。在土地规模化流转中,部分新型农业经营主体预期垄断性占有土地经营权而高价转入土地,转入后生产利润无法覆盖过高的租金成本而增加经营风险。近年农村土地流转价格不断攀升,已经成为影响新型农业经营主体从事农业,特别是粮食生产的重要因素,如果政府不加以调控任其上涨,会影响规模经营发展[244]。

耕地的稀缺性与粮食产业弱质性要求政府主导定价。政府有必要干预农村土地规模化流转定价,也还有耕地是一种稀缺性资源的原因。与一般生产要素不同,受自然条件约束,耕地表现出明显的数量有限性特征,因此市场供给缺乏弹性。粮食产业的弱质性是指其在发展过程中缺乏市场竞争力,难以依靠自身力量进行扩大再生产,与其他产业相比利润不断降低的特性,主要表现为粮食生产仍无法摆脱自然条件约束、粮食价格受政策管控价格弹性较小、粮食产业技术进步较为缓慢等。耕地供给的有限引发市场供不应求,表现为经营权交易价格上涨;粮食产业的弱质性限定了经营耕地的收益范围,表现为在转入的耕地上种植粮食作物的利润较低。在此情况下,新型农业经营主体为提高利润转变土地用途,经营土地出现"非粮化"甚至"非农化"的倾向。已有研究已经证实,土地流转未必带来"非粮化",但流转价格对粮食播种面积却产生了显著的负向影响[245]。对这与国家倡导的确保耕地18亿亩红线相违背。因此,政府有必要调控农地经营权流转定价,可防患耕地"非粮化"与"非农化"于未然。

土地规模化流转的特性决定政府主导定价是最有效的调控手段。在土地规模化流转中,转入方新型农业经营主体要面对众多承包土地的农户,很难形成一致委托的集体行动。政府主导土地规模化流转定价,可以降低承包户对土地流转价格的担忧,是保护农户财产性收入的一种有效渠道,因此有必要加强定价的统一管理。由政府委托第三方机构对流转价格进行评估有如下优势:首先,第三方机构比转出方农户更具专业优势,能更科学合理地按照政府发布的定价方法进行价格评估;其次,第三方机构评估流转价格有助于降低交易成本,第三方机构可利用自己作为中介组织的信息优势与专业优势,提供土地信息,减少土地供求双方反复博弈价格的次数,从而节约交易成本;再次,由政府委托的第三方评估机构,除了在流转交易前评估定价以外,还可在流转交易后发挥政府赋予的监督功能,例如监管土地用途、监控耕地经营风险等。

7.1.3 政府干预农村土地经营权流转定价的行为边界

7.1.3.1 政府引导农村土地经营权分散流转定价的行为边界

在土地分散流转定价中,政府应以市场失灵和公共利益作为限定政府行为的边界。尽管政府干预农村土地流转定价是合法合理且必要的,但必须设定一个边界以规范政府行为,规避特权越权情况的发生。政府在参与农地经营权流转定价过程中,必须做到有所为有所不为。

首先,应以市场定价的失灵范围作为政府干预土地分散流转定价的行为范围,这是由政府干预理论提出的根源所决定的。政府干预市场的初衷在于弥补市场失灵的不足,在农村土地经营权分散流转定价中,主要以农户间相互协商的市场定价为主,市场机制在土地分散流转定价中发挥重要作用,这就提高了市场失灵发生的概率。土地分散流转定价的市场失灵现象主要表现为:刚进入土地流转市场的农户由于缺乏市场认识,不知应以何等价位流转价格转出土地经营权为宜;在亲情社会捆绑下的土地流转市场,土地经营权以零价或远低于市场平均水平的价格流转,扰乱市场价格信号;部分农户肆意要价,刻意提高转出价格束缚土地流转发展等。对于这些市场失灵部分,政府有必要干预土地分散流转定价。

其次，超出公共利益的范畴应让市场发挥基础性作用。也就是说，政府干预的范畴应是公共利益的范畴，当超出公共利益范畴时，应让市场发挥基础性作用。在土地分散流转过程中，可能的公共利益主要包括：农户在确定流转价格过程中的自主性；农户转入耕地后不得改变土地用途；流转价格的确定不得扰乱土地流转市场，不得侵犯任一方权利等。

综上而言，政府在引导农村土地分散流转定价问题上，政府的职责是为市场创造公平的条件，为市场竞争制定必要规则并监督规则执行，从而提高市场交易效率。而流转交易市场中，农户交易与否、交易方式如何、交易对象是谁等方面，只要不违背基本规则，均不在政府干预范畴之内。

7.1.3.2 政府主导农村土地经营权规模化流转定价的行为边界

发展农村土地经营权流转市场经济要求政府转变、规范职能，从无限管理型政府向有限服务型政府转变。尤其在土地规模化流转市场中，政府干预土地流转定价的行为边界值得关注。由于土地规模化流转的特殊性，本书提出在土地规模化流转中，应采用政府主导的方式干预流转定价，这是一种政府对流转定价的强干预行为，对政府有所为以及有所不为的边界更需划分清楚。

政府对土地规模化流转定价的干预以不侵犯参与流转主体权利为限。参与流转主体的权利主要包括承包户自愿转出土地的权利、承包户转出土地获得收益的权利、新型农业经营主体经营获利的权利、新型农业经营主体享受相应补贴的权利等。土地规模化流转是一种对政府依赖较强的流转形式，为更好地发挥政府在土地规模化流转定价中的作用，首先，需要基层政府根据本地自然与社会情况确定是否适合进行土地规模化流转。从自然因素来看，适宜农耕的地区才具有实现土地规模化流转的可能。土地规模化流转的目标是促进土地集中连片，加速实现农业现代化经营，只有适宜农耕的地区才能通过规模化流转实现土地收益增值，而对于不具备优良农业生产条件的地区，很难通过政府干预达到土地转入方与转出方的供需平衡，此时政府强制推动流转则属于行为失范。从社会因素来看，农业转移人口较多的地区更适合推行土地规模化流转。土地规模化流转涉及农户数量较多，农业专业人口较多的地区农户有更强的意愿转出土地。其次，在土地规模化流转定价中，政府主导流转定价不得以损害任一方利益为代价推动流转。以土地规模化流转的形式实现农业适度规模经营，是为确保集体经济发展成果惠及本集体经济组织内的所有成员,而不是以做计划、定任务、分指标的方式片面追求公共利益。因此,在政府主导土地规模化流转定价中,要维护流转双方利益,避免政府寻租行为发生。

政府对土地规模化流转定价的干预以不扰乱市场发挥资源配置作用为限。在政府主导的土地规模化流转定价中,政府确定价格标准及价格范围应充分考虑土地流转的价值规律和市场供需等对流转价格的影响,尽可能减少对市场机制资源配置功能的干扰。不以市场为基础的政府主导定价会引起土地规模化流转市场溢价,即可能造成政府主导定价下土地规模化流转不仅未带来农地要素成本的下降,反而增加了地租,致使流转市场供需失衡。因此,在土地规模化流转定价中,政府主导定价要以遵循市场机制为基础,在合理的价格区间内确定最终流转价格,以增强政府定价弹性。

7.1.4 各级政府在农村土地经营权流转定价中的职能定位

我国的行政层级设置共分为中央、省、地(市)、县(市)、乡镇5级。在农地经营权流转定价问题上,中央政府主要负责统领全国土地流转战略方向,确定农地经营权流转定价的总体目标与方向;省市级地方政府主要针对本省或本市土地流转情况制定适用于本地区的土地流转定价政策;乡镇级地方政府是政府体系中的最基层,是具体政策的实施单位,主要负责执行上级政府指示,根据地方要求颁布定价措施。农地经营权流转定价的完善不是由某一级政府独自实现的,而是需要不同层级政府分工合作完成,因此需要明晰各层级政府在土地流转定价中应发挥的作用。

7.1.4.1 中央政府指明农村土地流转定价总方向

中央政府发布的相关法律条文为黑龙江省农地经营权流转定价指明方向,同时也为黑龙江省各级地方政府干预土地流转定价提供依据。目前,尚未出台直接针对农地经营权流转定价的法律法规,中央政府主要是从宏观层面把握土地流转发展方向,但根据相关指引土地流转的政策,可判断当下中央对农地经营权流转定价的方向。

中央政府出台的可为农地经营权流转定价依据的政策指导性文件及有关内容是:2014年颁布的《关于引导农村土地承包经营权有序流转 发展农业适度规模经营的意见》,其中关于土地经营权流转定价问题提到"土地是否流转、价格如何确定、形式如何选择,应由承包农户自主决定,流转收益应归承包农户所有"。在农户间土地分散流转中,流转最终价格是由农户自主决定的，政府指导价格仅可作为参考，不得强制规定。2016 年颁布的《农村土地经营权流转交易市场运行规范（试行）》，其中提到，"土地经营权流出方或流入方可以委托具有资质的评估机构对土地经营权流转交易价格进行评估"。说明在土地经营权流转定价中，可依据第三方评估机构对交易进行价格评估。2017 年印发的《关于加快构建政策体系 培育新型农业经营主体的意见》，提出"引导新型农业经营主体提升规模经营水平、完善利益分享机制，更好发挥带动农民进入市场、增加收入、建设现代农业的引领作用"。定价是利益分享的一部分，在培育新型农业经营主体过程中，不得影响转出方农户利益。也就是说，土地规模化流转的定价要确保转出方农民增收、转入方新型农业经营主体盈利，加快实现农业现代化。

综合来看，根据现有中央出台关于规范农村土地流转的相关法律法规，可知在土地分散流转定价中要尊重农户自身意愿、土地规模化流转定价中要确保转出方农户增收、价格确定可咨询第三方评估机构。

7.1.4.2 省市级政府颁布本区域内土地流转定价政策

省市级政府处于中央政府与基层政府的过渡地带，它是同级权力机关的执行机关，又受上级政府的领导和管理，同时又领导与管理下一级基层政府。对于农村土地流转定价问题而言，省级政府应针对本省土地流转现实情况制定适宜本地区农村土地流转现状的定价政策。

黑龙江省政府对全省农地经营权流转定价的指导性政策主要体现在 2015 年出台的《关于引导农村土地经营权有序流转 发展农业适度规模经营的实施意见》中，《意见》指出"土地是否流转、价格如何确定、形式如何选择，应由承包农户自主决定"。黑龙江省政府对土地流转定价方面的规定与国家层面相同，暂未提出其他针对省内流转现状的定价要求。可以借鉴的同级省份提出的定价方面规定是湖南省《关于引导农村土地承包经营权有序流转发展农业适度规模经营的实施意见》，指出"建立健全土地流转服务平台，免费为土地流转双方提供政策咨询、信息发布、价格评估等服务"。

黑龙江省各市出台的关于土地流转定价文件也相对较少，可借鉴的其他市级指导性文件有：安徽省合肥市《关于引导农村土地承包经营权有序流转 促进现代农业发展的若干意见》，提出"要对流转价格及定期递增机制等内容作出约定"；江苏省南京市出台的《积极引导土地承包经营权有序流转 推进农业适度规模经营的实施意见》，强调要"完善土地承包经营权流转价格评估指导机制……建立农民土地流转收益稳增长机制"；浙江省平湖市《关于进一步规范引导农村土地承包经营权有序流转实施意见的通知》，在建立健全流转机制时提到"健全土地流转价格引导机制,通过市场决定与政府规范引导有机结合,防止土地流转价格大幅波动";江苏省南京市 2013 年出台的《市政府关于引导农村土地承包经营权有序流转的意见》,指出"实行农村土地承包经营权流转指导价制度,2013 年至 2014 年对全市规模流转农民承包土地并从事农业生产经营的耕地,流转价格不低于 600 元/亩"。

可见,目前黑龙江省市一级政府对农地经营权流转定价问题重视程度尚不充足,关于流转定价方面的政策法规相对较少。借鉴其他省市政府以政府指导价格引导规范农村土地流转市场的行为,可为黑龙江省农村土地经营权流转定价提供依据。

7.1.4.3　基层政府执行上级政府方针政策

基层政府需要在国家土地流转政策框架之下,依据管辖区域实际情况实施相应的流转定价政策。乡镇政府是国家基层政权的派出机构,基本职能是贯彻执行国家相关方针、政策、法律和法规;执行上级政府的决定和命令;结合本地区实际情况拟定具体措施,并有效组织实施。对于农地经营权流转定价问题,乡镇一级基层政府是定价政策的实施机关,对流转定价起到关键作用。目前黑龙江省部分基层政府可根据本地区土地流转情况确定相应的定价管理办法,以黑龙江省克山县为例,在农村土地经营权规模化流转过程中,根据转出方农户经营耕地的年均净收益,确定 2014 年土地流转价格为400 元/亩,并要求各新型农业经营主体转入土地价格不得高于规定标准,以防止多家新型农业经营主体为争夺更多耕地经营面积而造成市场失灵。

7.2　农村土地经营权流转差异化定价策略总体思路

已有研究表明,经济增长方式的异质性很难用同一种干预形式加以管理[246],政府干预政策的实施要因时因地制宜。差异化定价策略是指根据市场结构的不同对同种类商品确定不同价格的一种定价策略。这种定价策略首先需要对市场进行细分,而后再根据市场细分结果确定不同价格。目前差异化定价策略主要应用于天然气、水、电等自然资源市场。耕地也是一种自然资源,具有资源定价的特性。本书所提出的农地经营权流转差异化定价策略,是从地方政府角度出发,根据农村土地分散流转与土地规模化流转两种流转形式的市场结构不同而分别确定不同的定价方法、明确政府在不同流转形式中发挥不同的干预作用的一种定价策略。从具体内容来看,本书的土地流转差异化定价策略是在分析政府干预土地流转定价的合法性、合理性、必要性基础上，遵循国家倡导农村土地经营权流转、实现农业适度规模经营的政策意图，根据不同流转形式的价格形成机理差异而提出的政府引导土地分散流转定价和政府主导土地规模化流转定价。

7.2.1 农村土地经营权流转差异化定价策略框架

政府干预的农村土地经营权流转定价策略主要由流转定价的总体目标、原则和两种流转形式的具体定价实施办法构成。其中，农地经营权流转定价目标为价格的确定指明方向，农村土地经营权流转定价原则为价格确定的约束行为；土地分散流转和土地规模化流转定价受两种流转形式的定价特性不同的影响，分为土地经营权分散流转定价与土地经营权规模化流转定价。两种流转形式的定价均是由定价依据、定价主体以及定价方法三部分组成（图7.1）。其中，定价依据主要源于前文对流转价格影响因素的分析结果；定价主体的确定主要依据前文内容对政府在土地流转定价中职能定位与行为边界的分析结果；定价方法的提出主要基于前文对流转定价特征和流转定价方法的研究。

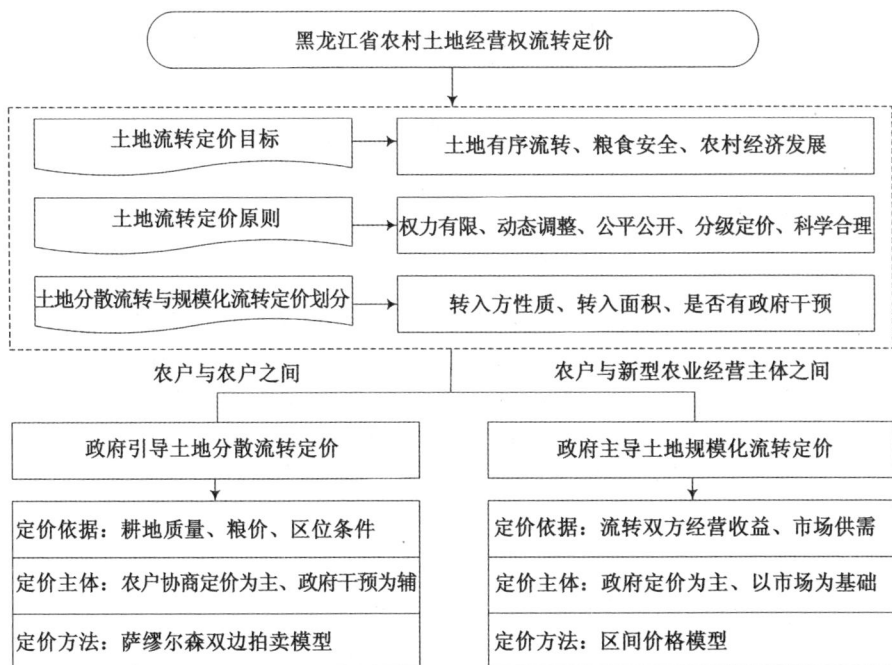

图 7.1 黑龙江省农村土地经营权流转差异化定价策略框架

在土地分散流转定价和土地规模化流转定价中，政府对两种流转形式的定价介入程度不同。在土地分散流转中，政府引导流转定价，政府对农村土地流转定价的干预主要侧重监督影响市场运行的恶性竞争行为，或是为不了解流转行情的农户提供流转服务信息，是一种对定价的弱干预行为；在土地规模化流转中，政府主导流转定价，政府对土地流转定价的干预主要是确定流转指导价格，是一种对定价的强干预行为。

7.2.2　农村土地经营权流转定价目标

确定定价目标是指引土地流转定价的方向性指示。定价目标是指政府通过制定和实施价格策略所希望达到的结果，它是确定农村土地流转价格策略和定价方法的依据。只有定价目标明确，才能保证定价策略的科学合理。在政府干预农地经营权流转定价之前，首先应考虑农村土地经营权流转的目标，农村土地流转定价是以服务农村土地流转市场为宗旨，根本目的是促进农村土地流转和平衡农村社会各方利益，最终实现农业发展、农村稳定的社会局面。黑龙江省农地经营权流转定价的具体目标主要包括：

① 以促进农村土地经营权有序流转为目标。农村土地经营权流转有序与否关系到农村社会稳定、适度规模农业发展等问题，而流转价格直接涉及流转双方利益，是影响土地流转能否有序的关键。以保证农村土地经营权有序流转为目标，要求定价程序合法、结果公正、信息公开，流转价格的确定不可侵犯参与流转任一方利益。

② 以保障粮食安全为目标。《关于切实加强农业基础建设 进一步促进农业发展农民增收的若干意见》规定："坚决防止和纠正强迫农民流转、通过流转改变土地农业用途等问题"。流转价格攀升导致的种粮成本不断提高，是增加农户经营耕地负担的一项重要原因。目前，土地流转价格由市场决定，但市场盲目性导致流转价格普遍增高，不仅影响经营主体的种粮成本，也限制经营主体对农田基础设施建设、改良土壤肥力等方面的长期投入，最终将导致耕地过度开垦、土地"非粮化"、"非农化"等影响粮食产量的局面出现。因此，政府应从调控流转价格环节抓起，以确保粮食安全为目标，完善农地经营权流转定价。

③ 以转移农村劳动力，发展农村经济为目标。转移农村劳动力以带动新型城镇化发展步伐，是土地流转政策的目标之一。农村经济发展需要优化配置农业资源，因此土地流转定价目标应与之保持一致。对于农民而言，耕

地不仅具备经济价值还具备社会保障价值。在城乡二元结构下,农民社会保障机制尚不完备,较多农户仍以耕地作为生存保障,因此流转意愿并不强烈。在推进土地流转过程中,可通过价格调节流转意愿,以加快转移农村剩余劳动力,发展农村经济。

7.2.3 农村土地经营权流转定价原则

① 政府权力有限原则。权力有限原则是政府调控农地经营权流转定价的前提,是指政府在调控农地经营权流转定价过程中,权力的行使必须在其行为边界之内,不得越权,不得影响市场经济在土地流转定价中的基础性作用。本研究认为,政府在调控农地经营权流转定价过程中,必须以市场规律为基础,对农地经营权流转定价仅发挥指导、规范、监督作用。如若政府强势干预农地经营权流转定价,会影响市场体系内部有机运转,进而损害农村发展改革发展大局。并且有限政府理论也提出,政府行为不可能不受法律和社会约束,政府认知不可能全知全能,政府自身在规模、职能、权力和行为方面不可能无限扩张。现阶段农村土地经营权市场建设中,政府主导搭建农村土地经营权流转服务中心,发挥信息传递、价格发现、交易中介的基本功能,是政府干预农村土地流转市场的政策进步,如果在此基础上能进一步细化土地流转定价策略,可促进农村土地流转市场建设。

② 价格动态调整原则。动态调整原则是指土地流转定价不应一成不变,而是应该保持时效性。农业生产是一项随季节更替、粮价波动、补贴政策影响较大的行业,同一块土地的流转价格在不同年份不同月份均会有所浮动。目前农村土地经营权流转价格,尤其土地长期流转价格往往多年不变,难以反映市场供需变化。因此,需要坚持流转价格的动态调整原则,对实行政府指导价格的土地经营权流转市场中,政府有关部门有必要定期调整价格,以加强流转价格的时效性。

③ 交易公平公开原则。公平原则是指政府在确定流转指导价格过程中,要以市场客观规律为依据,不得偏倚向任一方。公平原则是防止政府行政干预流转市场的重要规范。公开原则是指政府在确定土地流转指导价格过程中,要做到定价信息透明,不隐瞒不谎报价格信息。公开原则是保障公平原则得以实现的基础,也是规范定价程序、减少流转市场信息不对称的重要手段。

④ 耕地分级定价原则。农地经营权流转定价的分等定级原则旨在强调

耕地质量对土地流转价格的影响，在定价过程中应适当拉开不同质量等级耕地的价格差距，体现耕地的优质优价。借鉴农用地分等定级的方法与成果，将其应用于土地经营权流转定价之中，可以防止土地流转交易中"柠檬市场"的发生。

⑤ 科学合理性原则。农地经营权流转定价不能偏高，否则会增加转入方农户经营耕地负担，造成农业生产风险；土地流转定价也不能偏低，否则会减少转出方农户收益，在农户普遍依靠土地保障的现实情况下，偏低的流转价格易埋下农村社会冲突隐患。因此，要求对农村土地经营权流转进行科学性定价，运用科学工具和方法为农村土地经营权流转提供合理的指导价格。

7.2.4　农村土地分散流转定价与规模化流转定价的划分标准

本书所提出的黑龙江省农村土地经营权流转差异化定价策略主要针对于转包和出租两种流转形式。其中，农村土地经营权分散流转是指农户与农户之间以转包或出租形式进行的流转，具有农户参与、自主协商的特点。农村土地经营权规模化流转是指以政府或村基层政治组织为主导，有家庭农场、农业企业等新型农业经营主体参与的土地流转，具有政府主导、新型农业经营主体参与、土地流转大面积连片流转(多为整村或半村内耕地连片流转)等特点。在定价形式选择过程中，农户间土地经营权分散流转定价参照政府调控的农村土地经营权分散流转定价形式；新型农业经营主体参与的土地经营权规模化流转定价参照政府调控的农村土地经营权规模化流转定价形式；其他以转包或出租形式流转的土地定价，参照政府引导的农村土地经营权分散流转定价形式。

7.3　政府引导的农村土地经营权分散流转定价

政府引导农村土地经营权分散流转定价可视为是一种市场定价行为，政府在其中发挥引导和管理作用。它是指在农户与农户间土地分散流转中，坚持以农户自主协商定价为主，政府通过提供流转指导价格、调控市场不合理流转价格、管理流转违规定价行为等方式发挥政府干预职能以规范农村土地经营权流转市场，但不得以行政强制手段规定农户流转价格。

7.3.1 农村土地经营权分散流转定价依据

农村土地分散流转定价依据，主要是指在定价实际操作中确定政府指导价格标准的根据。依据指标来源于本书第 5 章黑龙江省农村土地经营权分散流转价格影响因素部分的研究结论，具体的定价依据包括：

① 耕地质量是确定农村土地经营权分散流转价格的基本依据。耕地质量的高低直接影响经营耕地后的粮食产量。以分散流转方式转入耕地的农户，多是以传统精耕细作的方式经营土地。因此，土地质量的高低会直接影响粮食产量。衡量耕地质量的科学标准主要包括土壤肥力、地势地貌、污染程度等，最直观了解耕地质量的方法是以往年该块耕地在用于粮食栽培时，一定时期内单位面积的物质生产力水平。

② 掌握粮食价格动态是确定农村土地经营权分散流转价格的关键。粮食是经营耕地的产物，粮食价格会影响经营耕地后所得利润。农户经营耕地的总利润是粮食产量与粮食价格的叠加效应，经营同质同量的耕地，粮价越高转入耕地农户所获总利润则越高，反之亦然。一般而言，除受较大的外力破坏，如地震、泥石流等地质灾害影响外，耕地质量均很稳定。但是粮价由于受粮价管控政策、国际粮价、粮食市场供需情况等多方因素影响，粮价往往具有较强的波动性。导致农户很难预测流转决策的风险，流转价格的确定具有盲目性。因此，政府调控的农村土地经营权分散流转定价中，需要掌握粮食价格动态，以维护农村土地流转的有序进行。

③ 土地分散流转定价还需要考虑不同地区的区位条件。所考虑的区位条件主要包括地区经济发展水平、交通便利程度以及与市中心距离。在本书第 4 章农村土地流转价格特征的描述性统计发现，农村土地流转价格表现出明显的区域性特征，即同一地区内流转价格离散程度较小，而不同区域之间价格离散程度较大。在本书第 5 章的研究发现，流转价格除受土地的自然因素影响外，上述三点区位因素均对农户间土地经营权分散流转价格产生显著影响，这说明在政府确定指导价格时，需要考虑本地区内交通、经济等区位因素。

7.3.2 农村土地经营权分散流转定价主体

始终坚持农户是确定最终流转价格的主体，政府对土地分散流转定价发挥引导作用。政府对农村土地经营权分散流转定价是一种弱干预。在土地经营权分散流转中，政府调控定价的方法有及时颁布流转价格参考标准、指导农户土地流转定价方法以及规范定价过失行为等。国家相关政策法规多次强调，"土地是否流转、价格如何确定、形式如何选择，应由承包农户自主决定，流转收益应归承包农户所有"。农户间土地经营权分散流转，是顺应新型城镇化发展而产生的市场行为。政府调控农户间土地经营权分散流转定价是为了解决市场定价失灵的市场过度化和定价盲目性等问题。例如，农户缺乏对粮价市场和流转市场的判断经验，以过高的价格转入土地；或者农户不了解流转定价行情和定价标准，而不知应以何种价格流转等问题。

7.3.3　农村土地经营权分散流转定价方法

农村土地经营权分散流转定价可表达为：

$$土地流转价格 = c + \alpha_1 \cdot 经营耕地净收益 + \alpha_2 \cdot 耕地的社会保障价值$$
$$- \alpha_3 \cdot 务农机会成本$$

其中 α_1 代表土地净收益系数，α_2 代表土地社会保障价值系数，α_3 代表农户务农机会成本系数；c 代表常数项。本书第 5 章以双向拍卖模型为理论基础，推导出适用于农村土地经营权分散流转的理论模型，并利用黑龙江省农村固定观察点数据对该模型进行实证检验，证明该理论模型设定有效。

在定价中，关于模型中涉及的参数土地净收益、土地社会保障价值以及务农机会成本，需要政府部门了解地区内农户经营耕地的社会平均利润、失业保险最低保障津贴以及农户务工工资水平。关于定价模型中的系数计算，可利用以往农户流转数据计算本年度流转价格，也可依据其他条件类似且流转较为成熟地区的数据进行估算。

7.4　政府主导的农村土地经营权规模化流转定价

政府主导农村土地经营权规模化流转定价可视为是一种政府定价行为，即土地规模化流转价格应以政府或其他第三方授权机构确定的价格为准，实际交易价格应遵循政府颁布的指导价格或在颁布的指导价格区间之内。政府主导土地规模化流转定价是按照社会经济自身规律，在其内在固有的调节机制及市场作用自发运行的基础上，由政府运用"有形之手"进行干预和参与，克服与弥补市场机制的不足，引导农村土地市场经济按照国家意志的方向和途径运行，实现其协调稳定发展。与政府引导土地分散流转定价不同，政府主导土地规模化流转定价中政府具有更强的干预力。

7.4.1 农村土地经营权规模化流转定价依据

相较于土地分散流转，农村土地经营权规模化流转定价对政府的依赖程度较高。政府调控的农村土地规模化流转定价依据是指，政府在确定农村土地规模化流转价格范围及流转指导价格时所要遵循的现实标准。土地规模化流转定价以不损害任一方利益为准则，依据指标来源于本书第 6 章的研究结论，具体的定价依据包括：

① 农户分散经营耕地的社会平均净收益是制定土地规模化流转指导价格下限的依据。农户经营耕地的净收益是将总收益扣除总成本计算而得。土地规模化流转消除了农户异质性对土地流转价格的影响，也就是说，当一个新兴农业经营主体规模化转入土地时，流转价格只会因耕地质量的不同而有所差异，并不会因不同农户特征而出现多种价格。在粮食价格一定的情况下，经营耕地净收益直接反映了耕地质量的高低。以农户分散经营耕地的社会平均净收益作为流转价格下限，可确保农户通过转出土地获得的收益不少于原本经营耕地时获得的收益。

② 新型农业经营主体规模经营耕地的平均净收益是制定土地规模化流转指导价格上限的依据。以新型农业经营为主体的农业适度规模经营是当下国家倡导的发展模式。新型农业经营主体具备技术先进、成本节约、供销一体等优势，在经营单位面积耕地时，纯利润往往高于农户分散经营耕地。要建立新型农业经营主体的农业经营模式，必须保证新型农业经营主体在农业经营时的可持续发展性。如若新型农业经营主体间因获取更多土地而以高价转入土地，导致收益无法覆盖成本时，会增加农业经营风险。为防止由此造成的过度市场化定价，应要求以新型农业经营主体经营耕地的平均净收益作为流转价格的上限，以确保规模农业的可持续发展。

③ 土地规模化流转的最终价格还要考虑流转市场供需情况。根据流转价格的上限和下限，可确定出土地流转价格的一个区间。这个区间是用于确定在土地规模化流转价格的范围，但并非是一个具体的价格标准。由于土地规模化流转定价对政府调控的依赖程度更高，政府有必要定期颁布流转的具体价格标准，即在价格区间内寻找一个均衡点作为流转价格标准。均衡点选取的标准取决于市场供需状况，当流转市场供过于求时，流转价格均衡点适当调低；当流转市场供不应求时，流转价格均衡点适当提高。

7.4.2 农村土地经营权规模化流转定价主体

政府或具有政府授权资格的第三方评估机构是土地规模化流转的定价主体。土地规模化流转价格需要遵循政府行政机构或政府部门指派的代表政府权威的服务机构进行评估定价。相较于土地经营权分散流转的弱干预，政府调控农村土地规模化流转定价的干预性更强。首先，并非所有规模化流转涉及的转出方农户都是主动提出流转诉求，为实现农地规模连片效应，需要村集体经济组织或其他第三方介入以达成流转协议。在土地经营权规模化流转中，农地转出方受认知能力和信息不对称等因素制约，在农村土地经营权规模流转价格谈判中处于弱势地位。所以，政府调控农村土地规模化流转利于维护转出方农户利益、降低交易成本。其次，规模化流转属于多农户土地经营权流向单一的新型农业经营主体，流转价格除受耕地质量这种显化的因素影响外，必须排除农户家庭异质性对流转价格的干扰。否则容易出现流转市场价格混乱，引发农村社会纠纷等问题，因此，需要政府或政府指派第三方机构定价以减少交易费用对流转价格的侵蚀，并通过价格手段平衡农地流转双方利益。

7.4.3 农村土地经营权规模化流转定价方法

农村土地经营权规模化流转定价管理机制的建立，必须以不损害任一方基本利益为准则，需要从土地经营权供需双方考虑，确定介于供需双方可接受范围内的流转价格。农村土地规模化流转定价大致可分为两个步骤：

第一，确定土地流转价格区间。农户是否参与土地经营权流转直接取决于务农纯收益与流出土地纯收益的比较结果。当务农纯收益高于流出土地经营权收益时，农户选择保留农地继续务农；反之，农户选择转出土地经营权。也可理解为，农户拥有稳定可持续的非农收益且农地转出纯收益高于自营农地纯收益是实现土地经营权规模化流转的充分条件。值得强调的是，在确定土地经营权规模流转价格下限时，应充分考虑农村劳动力的市场价值和农地的社会保障价值，因此有必要将农户务农与务工的机会成本计算在内。由此，从农地转出方角度，确定土地经营权规模流转价格需满足条件，即土地经营权规模流转价格不能低于农户务农和务工机会成本差与农户自营农地纯收益之和。

土地经营权转入方通过扩大农地经营面积和现代化农业手段获取更高的

边际收益，以实现总利润最大化。国家通过对新型农业经营主体的良种补贴、农机购置补贴、农资综合补贴等扶持政策，奠定农地规模经营经济基础。为保证规模化流转的可持续性，在制定价格区间上限时，需确保转入方每年获得的纯收益足以满足第二年农业生产固定投资。由此，从农地转入方角度，确定土地经营权规模流转价格需满足条件，即土地经营权规模流转价格不得高于新型规模经营主体耕作农地时扣除二倍固定成本与中介费用后的总收益。

第二，确定评估系数，计算价格。价格系数是确定土地经营权规模流转价格的关键，在定价机制中主要涉及两个问题，由谁担当中介代理人定价以及如何确定价格系数。中介代理人可能由村集体经济组织或其他性质的中介组织担任。为促进土地经营权规模化流转更好更快发展，应以市场手段为主，行政手段为辅。鉴于目前中国市场自发形成的中介机构多未成熟，本研究认为由村集体经济组织作为中介代理人更有利于中介作用的发挥。在确定方法上，对农地规模流转价格系数的确定可以看作是一种决策行为，采用Hurwicz 准则这种折中决策方法，根据农地流转双方流转意愿判断判断市场供需形势，确定合理的价格系数，进而可确定流转价格。

7.5 农村土地经营权流转定价的保障措施

为确保土地流转定价的有效实施，需要完善保障措施以提供有力支撑。主要从政策支撑体系、政府支持体系和市场服务体系三方面提出保障措施。其中，政策支撑体系是从中央政府政策制度建设角度提出完善流转定价的保障，政府支持体系是从地方政府行政机构行为角度提出的重点工作内容，市场服务体系是从规范市场参与主体角度提出的建议。

7.5.1 优化农村土地经营权流转政策环境

7.5.1.1 丰富土地产权制度建设内容

加强土地产权改革的目标是"明确土地经营权归属，形成产权清晰、权能明确、权益保障、流转顺畅、分配合理的农村土地产权制度"。在我国农村土地产权制度建设中，中央政府主要从确定农村土地权属、土地"所有权、承包权、经营权"三权分置、延长土地承包期三方面稳定农村土地经营权流转市场。目前，农村土地确权工作已经基本落实，土地承包期在第二轮到期后再延长30年等方面已见成效。为保障农地经营权流转定价科学合理，还需要在捋清产权关系、明确产权权能、明晰产权规则等方面进一步加强建设。

7.5.1.2 深化农业补贴政策

农业补贴政策可以有效提高粮食产量和资本投入，提高农户种粮积极性，是目前最合理可行的外部性内在化手段。通过农业补贴，可增强农户转入耕地意愿，进而影响农村土地流转价格。但目前我国农业补贴政策在促进农村土地流转，尤其涉及流转利益分配中的作用仍未充分发挥。主要表现在调控农业生产方面的指向性和精准性仍有待提高，补贴和市场的关系也仍有待理顺。我国农业补贴政策的主要目标是支持耕地地力保护和粮食适度规模经营，但是在土地流转过程中，农业补贴却归拥有承包地的转出方农户获取，而非实际生产者，这就偏离了补贴原本的政策指向性。因此，深化农业补贴政策，增强政策的指向性和精准性，充分发挥农业补贴与市场的互动作用，对调整农村土地流转市场，调控流转价格将发挥重要作用。

7.5.1.3 优化引导耕地适度规模经营的政策组合

从经济角度来看，土地规模化流转可以加速城镇化进程以及实现农业现代化；从社会角度来看，土地规模化流转致使农村社会阶层间关系失调，造成强势群体不正当竞争以及弱势群体利益被剥夺，造成社会冲突。为保障土地流转定价的实施，应完善土地规模化流转政策。根据现有冲突建立新的规范和制度将是促进农村经济发展、稳定农村社会的最优解。

优化引导耕地适度规模经营的政策组合，可以促进土地集聚与土地要素整合，带动土地流转的正向效应。促进耕地适度规模经营的政策组合主要包括农地流转政策、农业金融政策、农业职业经理人政策。农地流转政策主要是通过对生产端要素进行补贴，以实现对生产环节的扶持；农村金融政策主要是盘活农村土地资本，为农业经营注入生产动力；农业职业经理人政策主要包括农业职业经理人培育、资格评定和担保贷款，是为农村土地规模经营提供人力保障。

农地流转补贴政策上，要以实现适度规模经营为目标。农村土地流转可以把原本分散经营土地产出的弱质性特征转换为规模经营增进综合产出的强质性优势。这就提升了土地要素价值，扩展了土地财产性价值内涵。但是在补贴对象上，应是仅对经营规模适度的土地流转行为进行补贴，通过补贴政策控制经营规模。

农村金融政策方面，农村金融制度可通过自下而上和自上而下两种方式构建，自下而上的建设是指农民自发形成的，依赖于合作社的经济凝聚力，但耗时较长；自上而下的建设是在政府引导下，通过信贷、税收、财政政策支持，短时间建立的金融制度。鉴于我国农村金融建设环节薄弱，政府需要发挥主导作用，包括发挥财政资金杠杆作用、加强地方各级农地政策衔接与配合、加强农地抵押制度等方面。

农业职业经理人政策方面，培育农业职业经理人机制的提出是源于农村青壮年劳动力大规模转移城市，农村劳动力素质明显下降。因此，有必要大力培育新型职业农民。这需要政府为农业职业经理人市场搭建要素市场平台，通过市场价格机制与竞争机制作用，促进农业生产要素优化配置。同时，也需要建立激励相容机制，使农业职业经理人机制自动运行实施，构建新型农业劳动力要素市场。

7.5.1.4 完善流转定价行为监管机制

流转定价行为监管主要针对流转定价主体行为，即参与流转农户的定价和政府确定流转价格的行为。对于农户的过度市场化定价行为，尤其是大规模新型农业经营主体试图以流转溢价挤兑其他经营者，政府必须及时予以管治，以保证流转市场的有序运行；对于政府定价，主要是根据前文说明的行为边界予以规范。要杜绝基层政府或其他代表政府权力的第三方机构强迫农户接受不合理的流转价格行为。为保证上述监管有效实施，要畅通农户维权渠道，确保农户对政府越权定价行为得以申诉，保证市场在调配农村土地流转中的基础性作用。

7.5.1.5 扶持耕地适度规模经营

在农业现代化进程中，要坚持以适度规模为原则因地制宜分类指导农村土地经营权流转。促进农业规模经营是为了加速实现现代农业"节本增效"的规模经济，鼓励新型农业经营主体和其他适应农业生产的主体成为土地流转对象。扶持耕地适度规模经营要根据地区自然与社会因素确定不同粮食生产的最优经营规模，并对符合最优规模的种粮主体进行政策扶持，对规模过小或规模过大的经营主体进行适当调整，以保证粮食生产的最优效率。同时，耕地经营的规模经济性也会拓展至对优质高效的农业社会化服务，因此需要完善配套设施与服务体系，在金融服务、中介服务、农业保险、农业技术推广方面提供稳定保障。

7.5.1.6 加强农村土地整治工作

加强农村土地整合与治理，可有效缓解耕地细碎化问题并改善农村生产生活条件，提高农业生产综合效益。目前，我国农村土地整治工作主要以政府推进为主，以增加农村公共品供给为主要工作内容，并取得相应成效。但农村土地整治功效作用仍未完全发挥，因此需要加强推进农村土地整治工作。在土地整治主体功能释放方面，需要改变现行自上而下的决策体制导致的农民及村集体组织的地位缺失，通过村民自治重塑农民的主体责任，强化农民的整治意识，满足农民的耕种需求；在权属调整方面，农村土地利用普遍存在反公地悲剧，因此必须做好权属现状调查、土地面积测量以及土地质量评价工作，实施权属调整方案，将分散的农户组织起来将细碎化的耕地整合起来；在资金筹措方面，构建政府投入持续加大、社会力量广泛参与、市场机制不断完善的多元化资金投入格局，将新型农业经营主体带入到农村土地整治任务之中，实现土地整治与土地经营的良好互动。

7.5.1.7 明晰政府和新型农业经营主体的权责边界

对基层政治精英阶层而言，目前农村土地规模化流转还需依靠基层政府推动才能得以实现，但有必要划清流转中政府与市场边界。政府干预土地流转可能造成新的不公，加剧阶层分化和矛盾冲突，因此农村土地流转发展必须尊重市场经济规律。尤其在土地流转初具规模后，应将政府职能划归为辅助功能，弱化基层政治精英阶层与新型大户阶层之间的利益联结。基层政府应发挥公共职能，建立健全土地流转交易市场，为交易双方提供公平、公开、规范的交易环境。

对于新型大户阶层而言，明确新型大户阶层在村内的经济地位与社会责任。新型大户阶层是推动农业生产发展的动力，盈利能力决定转出方农户土地流转收益。因此首先应通过政府补贴支持机械化经营、购买农业保险分散经营风险等方式保证其经营的盈利水平。其次需要确定合理的行业经营规则，确保新型农业经营主体公平有序参与竞争，并注重经济、社会、生态效益的全面提升。

7.5.1.8 灵活调整政府引导与政府主导策略以促进农村土地流转

当提升农户务工能力与收入的政策效果受限时，对比政府引导与政府主导的交易成本，综合考虑农户流转意愿，调整合适的流转策略。通过土地流转定价实现策略转变，在政府主导型土地流转地区，建立有效的政府定价机制，调整政府定价与市场定价差异推动土地流转；在市场主导型土地流转地区，有效管制非法流转行为，维护农户权益。

7.5.2 完善农村土地市场服务体系

7.5.2.1 丰富土地流转服务平台功能

丰富土地流转服务平台功能，是指各平台市场竞争条件下，自身服务质量的提高。农地流转服务平台的功能主要包括两个方面，一是通过收集、整合、发布农地流转信息以及信息咨询，为流转双方提供一个公开平等的交易场所；二是通过审核流转合同、协调并解决土地承包纠纷、土地竞标发包以及土地流转市场监管，完善土地流转服务平台功能，旨在提高现有平台服务质量，充分发挥土地流转服务平台引导、规范、协调功能，以推动农村土地有序流转。完善土地流转服务平台功能的目标是建设高效、规范、普适的服务。在完善服务平台功能方面，需要加强服务平台对外宣传，让农民知晓流转服务平台可提供的服务内容。同时，也需要减少平台交易成本，平台建设必须以服务农户为准则，畅通平台交流渠道，努力实现平台的一站式服务。

7.5.2.2 增强农户非农就业

增强农户非农就业需要从农户自身能力培养和就业环境拓展两方面进行。在提升农户自身非农就业能力上，目前黑龙江省农村劳动力受教育程度较低、几乎没有职业技术培训，制约了农村劳动力在城市就业市场中的增值空间。在加强农村劳动力教育中，需要通过政府、地方、社会力量，共同提高农村劳动力的综合素质，推动农村剩余劳动力向非农部门转移。同时，还应大力发展农村职业教育，建立完善的现代农村职业教育体系，创新农村职业教育体制机制。充分利用社会、技术资源，扩大农村职业教育和成人教育覆盖面。在城市职业学校建立面向农村转移劳动力的专业技能招生项目，放宽招生年龄限制，真正提高农村剩余劳动力和农村已转移劳动力的就业能力。土地规模化流转背景下，农户培训主要分为两个方向，一是面向新型大户阶层的管理能力培训。主要目标是提高家庭农场、农民专业合作社等组织的管理水平，提升管理者的经营理念，强化新型大户阶层的服务意识和社会责任感，缓和阶层间冲突。二是面向转出土地农户的职业技能培训。了解土地转出方农户就业意愿和市场人才需求，优化培训供给，培育与市场对接的职业型人才，解决转出方农户的就业和社会保障问题。

提高农户非农收入是提高农户转出土地意愿、实现土地规模经营的根本。在农户务农收入既定条件下，建设农村实用人才培训基地、帮扶农民创业等，拓宽农户就业途径可有效提高农户在外就业积极性。优化农民进城务工环境，让农户更快更好融入城镇生活，既不损害转出方农户权益，又利于转入方农户高效利用土地资源。

同时，还应建立健全农村非农就业服务体系，打通农民进城务工通道。设立职业介绍机构，并保证机构的对接安全性、信息周转性，避免农村劳动力进城务工的盲目性，降低农村劳动力转移成本。可形成县、乡、村三级农村劳动力服务网站，允许具有一定规模的劳务协会、劳务能人通过劳务中介组织展开服务，建立内外互动的劳务合作机制，为农民工提供便利的就业信息、法律咨询以及培训服务。

7.5.2.3 提高农村种粮效益

近年粮食产量不断攀升，但种粮农户却未实现相应的增收，制约了农村发展，城乡经济差距进一步拉大。农村青壮劳动力纷纷进城务工，在转入耕地意愿不强的地区，耕地大面积撂荒，造成资源浪费。我国农村种粮效益低迷的原因主要在于农业经营方式落后、农业基础设施薄弱、粮食生产没有形成品牌效应、人地矛盾突出以及政府对农村种粮管理欠缺等。提高种粮效益，可促进农村土地经营权流转市场发展，增加参与流转双方农户收益。在具体实施中，首先需要发展现代农业，利用现代化农业机械节约劳动力、降低耕作成本，提高种粮净收益；其次，要推行绿色生态农业，改善土壤质量，生产有机粮食，拓展销售市场；第三，加强保持土地质量和提高产量的关键技术推广；第四，应完善政府对种粮的管理制度，将补贴发放给种粮农户而非转出土地农户；第五，应改革和完善土地市场，提高农业产业化水平，把粮食安全建立在农业总体效益较高的基础之上。

7.5.2.4 把握粮食市场动态

粮价的波动直接影响农户流转土地意愿与种粮农户的经营收益。把握粮食市场供需情况、粮价走势情况，事关农户切身利益。粮食价格通过当期经营和未来价格预期这两种作用机制影响土地流转价格。一方面，粮食价格上升直接作用于当期耕地经营收益。在生产要素价格和生产效率一定的情况下，粮食价格上升会刺激农户扩大经营规模增加生产总量进而提高经营利润。相应地，转入土地的积极性会正向影响土地流转价格。另一方面，粮食价格上升走势会带动农户对扩大经营面积的收入预期。根据蛛网理论，农户会根据上一年粮食价格预期经营耕地收益，再根据流转收益决定流转与否以及流转价格。因此，制定农村土地流转指导价格的有关部门必须把握好粮食市场动态，以更科学、理性的方法指导农村土地流转市场。

7.5.2.5 规范土地流转行为

规范农村土地经营权流转行为是保证农村土地经营权有序流转的基础，建立经营权流转合同和程序制度是规范土地流转行为的基础。在流转中，需要以正式合同为依据进行土地流转交易，并对流转登记提出明确要求。当发生权属变更时，要向公众公布其权属、主体等相关信息。土地流转合同生效后受法律保护，各方应恪守信用。关于农村土地经营权流转程序制度，承包方应将预流转土地的座落、面积等信息在流转市场发布公告，受让方选定后与承包方面谈，并可实地考察、评估土地等级。流转协议达成后，由乡镇政府引导，签署流转合同，向县级以上行政主管部门登记，并将相关资料归档保存。

加快建立农民维权机制，确保农户以最快捷方式表达诉求。建设合法畅通的维权机制可将阶层冲突化解于萌芽阶段，防止过激行为发生。首先，需培养农户法律维权意识，通过法律手段维护自身合法权益。其次，提高农民的组织化程度，增强弱势集团各阶层的谈判能力。除此之外，还需要基层政府运用法治思维搭建农户维权平台，确保农户合法权益受侵犯时有法可依。

7.6 本章小结

黑龙江省农村土地经营权流转差异化定价策略主要包括政府引导的土地分散流转定价和政府主导的土地规模化流转定价两方面。已有法律条文允许政府以合法手段干预农村土地经营权流转，加之政府具备其他第三方机构所没有的公权力威信，决定了政府干预农地经营权流转定价的合理合法性。土地经营权流转本应是一种市场交易行为，但由于中国农村土地经营权流转市场起步晚、发展快，完全依靠市场内部运行而形成的价格很难适应社会需求，进而会损害交易双方利益，阻碍农村土地流转发展。除此以外，受市场失灵和耕地资源有限性等因素的影响，要求政府干预农地经营权流转定价。但是，政府参与农村土地流转定价并非采用行政干预手段强制性规定价格，而应是因时因地制宜干预流转定价。政府干预农地经营权流转定价，主要是代表公共利益以化解过度市场化导致的市场失灵。

在黑龙江省农村土地经营权流转定价策略设计中，首先搭建黑龙江省农地经营权流转定价策略的总体框架，构建定价策略的总体逻辑，而后明确定价的目标与原则。鉴于现今农村土地经营权流转呈现农户间土地经营权分散流转和土地经营权规模化流转形式并存且两种流转形式的价格形成存在明显区别，因此设定了差异化的农地经营权流转定价策略。根据两种流转形式各自的定价特征，分别从定价依据、定价主体、定价方法三方面做了详细规定。其中，政府引导的农村土地经营权分散流转定价中，坚持参与流转的农户是价格确定的主体，政府负责指导、调控市场中的不合理定价，主要依据耕地质量、粮食价格、区位条件，采用考虑交易双方博弈能力的定价模型进行定价。政府主导的农村土地经营权规模化流转定价中，政府对流转价格的干预力度较大，交易价格有必要遵循政府制定的指导价格。定价主要依据普通农户分散经营耕地和新型农业经营主体规模经营耕地的净收益。

为确保土地流转定价策略的有效执行，需要完善保障措施以提供有力支撑。主要从政策环境和市场服务体系两方面提出保障措施。其中，政策环境是从中央政府政策制度建设角度提出完善流转定价的保障，市场服务体系是从规范市场参与主体角度提出建议。

第8章 结论与讨论

8.1 结论

　　合理的定价是农村土地经营权自愿有序流转的基础,研究农地经营权流转定价问题可健全我国农村土地流转市场。但农村土地资产却长期排斥于资源市场定价体系之外,导致流转价格具有盲目性和随意性。党的十九大报告中指出,第二轮承包到期后再延长30年,以土地流转带动农村经济活力成为振兴农村经济的必然趋势。国家同时倡导发展适度规模经营、实现小农户和现代农业发展的有机衔接。在此背景下,以黑龙江省为代表的农村土地市场出现农户间土地经营权分散流转和土地经营权规模化流转并存的局面。鉴于此,本研究利用黑龙江省农村固定观察点数据、统计年鉴数据以及对哈尔滨市周边、齐齐哈尔市克山县的实地调查访问数据,采用统计分析归纳总结黑龙江省农村土地经营权流转特征。利用计量分析、博弈分析等方法分别分析土地经营权分散流转与土地规模化流转的价格影响因素、定价特征、定价方法等内容。基于政府干预理论,指明政府干预农村土地流转定价的合理合法性以及各级政府在土地流转定价中的职能定位,明确政府在土地分散流转与土地规模化流转中的不同干预形式,并明晰政府在不同流转形式中干预行的必要性与行为边界。基于前文对黑龙江省土地流转现状、土地分散流转和土地规模化流转定价特性与定价方法、政府干预土地分散流转定价与土地规模化流转定价的不同形式,提出黑龙江省农村土地经营权流转的差异化定价策略,内容包括确定农地经营权流转定价的目标与原则,根据不同流转形式的特点,从定价主体、定价依据、定价方法三方面制定实施办法。具体研究结论如下:

　　① 黑龙江省农村土地经营具有户均耕地面积大、经营较大规模耕地农户比重高、耕地细碎化程度降低、粮食价格呈上升趋势、新型农业经营主体

与普通农户经营耕地并存的特征；黑龙江省农村土地经营权流转具有参与流转面积大但价格低、以转包形式为主、土地流转范围逐年扩大、土地分散流转与规模化流转并存的特征；黑龙江省农村土地流转价格具有价格总体呈上涨趋势、流转价格具有明显区域性、流转价格的离散程度降低的特征。除此以外，土地分散流转与土地规模化流转在价格水平、价格离散程度、价格确定方式上均有明显差异。

② 在农村土地经营权分散流转价格影响的单因素回归分析中，耕地生产能力、县域人均 GDP 水平、交通通达性均对流转价格产生 1% 水平上的显著正向影响；耕地亩均净收益、农户家庭务农劳动占比对流转价格产生 10%水平上的显著正向影响；单块耕地面积、农户家庭务农收入占比对流转价格产生 1% 水平上的显著负向影响。

③ 在单因素的相关性分析与多因素的回归分析中，耕地生产能力均对流转价格产生显著正向影响，说明在农村土地经营权分散流转中，耕地生产能力是流转价格最重要的影响因素。调查耕地生产能力信息将有助于确定农村土地经营权流转价格，但在现有的流转价格确定中并未将耕地细碎化程度纳入考虑范围。

④ 在土地经营权分散流转中，流转价格主要受表示耕地特征和区域特征的因素影响，且区域特征对土地经营权分散流转价格的影响逐渐增强。应了解地区经济发展情况和区域交通状况，以完善农村土地经营权流转定价。

⑤ 经济发达地区较经济欠发达地区土地经营权分散流转价格更符合优质优价规律和地租地价理论。因此在建设农村土地经营权流转市场时，应着重整顿经济欠发达地区农村土地流转市场，以尽快完善全国土地流转定价体系。

⑥ 农地经济价值、农地社会保障价值和农户务农机会成本是土地流转定价模型的基本构成要素。在逐步回归分析中，这三项要素始终对流转价格产生显著影响，说明它们对流转价格的影响是显著而稳定的。

⑦ 区域经济发展水平和年份对流转定价也有显著影响，因此应将区域经济发展水平纳入到计算公式，同时应设定浮动值来应对每年变化。研究发现，区域经济发展水平对流转价格产生显著影响，在考虑了区域经济发展水平后的计量模型对现实解释力度也更高，证明不可忽视区域经济发展水平对流转价格的影响。

⑧ 基于双向拍卖理论的农户间土地流转定价方法与思路具有简易性和

实用性，可用作估算区域农地流转价格。本研究所得定价模型涵盖的农地经济价值、农地社会保障价值、务农机会成本以及区域经济发展水平等信息都在政府相关部门的统计范畴之内，具有易获得性。同时定价模型的估算价格与实际价格拟合较好，证明具备使用价值。

⑨ 在政府干预下克山县取得土地有序流转、耕地规模经营的有益成效。完全依靠市场的农地流转容易出现供需双方信息不对称、矛盾纠纷频发等问题。因此，政府有必要干预农地流转，可通过政府引导和政府主导两种方式参与。政府引导方式兼具发挥政府职能与尊重市场规律双向优势，是目前推崇的政府干预流转方式。但在一些特殊条件下，必须通过政府主导才可达到规模经营的目的，因此政府主导方式是必要的。但由于政府主导的局限性，在农地流转初具规模后可通过改变流转价格、降低交易费用、提高农民务工收入以及加大奖惩力度等方式，由政府主导转向政府引导农村土地流转。

⑩ 土地规模化流转虽可带动农村经济发展，但也会引发农村社会阶层冲突。主要表现为对土地支配权力的偏移酝酿阶层冲突发生、土地规模化流转后收益增长进一步推动阶层冲突、现有土地收益分配规则缺失激化阶层冲突。综合而言，土地规模化流转导致的土地收益增值是激发农村社会矛盾的根源，因此，在确定土地规模化流转价格时需要考虑土地增值收益的分配问题。

⑪ 土地规模化流转削弱了农户异质性对流转价格的影响，因此需要政府或政府委任第三方机构为土地规模化流转确定价格。根据参与土地经营权流转双方利益需求，计算克山县一年期土地经营权规模流转价格区间为 4580 元/公顷到 9155 元/公顷。

⑫ 计算土地规模化流转价格中，在价格区间内引入 Hurwicz 准则，测算土地经营权规模流转价格是可行的。克山县是我国土地经营权规模化流转典型试点县，流转程序比较成熟，可作为农地规模化流转定价的评判标准。目前，克山县土地经营权规模流转价格为 6000 元/公顷，在流转中国家对种粮户的补贴归转出方农户所有，转出方农户每年通过流转土地经营权可获纯收益为 7200 元/公顷，属价格区间范围内。克山县自 2009 年起开始推行土地经营权规模化流转扶持政策，规模化流转推行时间较长，农户剩余劳动力转移问题基本解决，提升的务农机会成本降低了农地转出方群体对农地流转的整体价格预期。因此，本研究计算的理论价格略高于土地经营权流转的实际价格。本研究计算的理论价格与实际价格基本一致，说明定价策略的操作方

法具有可行性与合理性。

⑬ 本研究所得的农村土地经营权规模化流转价格上限与价格下限之差，即为级差地租Ⅱ。在价格区间内寻求符合流转双方利益的均衡点，可视为是对级差地租Ⅱ的分配过程。提高规模经营农地产出值是提高流转价格、推进土地经营权规模化流转的关键。本研究计算的流转价格高于以往仅以农户家庭自营农地的经济产出为核算标准的价格，且能确保农地转入方利益，拓宽了农民的土地财产性收入渠道。

⑭ 我国农村土地经营权流转起步较晚但发展很快，致使流转市场基础薄弱。加之耕地资源的稀缺性、粮食产业的弱质性和市场失灵，政府有必要调控农地经营权流转定价。但政府调控范围仅限于市场定价失灵的范围，对于超出公共利益的范畴，仍需要市场定价发挥基础性作用。

⑮ 鉴于土地分散流转定价和土地规模化流转定价特征差异，提出农村土地经营权流转差异化定价策略。从总体上设定黑龙江省农地经营权流转定价目标、定价原则以及定价政策依据。其中土地流转定价要以土地经营权有序流转、保障粮食安全、促进农村经济发展为目标；要以坚持政府权力有限、价格动态调整、交易公平公开、耕地分级定价、方法科学合理为原则。又根据两种流转形式的差异，从定价主体、价格确定依据、定价方法三方面分别详细设定了土地分散流转定价和土地规模化流转定价的实施办法。

8.2 讨论

已有研究关注了我国现今农村土地经营权分散流转和土地规模化流转并存的现状，但针对两种流转形式的定价问题研究仍然较少。对农地经营权流转定价方法的研究，仍停留在以收益现值法估算土地价值的核心方法上，未能区分两种流转形式定价特性的不同而导致定价方法差异。本研究旨在构建适用于黑龙江省农村土地经营权分散流转与规模化流转并存局面的定价方法，提出适用于现今土地分散流转与规模化流转并存局面的农村土地经营权流转策略。本书所研究的农村土地经营权流转重点是指出租与转包这两种流转方式。通过对土地分散流转和土地规模化流转两种流转形式的比较，根据这两种流转形式的价格形成特征不同分别确定不同的定价方法。但受篇幅所限，仍有待继续研究之处是：

① 在对土地分散流转价格影响因素的研究中，本书虽从农村土地经营权转入方角度探究，但限于数据获取，没能从转出方角度分析各因素对土地流转价格的影响。分析转出角度流转价格影响因素，并对比与转入方流转价格影响因素差异，将是下一步研究方向。除此以外，对耕地净收益对流转价格影响的研究，在单一因素的相关性分析中，耕地净收益对流转价格产生显著正向影响，但在多因素的逐步回归和分样本回归中，耕地净收益却与流转价格产生显著负向影响。多因素分析中耕地净收益对流转价格的影响方向与预判存在较大反差，耕地净收益与流转价格间究竟存在怎样的相互关系值得进一步研究。为更深入更精确研究耕地净收益对耕地流转价格的影响问题，还需要搜集更长时间序列的观测数据以完善对该问题的认知。

② 在对土地分散流转定价方法的研究上，与以往主要围绕土地价值而使用收益还原法计算土地流转价格的研究相比，本书以双向拍卖理论为基础，构建的土地流转定价模型不仅可以反映土地价值，还能反映农户间自发土地流转的供需关系。使用微观农户数据对理论模型进行实证检验并确定影响系数，得到的结论更贴近黑龙江省农户间自发土地流转定价的实际情况。但为增强模型的实用性与可操作性，本书仅挑选了影响土地流转价格各因素中可量化、最关键的三项指标，即土地净收益、土地社会保障价值以及农户务农机会成本。由于受到获取数据的限制，本书仅选择黑龙江省失业保险金作为衡量土地社会保障价值的指标，选择统计数据城镇私营单位平均工资水平作为衡量农户务农机会成本的指标，这种数据选取可凸显不同区域内农户的整体特征，但在显化农户个体特征方面的精准性略显不足。因此，细化表征农户个体特征的相关数据将是未来完善定价模型系数的重点。本书以计量分析的方法使用 2012 年、2014 年以及 2015 年数据，将时间作为控制变量估算黑龙江省土地流转价格系数，加强定价模型对实际情况的解释力度。可搜集更长时间序列的观测数据，能进一步加强定价模型的预测能力。

③ 在对土地规模化流转定价的研究中，发现农地转入方与转出方的农地经营能力以及双方对农地的价值评估至关重要。以往对土地经营权流转价格研究中，多是以农户家庭自营耕地的经济产出作为定价标准，既未考虑农村劳动力机会成本，也未考虑农户在土地增值中的利益分享，致使农户承包土地的财产性权利缺失。综合考虑农村劳动力机会成本的土地经营权规模流转价格下限可体现劳动力的市场价值，本书确定的价格上限可保证新型农业经营主体可持续性发展，根据市场形势判断的价格系数可确保农户参与农地

增值利益分配。但同时，各地区自然、社会、经济环境不同，影响土地经营权流转价格因素的侧重点也不尽相同，所以土地经营权流转价格影响因素的综合评估体系也应根据不同研究区具体情况而做出适当调整。

④ 在提出的定价策略中，本书认为政府应干预农地经营权流转定价，并提出适用于农村土地经营权分散流转和规模化流转不同定价特性的差异化定价策略。在对定价策略的研究中，定价方法是本书研究的重点，同时也强调政府在不同定价中作用的差异。但完整的定价策略是一个包含定价依据、定价主体、定价方法以及各种配套保障措施互相作用的综合体系，虽然对这些内容本书已有界定，但仍停留在理论层面，还需要经过实践检验以继续深化对黑龙江省农村土地经营权定价策略的理解并加强对定价策略的完善。除此以外，土地经营权流转价格除受市场和行政手段调控以外，还受亲情关系影响且部分地区亲情的影响强于市场调节和行政手段作用，如何协调土地分散流转价格与土地经营权规模流转价格，规避流转价格不均可能引起的社会冲突，以完善土地流转市场价格体系，仍有待研究。

参考文献

[1] 朱冬亮. 农民与土地渐行渐远：土地流转与"三权分置"制度实践[J]. 中国社会科学, 2020(7)：123-144.

[2] Jayne T S, Chamberlin J, Traub L, et al. Africa's changing farm size distribution patterns：the rise of medium-scale farms[J]. Agricultural Economics, 2016.

[3] Sipangule K. Agribusinesses, Smallholder tenure security and plot-level investments：evidence from rural Tanzania[J]. African Development Review, 2017.

[4] Holden S, Yohannes H. Land redistribution, tenure insecurity, and intensity of production：a study of farm households in Southern Ethiopia[J]. Land Economics, 2002, 78(4)：573-590.

[5] Benjamin D, Brandt L. Property rights, labor markets and efficiency in a transition economy：the case of rural China[J]. Canadian Journal of Economics, 2002, 35(4)：689-716.

[6] Macours K, De Janvry A, Sadoulet E. Insecurity of property rights and social matching in the tenancy market[J]. European Economic Review, 2010, 54(7)：880-899.

[7] Deininger K, Jin S. The impact of property rights on households' investment, risk coping, and policy preferences：evidence from China[J]. Economic Development and Cultural Change, 2003, 51(4)：851-882.

[8] 刘守英. 按照依法、自愿、有偿的原则进行土地承包经营权流转[J]. 求是, 2003(5)：36.

[9] 华彦玲. 苏南乡村土地流转中的地权及利益研究：以 H 村为个案[M]. 北京：中国社会科学出版社, 2012.

[10] 叶剑平, 丰雷, 蒋妍, 等. 2008 年中国农村土地使用权调查研究：17 省份调查结果及政策建议[J]. 管理世界, 2010(1)：64-73.

[11] 钱忠好，冀县卿. 中国农地流转现状及其政策改进：基于江苏、广西、湖北、黑龙江四省（区）调查数据的分析[J]. 管理世界，2016（2）：71-81.

[12] 刘洪彬，董秀茹，钱凤魁，等. 东北三省农村土地规模经营研究[J]. 中国土地科学，2014，28（10）：12-19.

[13] 石玉林. 东北地区农业发展战略研究[M]. 北京：科学出版社，2007.

[14] 韩贵清. 东北粮食主产区新农村建设技术模式[M]. 北京：中国农业出版社，2012.

[15] 张曙光，程炼. 复杂产权论和有效产权：中国地权变迁的一个分析框架[J]. 经济学（季刊），2012，11（4）：1219-1238.

[16] 毛飞，孔祥智. 农地规模化流转的制约因素分析[J]. 农业技术经济，2012（4）：52-64.

[17] 北京天则经济研究所《中国土地问题》课题组，张曙光. 土地流转与农业现代化[J]. 管理世界，2010（7）：66-97.

[18] 王雪琪，邹伟，朱高立，等. 地方政府主导农地流转对农户转入规模与粮食单产的影响：以江苏省五地市为例[J]. 资源科学，2018，40（2）：326-334.

[19] 张建，诸培新，王敏. 政府干预农地流转：农户收入及资源配置效率[J]. 中国人口·资源与环境，2016，26（6）：75-83.

[20] 张建，冯淑怡，诸培新. 政府干预农地流转市场会加剧农村内部收入差距吗？：基于江苏省四个县的调研[J]. 公共管理学报，2017（1）：104-116.

[21] 陈成文，罗忠勇. 土地流转：一个农村阶层结构再构过程[J]. 湖南师范大学社会科学学报，2006，35（4）：5-10.

[22] 陈柏峰. 土地流转对农民阶层分化的影响：基于湖北省京山县调研的分析[J]. 中国农村观察，2009（4）：57-64.

[23] 贺雪峰. 取消农业税后农村的阶层及其分析[J]. 社会科学，2011（3）：70-79.

[24] 林辉煌. 土地流转与乡村治理的阶层基础：以江汉平原曙光村为考察对象[J]. 中州学刊，2012（2）：92-97.

[25] 林辉煌. 江汉平原的农民流动与阶层分化[J]. 开放时代，2012（3）：14-16.

［26］ 杨华. 农村土地流转与社会阶层的重构［J］. 重庆社会科学，2011（5）：54-60.

［27］ 陈成文. 论促进农村土地流转的政策选择［J］. 湖南社会科学，2012（2）：92-99.

［28］ 谢小芹，简小鹰. 阶层重塑：土地流转对社会阶层的影响［J］. 华南农业大学学报，2014，13（1）：100-108.

［29］ 张正河. 承包权流转不会一蹴而就［J］. 中国土地，2009（2）：23-26.

［30］ 诸培新，张建，张志林. 农地流转对农户收入影响研究：对政府主导与农户主导型农地流转的比较分析［J］. 中国土地科学，2015，29（11）：70-77.

［31］ 夏显力，贾书楠，蔡洁，等. 农地流转中转出户的福利效应：基于政府主导与市场主导两种模式的比较分析［J］. 西北农林科技大学学报（社会科学版），2018，18（3）：79-85.

［32］ 王忠林，韩立民. 滕州市推进农村土地流转的实践及启示［J］. 农业经济问题，2009（2）：77-80.

［33］ 李晓琳，韩喜平. 推进农村土地流转的四维动力机制［J］. 学术交流，2015（5）：148-152.

［34］ 史清华，贾生华. 农户家庭农地要素流动趋势及其根源比较［J］. 管理世界，2002（1）：71-92.

［35］ 张红宇. 中国农地调整与使用权流转：几点评论［J］. 管理世界，2002（5）：76-87.

［36］ 刘向南，吴群. 农村承包地流转：动力机制与制度安排［J］. 中国土地科学，2010，24（6）：4-8.

［37］ 徐旭，蒋文华，迎风其. 我国农村土地流转的动因分析［J］. 管理世界，2002（9）：144-145.

［38］ 包宗顺，徐志明，高珊，等. 农村土地流转的区域差异与影响因素：以江苏省为例［J］. 中国农村经济，2009（4）：23-30.

［39］ 江淑斌，苏群. 经济发达地区农户土地流转影响因素分析：基于江苏684个农户调查样本的实证［J］. 生态经济，2014（5）：18-21.

［40］ 乐章. 农民土地流转意愿及解释：基于十省份千户农民调查数据的实证分析［J］. 农业经济问题，2010（2）：64-70.

［41］ 傅晨，刘梦琴. 农地承包经营权流转不足的经济分析［J］. 调研世界，

2007(1)：22-30.

[42] 肖云，徐艳. 论农民工失业及社会保障机制的建立与完善：以重庆市为例[J]. 西北大学学报(哲学社会科学版)，2005(1)：60-66.

[43] 李怀，高磊. 我国农地流转中的多重委托代理结构及其制度失衡解析：从重庆、四川、广东等省份土地产权流转案例中得到的启示[J]. 农业经济问题，2009，31(11)：71-77.

[44] 李勇，杨卫忠. 农村土地流转制度创新参与主体行为研究[J]. 农业经济问题，2014，35(2)：75-80.

[45] 王岩. 差序治理、政府介入与农地经营权流转合约选择：理论框架与经验证据[J]. 管理学刊，2020，33(5)：12-25.

[46] 王珊，洪名勇，钱文荣. 农地流转中的政府作用与农户收入：基于贵州省608户农户调查的实证分析[J]. 中国土地科学，2020，34(3)：39-48.

[47] 高建设. 农地流转价格失灵：解释与影响[J]. 求实，2019(6)：92-106.

[48] 邢琦，王健，袁士超，等. 农地经营权流转价格扭曲的政府干预效应：基于边际价格理论的实证分析[J]. 中国土地科学，2022，36(5)：40-50.

[49] 吴学兵，尚旭东，何蒲明. 有偿抑或无偿：政府补贴、农户分化与农地流转租金[J]. 经济问题，2021(12)：59-66.

[50] 席景奇. 地方政府在农村集体土地流转中的角色分析[J]. 兰州大学学报(社会科学版)，2013(5)：83-87.

[51] 杨海钦. 农村土地使用权流转中政府规制的政治学思考[J]. 农村经济，2010(4)：26-28.

[52] 陈敏. 土地流转中的政府责任思考[J]. 农村经济，2010(8)：37-39.

[53] 秦雯. 欠发达地区农地流转中农民意愿与村集体决策[J]. 华南农业大学学报(社会科学版)，2012(2)：44-50.

[54] 汤鹏主. 土地承包经营权流转与政府角色界定[J]. 改革，2009(11)：110-116.

[55] 于传岗. 政府主导型农地流转模式特征与演化趋势[J]. 商业研究，2012(12)：186-192.

[56] 刘双良. 集体土地流转中的政府角色检讨与定位思考[J]. 理论与改革，2010(4)：102-104.

［57］ 徐黎明，李虎成. 土地流转中地方政府的道德责任［J］. 理论前沿，
2009(16)：21-23.

［58］ 张贤明，杨博. 发展成果共享视域下土地流转的约束条件与政府责任
［J］. 湖北社会科学，2014(6)：54-60.

［59］ 于传岗. 我国政府主导型农地大规模流转演化动力分析［J］. 农村经
济，2012(10)：31-34.

［60］ 曾红萍. 地方政府行为与农地集中流转：兼论资本下乡的后果［J］. 北
京社会科学，2015(3)：22-29.

［61］ 钱文荣. 农地市场化流转中的政府功能探析：基于浙江省海宁、奉化
两市农户行为的实证研究［J］. 浙江大学学报(人文社会科学版)，
2003(5)：155-161.

［62］ 刘鸿渊. 农地集体流转的农民收入增长效应研究：以政府主导下的农
地流转模式为例［J］. 农村经济，2010(7)：57-61.

［63］ 陈丽华. 农地承包经营权流转中的地方政府行为［J］. 中共中央党校学
报，2010(6)：50-53.

［64］ 郜亮亮，黄季焜，冀县卿. 村级流转管制对农地流转的影响及其变迁
［J］. 中国农村经济，2014(12)：18-29.

［65］ 裴厦，谢高地，章予舒. 农地流转中的农民意愿和政府角色：以重庆
市江北区统筹城乡改革和发展试验区为例［J］. 中国人口·资源与环
境，2011(6)：55-60.

［66］ 宋辉，钟涨宝. 农地流转地方政府行为选择机理及路径探究：基于成
本收益视角［J］. 管理现代化，2013(6)：43-45.

［67］ 张丽艳. 加快农村土地流转与政府制度创新［J］. 国家行政学院学报，
2005(2)：74-76.

［68］ 吴越. 地方政府在农村土地流转中的角色、问题及法律规制：成都、
重庆统筹城乡综合配套改革试验区实证研究［J］. 甘肃社会科学，
2009(2)：65-70.

［69］ 张良悦. 农村土地流转的政策含义与政府作为［J］. 农村经济，2010
(3)：17-20.

［70］ 冷建飞，杜晓荣. 农村土地流转中农户、农业企业和政府之间关系研
究［J］. 求索，2009(4)：1-4.

［71］ 文小才. 促进农地流转的地方政府财政政策研究：以河南省为例［J］.

财政研究, 2014(4)：58-61.

[72] 赵德起. 政府视角下农地使用权流转的理论探索与政策选择[J]. 农业经济问题, 2011(7)：36-45.

[73] 黄祥芳, 陈建成, 陈训波. 地方政府土地流转补贴政策分析及完善措施[J]. 西北农林科技大学学报(社会科学版), 2014(2)：1-6.

[74] 马志远, 孟金卓, 韩一宾. 地方政府土地流转补贴政策反思[J]. 财政研究, 2011(3)：10-14.

[75] 冀县卿, 钱忠好, 葛轶凡. 如何发挥农业补贴促进农户参与农地流转的靶向作用：基于江苏、广西、湖北、黑龙江的调查数据[J]. 农业经济问题, 2015(5)：48-55.

[76] 曹建华, 王红英, 黄小梅. 农村土地流转的供求意愿及其流转效率的评价研究[J]. 中国土地科学, 2007,21(5)：54-60.

[77] 牛星, 李玲. 农村承包经营土地流转的农户意愿及影响因素分析：基于山东省西龙湾村的调查研究[J]. 资源开发与市场, 2016(1)：64-67.

[78] 罗必良, 汪沙, 李尚蒲. 交易费用、农户认知与农地流转：来自广东省的农户问卷调查[J]. 农业技术经济, 2012(1)：11-21.

[79] 何国俊, 徐冲. 城郊农户土地流转意愿分析：基于北京郊区6村的实证研究[J]. 经济科学, 2007(5)：111-124.

[80] 刘畅, 师学义, 高奇. 农户农用地流转意愿影响因素的实证分析[J]. 中国人口·资源与环境, 2015(S1)：78-81.

[81] 夏显力, 常亮. 农户农地流转意愿影响因素及区域性差异分析：基于关中3个县(区)的农户调研[J]. 西安交通大学学报(社会科学版), 2015(4)：68-72.

[82] 宋辉, 钟涨宝. 基于农户行为的农地流转实证研究：以湖北省襄阳市312户农户为例[J]. 资源科学, 2013(5)：943-949.

[83] 张合林, 王飞. 农户农村承包地使用权流转意愿的实证研究：以郑州市中牟县为例[J]. 财经科学, 2013(10)：116-124.

[84] 张丁, 万蕾. 农户土地承包经营权流转的影响因素分析：基于2004年的15省(区)调查[J]. 中国农村经济, 2007(2)：24-34.

[85] 马贤磊, 仇童伟, 钱忠好. 农地产权安全性与农地流转市场的农户参与：基于江苏、湖北、广西、黑龙江四省(区)调查数据的实证分析

[J]. 中国农村经济, 2015(2): 22-37.

[86] 付江涛, 纪月清, 胡浩. 新一轮承包地确权登记颁证是否促进了农户的土地流转: 来自江苏省 3 县(市、区)的经验证据[J]. 南京农业大学学报(社会科学版), 2016(1): 105-113.

[87] 钱龙, 洪名勇, 龚丽娟, 等. 差序格局、利益取向与农户土地流转契约选择[J]. 中国人口·资源与环境, 2015(12): 95-104.

[88] 邓大才. 农户承包土地流转的价值障碍及价格核算[J]. 福建农业大学学报(社会科学版), 2001, 4(1): 32-35.

[89] Deininger K, Jin S. Securing property rights in transition: lessons from implementation of China's rural land contracting law[J]. Journal of Economic Behavior & Organization, 2007, 70(1): 22-38.

[90] 王亚辉, 李秀彬, 辛良杰, 等. 中国土地流转的区域差异及其影响因素: 基于 2003—2013 年农村固定观察点数据[J]. 地理学报, 2018, 73(3): 487-502.

[91] Wang H, Riedinger J, Jin S. Land documents, tenure security and land rental development: panel evidence from China[J]. China Economic Review, 2015, 36: 220-235.

[92] 陈奕山, 钟甫宁, 纪月清. 为什么土地流转中存在零租金?: 人情租视角的实证分析[J]. 中国农村观察, 2017(4): 43-56.

[93] 胡霞, 丁冠淇. 为什么土地流转中会出现无偿转包: 基于产权风险视角的分析[J]. 经济理论与经济管理, 2019(2): 89-100.

[94] 李朝柱, 石道金, 文洪星. 关系网络对土地流转行为及租金的影响: 基于强、弱关系网络视角的分析[J]. 农业技术经济, 2020(7): 106-116.

[95] 王成量, 陈美球, 鲁燕飞, 等. 农户的耕地流转意愿价格及其影响因素分析[J]. 江苏农业科学, 2018, 46(3): 294-298.

[96] 邓大才. 承包土地流转价格低廉的原因分析[J]. 农村经济, 2000(10): 25-27.

[97] 黄丽萍. 农村承包地使用权流转价格低廉的原因探讨[J]. 农业经济问题, 2005(8): 39-42.

[98] 黄晓峰, 施建刚. 后税费时期农地流转价格的理论与实证研究[J]. 湖南农业科学, 2008(1): 147-148.

[99] 张永峰,王坤沂,路瑶.土地零租金流转与农业生产效率损失[J].经济经纬,2022,39(2):35-45.

[100] 仇童伟,罗必良,何勤英.农地流转市场转型:理论与证据:基于对农地流转对象与农地租金关系的分析[J].中国农村观察,2019(4):128-144.

[101] 宋珂,刘卫柏,魏逊,等.农业经营外包对土地流转租金的影响:基于3省(市)农户调查数据的实证分析[J].经济地理,2022,42(3):133-140.

[102] 杜挺,朱道林,王兆林,等.农地流转价格结构分化研究:基于黄淮海地区5省调研数据[J].农业技术经济,2022(7):96-108.

[103] 祝国平,郭连强,李新光.农村土地经营权规模化流转溢价:客观事实、结构特征与政策取向[J].改革,2021(1):125-133.

[104] 全世文,胡历芳,曾寅初,等.论中国农村土地的过度资本化[J].中国农村经济,2018(7):2-18.

[105] 徐羽,李秀彬,辛良杰.中国耕地规模化流转租金的分异特征及其影响因素[J].地理学报,2021,76(3):753-763.

[106] 邢琦,王健,袁士超,等,农地经营权流转价格扭曲的政府干预效应:基于边际价格理论的实证分析[J].中国土地科学,2022,36(5):40-50.

[107] 黄祖辉,王朋.农村土地流转:现状、问题及对策:兼论土地流转对现代农业发展的影响[J].浙江大学学报(社会科学版),2008(2):56-62.

[108] 帅晓林.我国农村承包地流转价格机制构建方略[J].社会科学辑刊,2012(2):105-108.

[109] 申云,朱述斌,邓莹,等.农地使用权流转价格的影响因素分析:来自于农户和区域水平的经验[J].中国农村观察,2012(3):2-17.

[110] 王亚运,蔡银莺,李海燕.空间异质性下农地流转状况及影响因素:以武汉、荆门、黄冈为实证[J].中国土地科学,2015(6):18-25.

[111] 杜挺,朱道林,张立新,等.河南省耕地流转价格空间分异及形成机制分析[J].农业工程学报,2016,32(20):250-258.

[112] 伍振军,孔祥智,郑力文.农地流转价格的影响因素研究:基于皖、浙两省413户农户的调查[J].江西农业大学学报(社会科学版),

2011, 10(3)：1-6.

[113] 许恒周, 郭忠兴. 农村土地流转影响因素的理论与实证研究：基于农民阶层化与产权偏好的视角[J]. 中国人口·资源与环境, 2011, 21(3)：94-98.

[114] 吴萍, 蒲勇健, 郭心毅. 基于社会保障的土地流转定价模型研究[J]. 财政研究, 2010(9)：18-20.

[115] 李星光, 霍学喜. 农地确权和非正式规则如何影响农地流转租金[J]. 江西财经大学学报, 2021(6)：88-97.

[116] 程令国, 张晔, 刘志彪. 农地确权促进了中国农村土地的流转吗? [J]. 管理世界, 2016(1)：88-98.

[117] 李太平, 聂文静, 李庆. 基于农产品价格变动的土地流转双方收入分配研究[J]. 中国人口·资源与环境, 2015, 25(8)：26-33.

[118] 黄文彬, 陈风波, 谭莹. 种粮目的对农地流转中农户意愿价格差异的影响[J]. 资源科学, 2017, 39(10)：1844-1857.

[119] 胡亮, 邰仁飞. 土地流转特征及其社会影响因素分析：以赣中王瑶镇土地流转的个案为例[J]. 南京工业大学学报(社会科学版), 2011, 10(3)：81-86.

[120] 尚旭东, 朱守银. 农地流转补贴政策效应分析：基于挤出效应、政府创租和目标偏离视角[J]. 中国农村观察, 2017(6)：43-56.

[121] 吴学兵, 汪发元, 黎东升. 规模化经营中土地流转价格影响因素的实证分析[J]. 统计与决策, 2016(10)：87-90.

[122] 王颜齐, 郭翔宇. 农村土地承包经营权流转价格初探[J]. 农业经济与管理, 2012, 13(3)：19-22.

[123] 苏晓鹏, 冯文丽. 论农村土地承包经营权流转价格评估问题[J]. 价格理论与实践, 2009(5)：67-68.

[124] 浙江省物价局课题组. 土地承包经营权流转价格形成机制研究[J]. 价格理论与实践, 2011(9)：21-22.

[125] 郭继. 家庭承包地流转价格形成制度的法经济学分析[J]. 中国土地科学, 2011, 25(8)：69-73.

[126] 赵德起, 吴云勇. 政府视角下农地使用权流转的理论探索与政策选择[J]. 农业经济问题, 2011(7)：36-45.

[127] 金松青, Klaus Deininger. 中国农村土地租赁市场的发展及其在土地

使用公平性和效率性上的含义[J]. 经济学(季刊), 2004(4): 1003-1028.

[128] 谭术魁. 中国频繁爆发土地冲突事件的原因探究[J]. 中国土地科学, 2009, 23(6): 44-50.

[129] 邓大才. 农地流转价格体系的决定因素研究[J]. 中州学刊, 2007, 5(3): 44-48.

[130] 路燕, 朱道林. 构建与农地流转市场相适应的农地价格体系[J]. 价格理论与实践, 2006(2): 52-53.

[131] 张润森, 施国庆, 乔祥利, 等. 基于土地保障功能的征地补偿测算[J]. 城市问题, 2009(2): 62-65.

[132] 王仕菊, 黄贤金, 陈志刚, 等. 基于耕地价值的征地补偿标准[J]. 中国土地科学, 2008, 22(11): 44-50.

[133] 诸培新, 卜婷婷, 吴正廷. 基于耕地综合价值的土地征收补偿标准研究[J]. 中国人口·资源与环境, 2011, 21(9): 32-37.

[134] 田先红, 陈玲. 地租怎样确定?: 土地流转价格形成机制的社会学分析[J]. 中国农村观察, 2013(6): 2-12.

[135] 翟研宁. 农村土地承包经营权流转价格问题研究[J]. 农业经济问题, 2013, 34(11): 82-86.

[136] 周建春. 耕地估价理论与方法研究[M]. 北京: 中国大地出版社, 2006.

[137] 王洁. 农地承包经营权的产权价格探讨[J]. 农村经济, 2009(7): 34-36.

[138] 高艳梅, 汤惠君, 张效军, 等. 基于产权价值的区域农地承包经营权流转价格研究: 以广州市为例[J]. 华中农业大学学报(社会科学版), 2012, 98(2): 58-63.

[139] 穆松林, 张义丰, 高建华, 等. 村域土地承包经营权流转价格研究[J]. 资源科学, 2011, 33(5): 923-928.

[140] 桑晓靖, 王芝旸, 李录堂. 农村土地流转全要素价格模型及实证研究: 以陕西杨凌示范区设施农业为例[J]. 农村经济, 2017(2): 52-57.

[141] 朱述斌, 申云, 石成玉. 农地流转市场中介平台与定价机制研究: 基于双边市场理论的视角[J]. 农业经济与管理, 2011(3): 39-46.

[142] 李菁, 邱青青. 买方市场条件下农地信用租赁定价机制探讨[J]. 中国农村经济, 2011(4): 46-56.

[143] 张振华. 基于收益现值法的农村土地流转价格研究[J]. 中央财经大学学报, 2013(12): 58-62.

[144] Feder G. Land policies and farm productivity in Thailand[M]. Johns Hopkins University Press, 1988.

[145] Binswanger H P, Rosenzweig M R. Behavioral and material determinants of production relations in agriculture[J]. The Journal of Development Studies, 1986, 22(3): 503-539.

[146] Binswanger H P, Deininger K, Feder G. Power, distortions, revolt and reform in agricultural land relations[J]. Handbook of Development Economics, 1995, 3: 2659-2772.

[147] Tu Q, Heerink N, Xing L. Factors affecting the development of land rental markets in China a case study for Puding county, Guizhou Province[C]. Annual Meeting of International Association of Agricultural Economists, 2006.

[148] Hoken H. Development of land rental market and its effect on household farming in rural China: an empirical study in Zhejiang Province[R]. Institute of Developing Economies, Japan External Trade Organization, 2012.

[149] Jin S, Jayne T. Land rental markets in Kenya: implications for efficiency, equity, household income, and poverty[J]. Land Economics, 2013, 89(2): 246-271.

[150] Huy H T, Lyne M, Ratna N, et al. Drivers of transaction costs affecting participation in the rental market for cropland in Vietnam[J]. Australian Journal of Agricultural and Resource Economics, 2016, 60(3): 476-492.

[151] Wolman M G, Ragan R M. Study of land transformation processes from space and ground observations[C]. Proceedings of Symposium, 1982.

[152] Ellis H S, Fellner W. External economies and diseconomies[J]. The American Economic Review, 1993, 23(3): 493-511.

[153] Nichols D A. Land and economic growth[J]. The American Economic

Review, 1970, 60(3): 332-340.

[154] Macmillan D C. Aneconomic case for land reform[J]. Land Use Policy, 2000, 17(1): 49-57.

[155] Deininger K, Jin S. The potential of land rental markets in the process of economic development: evidence from China[J]. Journal of Development Economics, 2005, 78(1): 241-270.

[156] Jin S, Deininger K. Land rental markets in the process of rural structural transformation: productivity and equity impacts from China[J]. Journal of Comparative Economic, 2009, 37(4): 629-646.

[157] Feng S, Heerink N, Ruben R, et al. Land rental market, off-farm employment and agricultural production in Southeast China: a plot-level case study[J]. China Economic Review, 2010, 21(4): 598-606.

[158] Duke J M, Marisova E, Bandlerova A, et al. Price repression in the Slovak agricultural land market[J]. Land Use Policy, 2004, 21(1): 59-69.

[159] Rahman S. Determinants of agricultural land rental market transactions in Bangladesh[J]. Land Use Policy, 2010, 27(3): 957-964.

[160] Chen J, Du X D. Protection of farmers' interests in rural land circulation of China: theoretical frame and realization mechanism[J]. Cross-Cultural Communication, 2014, 10(2): 15-24.

[161] Bogaerts T, Williamson I P, Fendel E M. The role of land administration in the accession of Central European countries to the European Union[J]. Land Use Policy, 2002, 19(1): 29-46.

[162] Shi D M, Xu Y M, Wang J, et al. Analysis on rural land circulation subject interests[J]. Sensors & Transducers, 2013, 19(2): 45-50.

[163] Macmillan D C. An economic case for land reform[J]. Land Use Policy, 2000, 17(1): 49-57.

[164] Frischtak C. Regulatory policies and reform: a comparative perspective [J]. Washington, The World Bank, 1995.

[165] Xue Y J, Hu Y M, Liu S G, et al. Improving land resource evaluation using fuzzy neural network ensembles[J]. Pedosphere, 2007, 17(4): 429-435.

［166］ Mu S, Zhang Y, Wang K, et al. Agricultural land contract and man-
agement rights：transferring price and countermeasures in typical agri-
cultural areas of China［J］. Journal of Resources and Ecology, 2012, 3
（3）：262-268.

［167］ Plantinga A J, Miller D J. Agricultural land values and the value of
rights to future land development［J］. Land Economics, 2001, 77(1)：
56-67.

［168］ El Araby M M. The role of the state in managing urban land supply and
prices in Egypt［J］. Habitat International, 2003, 27(3)：429-458.

［169］ Li L. Land titling in China：Chengdu experiment and its consequences
［J］. China Economic Journal, 2012, 5(1)：47-64.

［170］ Barnard C, Nehring R, Ryan J, et al. Higher cropland value from farm
program payments：who gains？ ［J］. Agricultural Outlook, 2001, 286：
26-30.

［171］ Kuchler F, Tegene A. Asset fixity and the distribution of rents from ag-
ricultural policies［J］. Land Economics, 1993, 69(4)：428.

［172］ Roberts M J, Kirwan B, Hopkins J. The incidence of government pro-
gram payments on agricultural land rents：the challenges of identifica-
tion［J］. American Journal of Agricultural Economics, 2003, 85(3)：
762-769.

［173］ Lence S H, Mishra A K. The impacts of different farm programs on
cash rents［J］. American Journal of Agricultural Economics, 2003, 85
（3）：753-761.

［174］ Kirwan B E. The incidence of US agricultural subsidies on farmland
rental rates［J］. Journal of Political Economy, 2009, 117(1)：138-164.

［175］ Jacoby H G, Li G, Rozelle S. Hazards of expropriation：tenure insecu-
rity and investment in rural China［J］. American Economic Review,
2002, 92(5)：1420-1447.

［176］ 谢识予. 有限理性条件下的进化博弈理论［J］. 上海财经大学学报,
2001, 3(5)：3-9.

［177］ 陆红. 政府干预农村土地流转的法律问题研究［D］. 南京：南京农业
大学, 2012.

[178] Place F, Roth M, Hazell P. Land tenure security and agricultural performance in Africa: overview of research methodology[J]. Searching for land tenure security in Africa, 1994: 15-39.

[179] 姚洋. 农地制度与农业绩效的实证研究[J]. 中国农村观察, 1998, 6(1): 1.

[180] 付振奇, 陈淑云. 土地承包经营权流转行为效果的研究: 基于 1025 个农户流转租金价格与满意度的分析[J]. 开放时代, 2017(4): 177-190.

[181] 孔祥智. 健全农业社会化服务体系, 实现小农户和现代农业发展有机衔接[J]. 农业经济与管理, 2017(12): 20-22.

[182] 陈林. 习近平农村市场化与农民组织化理论及其实践: 统筹推进农村"三变"和"三位一体"综合合作改革[J]. 南京农业大学学报(社会科学版), 2018, 18(2): 1-11.

[183] 钱忠好. 农村土地承包经营权的法律属性探讨[J]. 南京社会科学, 2001(11): 67-69.

[184] 李伟伟, 张云华. 土地承包经营权流转的根本属性与权能演变[J]. 改革, 2015(7): 91-97.

[185] 钱忠好. 农地承包经营权市场流转: 理论与实证分析[J]. 经济研究, 2003(2): 83-94.

[186] 童列春. 中国农村经济实现中的地租机制[J]. 农业经济问题, 2013(3): 25-32.

[187] 杨昭熙, 杨钢桥. 农地细碎化对农户农地流转决策的影响研究[J]. 中国土地科学, 2017(4): 33-42.

[188] 孙雁, 刘友兆. 基于细碎化的土地资源可持续利用评价: 以江西分宜县为例[J]. 自然资源学报, 2010, 25(5): 802-810.

[189] TanS H, Heerink N, Kruseman G, et al. Do fragmented landholdings have higher production costs? Evidence from rice farmers in Northeastern Jiangxi Province, PR China[J]. China Economic Review, 2008, 19(3): 347-358.

[190] 张海鑫, 杨钢桥. 耕地细碎化及其对粮食生产技术效率的影响: 基于超越对数随机前沿生产函数与农户微观数据[J]. 资源科学, 2012, 34(5): 903-910.

[191] 许庆, 田士超, 徐志刚, 等. 农地制度、土地细碎化与农民收入不平等[J]. 经济研究, 2008(2): 83-92.

[192] 王亚运, 蔡银莺. 不同主体功能区农户家庭耕地利用功能对土地流转行为的影响[J]. 中国人口·资源与环境, 2017, 27(7): 128-138.

[193] 李平华, 陆玉麒. 可达性研究的回顾与展望[J]. 地理科学与进展, 2005, 24(3): 69-78.

[194] 郝海广, 李秀彬, 田玉军, 等. 农牧交错区农户耕地流转及其影响因素分析[J]. 农业工程学报, 2010, 26(8): 302-307.

[195] 钟甫宁, 王兴稳. 现阶段农地流转市场能减轻土地细碎化程度吗?: 来自江苏兴化和黑龙江宾县的初步证据[J]. 农业经济问题, 2010(1): 23-32.

[196] 田传浩, 陈宏辉, 贾生华. 农地市场对耕地零碎化的影响: 理论与来自苏浙鲁的经验[J]. 经济学(季刊), 2005(2): 769-784.

[197] 曾福生, 戴鹏. 粮食生产收益影响因素贡献率测度与分析[J]. 中国农村经济, 2011(1): 66-76.

[198] 贾娟琪, 李先德. 粮食价格调控政策对粮价波动的影响[J]. 华南农业大学学报(社会科学版), 2016(1): 62-71.

[199] 高洪洋, 黄城. 议价能力、流转增值和农民增收: 基于农村土地承包经营权流转的议价博弈[J]. 农村经济, 2016(3): 89-94.

[200] Chatterjee K, Samuelson W. Bargaining under incomplete information [J]. Operations Research, 1983, 31(5): 835-851.

[201] Samimi P, Teimouri Y, Mukhtar M. A combinatorial double auction resource allocation model in cloud computing[J]. Information Sciences, 2016, 357: 201-216.

[202] Du E, Cai X, Brozović N, et al. Evaluating the impacts of farmers' behaviors on a hypothetical agricultural water market based on double auction[J]. Water Resources Research, 2017, 53(5): 4053-4072.

[203] 宫汝凯, 孙宁, 王大中. 基于双边交易环境的中间商拍卖机制设计[J]. 经济研究, 2015, 50(11): 120-132.

[204] 张凯, 董远山. 双边平台中用户运营成本与定价策略选择[J]. 管理工程学报, 2019, 33(3): 153-161.

[205] 吴凤平, 于倩雯, 沈俊源, 等. 基于市场导向的水权交易价格形成机

制理论框架研究[J].中国人口·资源与环境,2018,28(7):17-25.

[206] 钟晓兰,李江涛,冯艳芬,等.农户认知视角下广东省农村土地流转意愿与流转行为研究[J].资源科学,2013,35(10):2082-2093.

[207] 姚洋.中国农地制度:一个分析框架[J].中国社会科学,2000(2):54-62.

[208] 王克强.土地对农民基本生活保障效用的实证研究:以江苏省为例[J].四川大学学报(哲学社会科学版),2005(3):5-11.

[209] 闫小欢,霍学喜.农民就业、农村社会保障和土地流转:基于河南省479个农户调查的分析[J].农业技术经济,2013(7):34-44.

[210] 杨俊,李争.家庭分工视角下农户耕地转入和耕地利用效率研究:以赣抚平原农区农户样本为例[J].中国土地科学,2015,29(9):50-57.

[211] 刘彦随,乔陆印.中国新型城镇化背景下耕地保护制度与政策创新[J].经济地理,2014,34(4):1-6.

[212] 高更和,樊新生,罗庆,等.国内外农民工务工区位研究进展[J].地理科学,2014,34(5):608-613.

[213] 高更和,刘清臻,刘家君,等.中部农区农民期望务工距离研究:以河南三个样本村为例[J].经济地理,2010,30(7):1159-1163.

[214] 徐珣,徐舒.农民工与城镇职工的工资差距及动态同化[J].经济研究,2014(10):74-88.

[215] 程佳,孔祥斌,李靖,等.农地社会保障功能替代程度与农地流转关系研究:基于京冀平原区330个农户调查[J].资源科学,2014,36(1):17-25.

[216] 杨子,马贤磊,诸培新,等.土地流转与农民收入变化研究[J].中国人口·资源与环境,2017,27(5):111-120.

[217] 刘鸿渊.农地集体流转的农民收入增长效应研究:以政府主导下的农地流转模式为例[J].农村经济,2010(7):57-61.

[218] 董国礼,李里,任纪萍.产权代理分析下的土地流转模式及经济绩效[J].社会学研究,2009(1):25-63.

[219] 冯小.新型农业经营主体培育与农业治理转型:基于皖南平镇农业经营制度变迁的分析[J].中国农村观察,2015(2):23-32.

[220] 黄凯南.演化博弈与演化经济学[J].经济研究,2009(2):132-145.

[221] 鲍海君, 袁定欢, 庄红梅. 土地督察与开发商囤地: 策略抉择的演化博弈[J]. 中国土地科学, 2014, 28(2): 29-36.

[222] 郭本海, 李军强, 刘思峰. 县域间土地供给竞合关系演化博弈模型[J]. 中国管理科学, 2015(12): 77-85.

[223] 尹希果, 马大来. 农民和企业合作经营土地的演化博弈分析: 基于不完全契约理论[J]. 农业技术经济, 2012(5): 50-60.

[224] 陈姝洁, 马贤磊, 路凤平, 等. 中介组织作用对农户农地流转决策的影响: 基于经济发达地区的实证研究[J]. 中国土地科学, 2015, 29(11): 48-55.

[225] 高伟, 张苏, 王婕. 土地流转、收入预期与农村高等教育参与意愿[J]. 管理世界, 2013(3): 82-95.

[226] Friedman D. Evolutionary games in economics[J]. Journal of the Econometric Society, 1991, 59(3): 637-666.

[227] 张翼. 土地流转、阶层重塑与村庄治理创新: 基于三个典型村落的调研[J]. 中共中央党校学报, 2016, 20(4): 13-21.

[228] 杨华, 欧阳静. 地权的阶层关系属性: 阶层分化与地权冲突: 对江汉平原一个乡镇的个案分析[J]. 中国农业大学学报(社会科学版), 2013, 30(4): 21-39.

[229] 陈柏峰. 中国农村市场化发展与中间阶层: 赣南车头镇调查[J]. 开放时代, 2012(3): 31-46.

[230] 马克斯·韦伯. 经济与社会: 第2卷(上)[M]. 上海: 上海人民出版社, 2010.

[231] 李灿. 农地规模流转中的利益相关者绩效考量: 冲突、平衡与共生[J]. 江西财经大学学报, 2017(3): 74-81.

[232] Greer L L, Jehn K A, Mannix E A. Conflict transformation: a longitudinal investigation of the relationships between different types of intragroup conflict and the moderating role of conflict resolution[J]. Small Group Research, 2008, 39(3): 278-302.

[233] 宋戈, 武晋伊. 土地承包经营权流转"非粮化"原因剖析及政策调控[J]. 学术交流, 2016(7): 122-126.

[234] 李云新, 王晓璇. 资本下乡中利益冲突的类型及发生机理研究[J]. 中州学刊, 2015(10): 43-48.

[235] 冯小. 资本下乡的策略选择与资源动用: 基于湖北省 S 镇土地流转的个案分析[J]. 南京农业大学学报(社会科学版), 2014, 14(1): 36-42.

[236] 尚旭东. 政府主导农地流转能"增效保粮"吗?: 基于地租乘数、成本变动和议价地位的一个分析[J]. 农村经济, 2016(1): 32-38.

[237] 乔颖丽, 岳玉平. 土地流转中农业规模经营组织类型的经济分析: 基于农户与规模经营组织双向层面的分析[J]. 农业经济问题, 2012 (4): 55-61.

[238] Ding C. The benchmark land price system and urban land use efficiency in China[J]. Chinese Geographical Science, 2001, 11(4): 306-314.

[239] 张成玉. 农村土地流转中意愿价格问题研究: 以河南省为例[J]. 农业技术经济, 2013(12): 64-72.

[240] 方文. 农村集体土地流转及规模经营的绩效评价[J]. 财贸经济, 2011(1): 130-135.

[241] 周欢, 王坚强, 王丹丹. 基于 Hurwicz 的概率不确定的灰色随机多准则决策方法[J]. 控制与决策, 2015(3): 556-560.

[242] 梁莱歆, 张永榜. 技术资产区间价格模型评估值确定方法及其改进[J]. 科学学研究, 2005, 23(6): 383-387.

[243] 陈奕山, 钟甫宁, 纪月清. 为什么土地流转中存在零租金?: 人情租视角的实证分析[J]. 中国农村观察, 2017(4): 43-56.

[244] 赵鲲, 刘磊. 关于完善农村土地承包经营制度发展农业适度规模经营的认识与思考[J]. 中国农村观察, 2016(4): 12-16.

[245] 唐轲. 农户农地流转与规模经营对粮食生产的影响[D]. 北京: 中国农业科学院, 2017.

[246] Kenny C, Williams D. What do we know about economic growth? or, why don't we know very much? [J]. World development, 2001, 29 (1): 1-22.